PUBLICATION

DE LA

RÉUNION DES OFFICIERS

COURS D'ARTILLERIE

DÉVELOPPEMENT DES CONFÉRENCES

FAITES A LA RÉUNION DES OFFICIERS

AUX OFFICIERS DE TOUTES ARMES, DE LA RÉSERVE
ET DE L'ARMÉE TERRITORIALE

PAR

L. LABICHE

Capitaine d'artillerie
Ancien professeur-adjoint au cours d'artillerie à l'Ecole spéciale militaire de Saint-Cyr

ARMES PORTATIVES

PARIS
LIBRAIRIE CH. DELAGRAVE
15, RUE SOUFFLOT, 15

PUBLICATION

DE LA

RÉUNION DES OFFICIERS

COURS D'ARTILLERIE

DÉVELOPPEMENT DES CONFÉRENCES

FAITES A LA RÉUNION DES OFFICIERS

AUX OFFICIERS DE TOUTES ARMES, DE LA RÉSERVE ET DE L'ARMÉE TERRITORIALE

PAR

L. LABICHE

Capitaine d'artillerie

Ancien professeur-adjoint au cours d'artillerie à l'Ecole spéciale militaire de Saint-Cyr

ARMES PORTATIVES

PARIS

LIBRAIRIE CH. DELAGRAVE

15, RUE SOUFFLOT, 15

1879

AVERTISSEMENT DE L'ÉDITEUR

Depuis longtemps, on n'a pas publié en France de *Cours d'artillerie à l'usage des officiers de toutes armes.* Seuls les officiers d'infanterie et de cavalerie, sortant de l'École spéciale militaire, ont entre les mains un cours qui, lithographié à un très-petit nombre d'exemplaires, ne peut être mis à la disposition de tous les autres officiers qui ont quitté l'École depuis de nombreuses années, ou n'en ont jamais suivi les cours. En Allemagne et en Autriche, au contraire, les publications de ce genre (*Waffenlehre für Offiziere aller Waffen*) sont fort nombreuses, et même dans ces dernières années elles se sont succédé à de courts intervalles, de façon à tenir les officiers au courant de tous les progrès de l'artillerie.

Le cours que nous publions aujourd'hui a pour but d'essayer de combler cette lacune; paraissant au moment même où les bases de notre nouvelle artillerie sont définitivement posées, nous avons l'espoir qu'il pourra renseigner les lecteurs sur les derniers progrès réalisés. Développement de conférences, faites à la Réunion des officiers aux officiers de réserve et de l'armée territoriale, il peut être aussi d'une grande utilité pour les officiers de l'armée active, soit qu'ils aient à préparer un cours ou une conférence, soit qu'ils se livrent à l'étude de l'histoire militaire.

Dans ce double but, l'auteur a donné un développement aussi complet que possible à la partie historique, persuadé que c'est par l'étude des perfectionnements successifs apportés soit aux armes à feu portatives, soit aux bouches à feu, que l'on se rend le mieux compte de ce qui a été fait et de ce qu'il peut encore rester à faire. Il n'est du reste guère possible d'étudier avec fruit une campagne, si l'on ne s'est pas tout d'abord bien rendu compte de la valeur de l'armement des troupes en présence.

Tous les renseignements qu'il a été possible de retrouver soit dans les ouvrages spéciaux d'artillerie, soit dans les anciens règlements, ont été réunis sous forme de tableaux, de façon à faciliter les recherches et permettre de les comparer entre eux.

Enfin, au lieu de planches, donnant des plans, coupes et élévations, on a intercalé dans le texte de nombreux croquis ou vues perspectives qui rendent la lecture plus facile et donnent une idée assez complète de l'ensemble des voitures ou autres pièces du matériel, et bien suffisante lorsque l'on ne s'adresse pas à des constructeurs. Autant que possible, principalement pour les vues d'ensemble des armes ou du matériel en service, on a conservé la même échelle [1], de manière à rendre les comparaisons possibles.

Enfin des tables alphabétiques complètent l'ouvrage et forment une sorte de dictionnaire des mots techniques à l'usage de tous ceux qui n'ont pas une connaissance approfondie de tous les termes de la nomenclature.

Le *Cours d'artillerie* sera divisé en huit parties, formant chacune un tout, et qui seront publiées en fascicules séparés.

Dans le **Premier Fascicule** seront réunies les trois premières parties :

Histoire générale des armes depuis l'âge de la pierre jusqu'à la découverte de la poudre.

La poudre et les principaux corps explosifs.

Étude théorique des armes à feu.

1. Les échelles adoptées sont en général : pour les armes à feu portatives, le 1/10 ; pour leurs munitions, le 1/1 ; pour les bouches à feu, le 1/20 ; pour leurs projectiles, le 1/5 ; enfin pour les voitures et le gros matériel, le 1/50.

Le **Second Fascicule**, qui vient de paraître, est consacré à la 4e partie :

Armes à feu portatives, divisée en trois chapitres : Historique; Description des armes en service; Fabrication, entretien et conservation.

Le **Troisième Fascicule**, qui paraîtra prochainement, comprendra la 5e partie :

Artillerie, divisée en cinq chapitres : Historique des bouches à feu et du matériel; Historique du corps de l'artillerie; Description de l'artillerie de campagne et de montagne et service de l'artillerie en campagne; Description de l'artillerie de siége, place et côte, et service de l'artillerie dans l'attaque et la défense des places; Organisation générale du corps de l'artillerie et services de l'État-Major particulier.

Le **Quatrième Fascicule** renfermera les 6e et 7e parties :

Pontonniers.

Train des équipages militaires.

Le **Cinquième Fascicule**, formant la 8e partie, sera consacré aux armées étrangères :

Historique et Description des artilleries des principales puissances étrangères.

L'ÉDITEUR.

Paris, 1er janvier 1879.

A Monsieur le Général commandant l'Ecole spéciale militaire de Saint-Cyr.

MON GÉNÉRAL,

J'ai l'honneur de vous demander l'autorisation de faire hommage de mon travail à mes anciens élèves. Bien qu'il ne s'adresse point à eux directement, mais aux officiers de la réserve et de l'armée territoriale, il ne leur en appartient pas moins, car il est le résultat du peu d'expérience que j'ai pu acquérir pendant les quelques années que j'ai passées à Saint-Cyr comme professeur-adjoint. J'ai du reste, avec l'autorisation du professeur, pris pour guide le programme du cours qui leur est fait à l'Ecole pendant leurs deux années d'étude ; j'ai aussi mis à contribution la bonne volonté de mes collègues et amis, qui ont bien voulu m'aider de leurs conseils. Le capitaine Altmayer, en particulier, a été mon collaborateur, et je suis heureux de trouver l'occasion de le remercier devant tous les élèves.

Je suis avec respect,
mon Général,

Votre très-obéissant
et dévoué subordonné.

L. LABICHE,
Capitaine d'artillerie.

Paris, 18 juin 1872.

OUVRAGES CONSULTÉS

INSTRUCTION THÉORIQUE ET PRATIQUE D'ARTILLERIE à l'usage des élèves de l'École militaire de Saint-Cyr, par M. Thiroux, capitaine d'artillerie. 1842.

TRAITÉ D'ARTILLERIE THÉORIQUE ET PRATIQUE, par G. Piobert. 1852.

AIDE-MÉMOIRE DES OFFICIERS D'ARTILLERIE. 1854.

CATALOGUE DU MUSÉE D'ARTILLERIE, par O. Penguilly L'Haridon, officier supérieur d'artillerie, conservateur du Musée d'artillerie. 1861.

GUIDE DES AMATEURS D'ARMES ET ARMURES ANCIENNES, par A. Demmin. 1869.

ÉTUDES SUR LE PASSÉ ET L'AVENIR DE L'ARTILLERIE, par le prince Napoléon-Louis Bonaparte, ouvrage continué sur le plan de l'Empereur, par Favé, général d'artillerie. 1846-1871.

L'ARMEMENT ET LE TIR DE L'INFANTERIE, par J. Capdevielle, lieutenant-colonel d'infanterie, 1872.

DICTIONNAIRE RAISONNÉ DU MOBILIER FRANÇAIS. — Armes de guerre offensives et défensives, par M. Viollet-le-Duc, architecte. 1875.

COURS THÉORIQUE DE TIR à l'usage des officiers élèves des Écoles régionales de tir, par Bert, capitaine d'artillerie. 1876.

LES ARMES A FEU PORTATIVES, par Rod. Schmidt, major à l'état-major général suisse, et directeur de la fabrique fédérale d'armes. 1877.

COURS DE L'ECOLE D'APPLICATION DE L'ARTLLERIE ET DU GÉNIE à Fontainebleau. Les armes portatives par le capitaine Lachèvre. 1877.

MANUEL DE L'INSTRUCTEUR DE TIR. 1877.

TABLE ALPHABÉTIQUE

A

Accessoires, 121.
Acier. — Son emploi pour la fabrication des canons, 47, 57, 113, 138, 177; des fourreaux, 151, 180; des cuirasses, 159, 181; des lames de sabres, 180.
Adams et Deane. — Revolver, 100.
Aiguille. — Fusil à aiguille prussien, 51; aiguille du fusil modèle 1866, 60, 61, 68.
Ailettes. — Du manchon, 120; du tube, 131.
Albini-Brandlin. — Fusil, 79.
Alésage, 177, 178.
Allocations de cartouches pour les exercices de tir : 166.
Alvéole porte-capsule, 136.
Ame, 114, 161.
Aminoi, 114, 131.
Amorçage, 182.
Amorce. — Poudre d'amorce, 4, 5, 8, 9.
Amorces fulminantes, 21, 22, 25, 49.
Réunion de l'amorce et de la cartouche, 50, 53, 55, 56, 61, 71, 110, 136.
Amorce périphérique, 69, 70, 73, 95.
Amorce centrale, 70, 71, 73, 95.
Amorçoir, 8, 23, 25.
Amusette du maréchal de Saxe, 48.
Anneau. — Sa formation avec les balles expansives, 37; en carton, 111; de revolver, 143; de fourreau de sabre, 151.
Antimoine. — Son emploi pour augmenter la dureté du plomb, 43.
Appareil de détente, 59, 115.
Approvisionnement en munitions, 53, 72, 75, 83, 88, 163, 164, 165, 168, 175, 195, 201, 202.
Arcelin. — Transformation des armes à silex au système percutant, 29.
Arête busquée, 159.
Argent détonant, 21.
Armement. — De service courant, de réserve, 187.
De l'armée active : infanterie et génie, 150, 163, 203; cavalerie, artillerie, gendarmerie, 154, 164, 203; train des équipages militaires, 154, 165; troupes d'administration, compagnies de discipline, télégraphes, 165, 203; des gardiens de batterie, 157, 164; des adjoints du génie, 146, 156; des gardes d'artillerie, 146, 157; des fonctionnaires de l'intendance, des officiers de santé et officiers d'administration, 146; 157; des vétérinaires, 146, 157; des chefs et sous-chefs ouvriers d'Etat du génie, 156, des maîtres artificiers, chefs et sous-chefs ouvriers d'Etat d'artillerie, contrôleurs des manufactures d'armes, des directions et des fonderies, 157; ouvriers d'état d'artillerie, chefs armuriers, 157, 203.
De l'armée territoriale : infanterie, artillerie, 168, 200.
Des chasseurs forestiers et douaniers, 168, 202.
Des corps de troupes dépendant de la Marine, 169, 202.
Des bâtiments de guerre en armes à feu portatives, 174.
Armes. — En service : troupe, 107, 161, 162; officiers, 108, 161, 162; fabrication, 176; conservation et entretien, 186; inspection, 198.
Armes à feu : primitives, 1; en usage au XVIIe siècle, 13; premiers modèles réglementaires, 14; modèle 1777, 15; modèle an IX, 16; modèle 1816, 17; modèle 1822, 18, 19; modèle 1840, 27, 204; modèle 1842, 29, 204; modèle 1853, 31; modèle 1857, 37; modèle 1866, 57, 58, 66, 67, 75, 78, 98, 169, 170; modèle 1867, 71, 147; modèles 1874 et 1866-1874, 78, 108, 169; modèles étrangers, 147.
Armes à mèche, 5; à rouet, 7; à silex, 10, 20; à percussion, 20; rayées, 31; lisses transformées, 39; de gros et de petit calibre, 44, 45, 46; se chargeant par la culasse, 47; à bloc, 49, 52, 71, 78, 96; à verrou, 53, 54, 56, 78, 94, 170; à plusieurs coups, 90; à magasin ou à répétition, 89, 90, 97, 99, 147, 149, 150, 170; à magasin dans la crosse, 92, 150; à magasin dans le fût, 93, 149, 170; à magasin séparé, 96, 99.
Dimensions des armes à feu en usage dans l'infanterie française à partir du XVIIe siècle, 86, 109, 111, 161.
Armes blanches : 150. *Armes de la marine*, 98, 101, 169 (voir *Fusil de marine*).
Armes de théorie, 187.
Armé. — Du chien dans les platines à silex et à percussion, 11, 27; du chien du fusil modèle 1866, 61; armé automatique, fusil modèle 1874, 77, 116.
Arrache-cartouche (voir *Extracteur*).
Arrêt de cartouche, 95, 171.
Arrêtoir (voir *Vis-arrêtoir*). — Pièce-arrêtoir de la planche de hausse, 123.
Arquebuse. — 4, 6; à croc, 4, 104; à mèche, 5; à rouet, 7.
Arquebusier, 5, 8.
Auget ou distributeur, 171.
Axe du barillet, 100, 139, 144.

B

Baguette. — Petite baguette pour l'introduction des balles forcées avec le maillet, 32; forcement par la baguette, 33; baguette à tête évidée, 36, 39; baguette de fusil, 15, 113, 120, 122, 131, 133, 135, 172; de revolver, 103, 143, 144.
Baïonnette. — *Baïonnette-poignard*, 9; *baïonnette à douille*, 9, 15, 18, 65, 67, 134, 147; *sabre-baïonnette*, 65, 67, 77, 131, 135, 147, 150, 162, 169; *épée-baïonnette*, 77, 109, 131, 151, 162, 169, 172.
Dimensions des baïonnettes, 86, 162.
Balles. — Relation entre le poids de la balle et le poids de la charge, 41; effets meurtriers des balles, 46; de l'arquebuse, 6; du mousquet, 6, 10, 86; des fusils lisses, 15, 16, 18, 29, 30, 45, 86; sphériques des armes rayées, 32, 34; allongées, 34, 35, 36, 42, 45; cannelées, 35, 95; à culot (Minié), 37; évidées, 37, 38, 39, 40, 72, 137; à clou Nessler, 40; modèle 1854, 37; modèle 1857, 38; modèle 1863, 40; modèle 1866, 62; mod. 1867, 72; mod. 1874, 110, 182; de revolver mod. 1873, 137.
Barillet. — Du fusil Sandborg, 96; du revolver, 100, 103, 104, 138, 144, 146.
Barils. — A poudre, 183, 185.
Barrette, 141.
Basane, 153.
Bâtons à feu, 1.
Battes, 109, 151.
Battant, 20, 67, 113, 133.
Batterie. — Platine à batterie à silex, 11.
Bavure, 122.
Beaumont. — Système de fermeture, 76.
Berdan. — Cartouche, 73; fusil, 77, 80.
Biron (voir *Drivon et Biron*).
Bissacs, 184, 185, 186.
Blessures. — Occasionnées par les armes à feu, 46.
Bloc (Système de culasse à), 49, 52, 71, 78, 96.
Bois (voir *Noyer*). — Epée-baïonnette, 109; revolver, 143; poignée de sabre, 153, 154; d'épée, 156, 157, manche de pique, manche de poignard et de hache, 173, 174.
Boîte. — *Boîte de culasse* modèle 1866, 59; modèle 1874, 114, 131, 171, 178; *boîte d'auget*, 171; de nécessaire d'arme, 121; *boîte pour cartouches* modèle 1866, 63.
Bourrelet. — De la balle modèle 1866, 62.
Des cartouches métalliques : creux, 69, 73, 74, 136; plein, 74, 110.
Bouterolle, 113.
Bouton. — Fileté du canon, 113, 131, 138, 177; du cylindre, 119.
Boxer. — Cartouche, 71, 148.
Bracelets, 151.
Branches. — d'extracteur, 120; de la garde, 151, 152, 153, 154, 155.
Brasage, 178, 181.
Bretelle. — De fusil, 113, 133, 135; de cuirasse, 159.
Brique, 191.
Bronzage, 108, 109, 131, 135, 178.
Brunéel. — Fusil à percussion, 23.
Brunissage, 180.
Buffle, 151, 153, 154, 155.
Busc, 112.
But en blanc, 28, 63, 64, 87, 145.
Butoir, 171.

C

Cage du barillet, 139.
Caisse. — Blanche de double approvisionnement : nº 1 et 2, 183; nº 3, modèle 1877, 185; pour cartouche sans balle, 185; caisses spéciales pour cartouches de revolver, 186; d'armes, 192.
Caisson à munitions de bataillon, 184, 185.
Calepin, 32, 34, 35.
Calibre. — Des mousquets et arquebuses, 6, 10; des fusils lisses, 15, 29, 31; des armes rayées, 32, 35, 36, 38; réduction du calibre, 40, 43, 45, 57; armes modèle 1866, 57, 68; armes modèle 1874, 114; revolver modèle 1873, 813. Calibre des armes en service à partir du XVIIᵉ siècle, 86; instrument vérificateur, 198.
Calote, 143, 154.
Cambrure, 153.
Came, 141, 144.
Cannelure. — Balles cannelées, 35, 95; longitudinale de la bande du revolver, 140.
Canon. — Canons à main, 1; canon à boîte, 47; longueur du canon, 15, 17, 18, 39, 57, 66, 86; métal du canon, 47 (voir *Calibre* et *Rayures*).
Canon des armes modèle 1874, 112, 113, 132, 135, 161, 177; du revolver modèle 1873, 138, 161.
Capsule, 22, 23, 24, 25; capsule à rebords, 26; capsule de la cartouche modèle 1866, 62; modèle 1874, 110; de revolver, 136.
Transformation de la capsule en cartouche métallique, 69.
Capucine, 14, 57, 67, 133, 135.
Carabine. — Armes carabinées, 12, 32; carabine Delvigne, 33, 35; à la Pontcharra, 34, 35, 105.
Carabines de chasseurs : leurs dimensions, 86, modèle 1840, 35; modèle 1842, 35, 65, 81; modèle 1846, 36, 81; modèle 1853, 36; modèle 1859, 39, 82; modèle 1867, 71, 147.
Carabine de cavalerie : des cent-gardes, 52, 79; modèle 1866, 67; modèle 1874, 78, 132, 161, 169; modèle 1866-74, 134.
Carabine de gendarmerie à cheval : modèle 1866, 67; modèles 1874 et 1866-1874, 78, 134, 161, 169.
Carabine de gendarmerie à pied : modèle 1866, 67; modèles 1874 et 1866-1874, 78, 134, 161, 169, 203.
Carabine à répétition : Spencer, 91; Lamson, Winchester, 98; carabine-revolver, 100, 104.
Carcasse, 139.
Carnet du tir plongeant, 126.
Carnot. — Fusil se chargeant par la culasse, 49.
Carton (voir *Rondelle et collerette*).
Cartouche. — Des fusils se chargeant par la bouche, 8, 30, 31; réunion de l'amorce à la cartouche, dans les fusils se chargeant par la culasse, 50, 53; cartouche combustible, 55, 68, 75; à étui rigide, 50, 52, 55, 56, 70, 101; métallique, 69, 70, 72, 73, 109, 110, 122; à percussion périphérique, 69, 70, 73, 95; à percussion centrale, 70, 73, 95, 101. Cartouche : Brunéel, 23; Plumerel, Favé

56; du fusil à aiguille prussien, 52, 62; Flobert, 69; Lefaucheux, 70, 101; Boxer, 71; Berdan, 74, modèle 1866, 61, 68; modèle 1867, 71, 147; modèle 1874, 74, 109, 161, 170, 181, 184; cartouche sans balle, modèle 1874, 111, 183, 185; fausse cartouche modèle 1874, 121; cartouche de revolver modèle 1873, 136, 146, 161, 183, 186; de revolver de la marine modèle 1870, 173.
Cartouches de mobilisation, 195; de sûreté, 195; d'exercice, 196 (voir *Consommation*, *Allocation* et *Approvisionnement*).
Casque, 160.
Ceinture de cuirasse, 159.
Chaînette, 28, 141.
Chambre. — Culasse à chambre, 27; chambre de la carabine Delvigne, 33; de la carabine Pontcharra, 34; chambre mobile, 47, 50; fusil modèle 1866, 57, 62; modèle 1874, 114, 122, 131; revolver modèle 1873, 138; *chambre ardente*, 59, 62, 75; *chambre à crasse*, 60.
Chamelot-Delvigne. — Revolver, 102.
Chanfrein, 114.
Charge. — Arquebuse et mousquet, 6, 10; armes lisses, 30, 87; des carabines et fusils rayés, 32, 35, 36, 37, 38, 39, 40, 44, 47, 87; fusil modèle 1866, 62; fusil modèle 1874, 111; révolver modèle 1873, 137. Temps de la charge: fusil modèle 1866, 61; mod. 1867, 72; mod. 1874, 77, 118.
Chargement. — *Des armes à feu par la bouche*, 16, 30, 33, 36, 46, 51, 55.
Par la culasse: 21, 33, 46, 47, 51, 55.
Chargement des cartouches: à balle modèle 1874, 182; sans balle modèle 1874, 183; pour revolver modèle 1873, 183.
Chargement des coffres à munitions d'infanterie, 184, 185.
Charroy. — Fusil, 25.
Chassepot. — Obturateur, 54; fusil, 56.
Chateaubrun (de). — Système à percussion, 23.
Chaumette (de La). — Fusil, 49.
Chef armurier, 111, 182, 190, 192, 198, 200.
Cheminée, 22, 23, 27, 29, 31.
Chien. — Platine à rouet, 6; platine à silex, 11; platine à percussion, 22, 27, 31, 72; fusil modèle 1866, 61; fusil modèle 1874, 115, 117, 118, 120; du revolver modèle 1873, 140.
Chlorate de potasse, 21.
Cire, 25, 63.
Ciselures, 151.
Clef. — Nécessaire d'arme du fusil modèle 1866, 61; du revolver, 144.
Clinquant. — Étui de cartouche, 71.
Cloisons. — Du manchon, 121.
Coffre à munitions, 184, 185.
Coin d'arrêt, 116.
Colle. — Son emploi pour la confection des cartouches modèle 1866, 68.
Collerette. — Cartouche modèle 1866, 62.
Colt. — Revolver, 100.
Comblain. — Système de fermeture, 79.
Commission. — Des armes portatives, 23; permanente de tir de Vincennes, 35, 41, 46, 53, 56, 69, 57, 76, 94, 95, 102.
Commission supérieure du camp de Châlons, 56.
Commission d'étude des feux de guerre au camp de Châlons, 125.
Commission de la marine à Cherbourg, 92, 94, 95.
Compassage de la mèche, 7.
Confection des munitions, 181.
Conservation. — Des armes et munitions: dans les établissements de l'artillerie, 186; les corps de troupes de l'armée active, 187; de l'armée territoriale, 200; de la marine, 202.
Console, 139.
Consommation. — Des munitions, 82.
Contrôle général des armes. — 189.
Contrôleurs d'armes, 176, 180, 198.
Coquille, 155, 158.
Cordons, 151.
Couche. — Longueur de couche, 18; plaque de couche 112.
Coude du chien, 116, 121.
Coulage des balles, 182.
Coulevrine. — A main, 1; coulevriniers à pied et à cheval, 2.
Couvre-amorce, 74, 110.
Crachements, 17, 22, 48, 50, 53.
Cran. — De l'armé, 117, 140; de sûreté et de l'abattu, 118, 140; de mire, hausse 1866, 64; hausse 1874, 122, 133, 136; de l'axe du barillet, 139; cran de mire du revolver, 140.
Crasses. — Chambre à crasse, 60; encrassement, 68, 69; ustensile pour les enlever, 122.
Crémaillère, 141.
Crête quadrillée du chien, 140.
Croc. — Arquebuse à croc, 4.
Crochet de ceinture, 16, 174.
Croisière, 109, 135.
Crosse, 3, 4, 18, 112; magasin dans la crosse, 91, 92.
Cuir. — Fourreau de sabre, 66, 151, 159; d'épée, 155, 156, 157; basane, 153.
Cuirasse. — Modèle 1855, 159; d'officier, 160; fabrication, 181.
Cuivre. — Son emploi pour la fabrication des capsules, 22; des étuis de cartouches, 70, 73, 122.
Culasse. — A bouton plein, 27; culasse à chambre, 27.
Culasse mobile: modèle 1866, 59, 131; modèle 1874, 77, 112, 114, 115, 116, 119, 131, 171; système de Beaumont, 76; Kropatschek, 171 (voir *Chargement par la culasse*).
Culot. — Balle à culot Minié, 37; cartouche à culot, métallique 70 (voir *Cartouche métallique*).
Curette (voir *Spatule*).
Curseur. — De hausse, modèle 1866, 64; modèle 1874, 122, 131, 133.
Cuvette. — Cartouches à percussion centrale, 73, 110.
Cylindre. — Fusil modèle 1866, 59, 61; modèle 1874, 115, 116, 117, 119, 120.

D

Dard. — Tête mobile, 60, 68; fourreau, 151.
Deane (voir *Adams et Deane*).
Découpage des bois, 180.
Delvigne. — Carabine à chambre, 33, 35; balle allongée, 31; revolver, 102.
Dégradations. — Armes modèle 1866, 69; modèle 1874, 122.
Démontage. — Fusil modèle 1874, 119; revolver modèle 1873, 144.

Dépôt central. — Etude du chargement par la culasse, 46, 56, 76, 176.
Dépôt de munitions, 196.
Dérivation 57.
Désamorçage, 182.
Dessication des bois, 179.
Détente, 59, 113, 115, 118, 141.
Déviation de la balle, 123, 132 (voir aussi *Dérivation*).
Dimensions. — Des armes à feu en service dans l'infanterie française à partir du XVIIe siècle, 86, 161; des armes blanches et cuirasses, 162.
Directrice, 113, 135.
Distributeur. — Armes à répétition, 91, 95, 171.
Dos. — De cuirasse, 159, 181; de lame de sabre, 109, 151 à 158.
Douille. — De baïonnette, 9, 15, 65, 109; de cartouche (voir *Cartouches métalliques*).
Dressage du canon, 177.
Dreyse. — Fusil, 51, 53, 77.
Drivon et Biron. — Revolver, 103.

E

Ecaille, 155, 157.
Echancrure. — De la boîte de culasse, 114, 117; du renfort du barillet, 141.
Ecrou. — De boîte de culasse, 114.
Effets des balles, 46.
Eggs. — Capsule, 22.
Ejecteur, 116, 119, 171.
Embarillage. — Des cartouches, 183, 185.
Embase (voir *Epaulement*).
Emblêmes, 155, 156, 158.
Embouchoir, 14, 27, 57, 113, 133, 135.
Emboutissage, 73, 109, 181.
Emeri, 191.
Emoulage, 177.
Empaquetage. — Cartouches modèle 1866, 63; modèle 1874, 111; de revolver modèle 1873, 137.
Encaissage. — Des armes, 192; des munitions, 183, 185.
Enclume. — Cartouche, 70, 73, 110, 136, 181.
Encrassement. — Du canon, 16, 30, 31, 33, 34, 44, 63, 122; de la lumière, 17, 20, 22; du mécanisme de culasse, 48, 59, 60, 62, 68, 69; du revolver, 104; des rayures, 31 (voir *Plombage*).
Enrayage. — Du mécanisme du revolver, 144.
Entaille. — 116, 118.
Entretien. — Des armes dans les compagnies, escadrons ou batteries, 190; des armes des hommes absents, 191, 192.
Epaulement. — Du percuteur, 117; de la baguette, 131, 135.
Epée. — *Baïonnette*, 77, 109, 162, 169. *De sous-officier :* modèle 1857, 157, 162, 170; de gendarmerie modèle 1853, 158. *D'officier :* d'état-major modèle 1855, 155; du génie modèle 1855, de gendarmerie modèle 1855, 156; d'intendant militaire modèle 1852, d'officier de santé modèle 1852, 157.
Epreuves. — Armes à feu, 178; sabres, cuirasses, 181.
Espingole, 89.
Etain. — Brasure à l'étain, 178.
Etampage, 179, 180, 181.
Etirage, 73, 109, 181.
Etoile. — Cartouche modèle 1866, 62; poignée d'épée, 155, 157.
Etouteau, 141.
Etui (voir *Cartouche*). — Fabrication, 181.
Event, 74, 110, 181.
Evidement (voir *Balle évidée*). — Rempart du barillet, 139.
Extracteur. — Tire-cartouche ou arrache-cartouche, 55, 69, 70, 75; Plumerel, 56; modèle 1867, 72; modèle 1874, 115, 116, 117, 120, 121; revolver, 103.

F

Fabrication, 176, armes à feu : 14, 16, 17, 47, 57, 73, 177; sabres, 180; cuirasses, 181.
Faisceaux. — Moyen de les former, 109.
Farez. — Huile, 186.
Favé. — Fusil du général, 56.
Fenêtre de la planche de hausse, 123, 133.
Fente. — De la baguette, 113, 122, 131; de la boîte de culasse, 114, 116; de repère du chien et du manchon, 120; de la boîte du nécessaire, 121; du lavoir, 122.
Fer. — Canon, 47; garnitures, 14, 113, 179; baguette, 15.
Feuilles du pontet (voir *Pontet*).
Feuillure, 138.
Feutre. — Rondelle de feutre gras, 110, 182.
Feux. — A grande distance, 125; feux plongeants par salves, 126.
Filigrane. — 151, 153 à 157, 158.
Flasque. — *Poire à poudre*, 8.
Flobert. — Cartouche, 69.
Forage. — Du canon, 177.
Forcement. — De la balle, 32, 43; au maillet, 32; par la baguette seule, 32, 36; automatique par expansion de la balle, 36; dans les armes se chargeant par la culasse, 33, 48, 62; dans les revolvers, 104.
Forgeage, 180.
Fourchette. — Du mousquet, 6, 10.
Fourniment. — De l'arquebusier, 8.
Fourreau. — Sabres de troupes à pied, 65, 109, 135, 151, 159, 170; sabres de cavalerie, 152, 153, 154, 155; épées 155, 156, 157, 158; fabrication, 180.
Fraise, 177, 179.
Fruwirth. — Fusil, 94.
Fulminate. — Poudres fulminantes, 20; fulminate de mercure, 21.
Fusil. — A silex, 10, 12, 14; à piston, 22; Brunéel, 23; rayé à tige, 36, à la Chaumette, Montalembert, 49; Pauly, Leroy, 21, 50; Lepage, Robert, Lefaucheux, 50; à aiguille prussien, 51, 56; Chassepot, Favé, Chassepot-Plumerel, 56; Snider, 71; à la tabatière, 71, 147; Gras, 76; Mauser, Martini-Henry, Wetterli, 77; Albini-Brandlin, Comblain, 79; Springfield, 79, 148; Peabody, 79, 149, Werder, 79; Remington, 79, 148; Werndl, 79.
Fusils à répétition : Henry, 91; Henry-Winchester, 91, 93, 147, 149; Hotchkiss, 92; Wetterli, 94; Kropatschek, 94, 170; Fruwirth, 94; Krag-Peterson, Sandborg, 96; Greene's, 97; fusil revolver, 100, 104.
Fusil d'infanterie. — Premiers modèles, 1717, 1728, 1746, 1754, 1763, 1766, 1768, 1770, 1771, 1773, 1774, 14; modèle 1777, 15; modèle an IX, 16; modèle 1816, 17; modèle 1822, 18; modèle 1840, 27, 204; modèle 1842, 29; modèle 1853, 31, 81; de

la garde modèle 1854, 37; modèle 1857, 37, 39, 82; modèle 1866, 56, 57, 82, 98, 169; modèle 1866, 71, 147; modèle 1874, 78, 82, 98, 108, 161, 169; modèle 1866-1874, 130, 161.
Fusil de voltigeur. — Modèle 1816, 17; modèle 1822, 18; modèle 1842, 29; modèle 1853, 31; de la garde modèle 1854, 37.
Fusil de marine. — Modèle 1777, 15; modèle an IX, 16; modèle 1816, 17; modèle 1822, 18; modèle 1842, 30; modèle 1853, 31; modèle 1857, 39; Kropatschek, 94, 95, 170.
Fusil de dragon. — Modèle 1777, 15; modèle an IX, 16; modèle 1822, 18; modèle 1842, 29; modèle 1853, 31; modèle 1857, 39; modèle 1867, 71, 147.
Fusil d'artillerie. — Modèle 1777, 15; modèle 1816, 17; modèle 1822, 18.
Fusil de rempart, 104. — Modèle 1831, 36, 38, 50, 51, 105; allégé, modèles 1840 et 1842, 36, 105; en expérience, 105.
Fusil de cavalerie : Modèle 1866, 66.
Fût, 1, 3, 112; fût brisé, 50; magasin dans le fût, 91, 93.

G

Gabarit, 198.
Gâchette, 7, 12, 28; ressort-gâchette, modèle 1866, 59; modèle 1874, 115, 118, 119; revolver, 141.
Galand. — Revolver, 102, 103.
Garde, 151 à 158, 173, 180; garde-feu, 17.
Garnissage, 177.
Garnitures, 14, 17, 57, 66, 112, 113, 133, 135, 142, 179.
Gaupillat. — Fabricant de cartouches, 183.
Gaze de soie. — Cartouche modèle 1866, 61.
Gévelot. — Fabricant de cartouches, 183.
Giberne. — 9, 27, 68; cartouches portées par l'homme dans le sac ou la giberne, 88, 163, 164, 165.
Gilet rembourré, 159.
Gouttière. — Lame de sabre, 151, 152, 153, 154, 180; cuirasse, 159.
Gradin. — Hausse du fusil modèle 1866, 64, 131.
Grain. — Du cylindre du fusil modèle 1866, 60.
Graissage. — Des balles, 32, 34, 35, 63, 110, 137, 182; des armes, 122, 186, 191.
Gras. — Fusil du capitaine, 76.
Grenadière, 14, 57, 67, 113, 133.
Grès, 191.
Griffe. — D'extracteur, 116, 117, 120.
Guidon, 27, 113, 132, 133, 134, 138, 145.
Gustave-Adolphe, 9, 10.

H

Hache d'abordage. — Modèle 1833, 174.
Hampe, 174.
Hausse. 27, 63; circulaire, 64; armes modèle 1866, 64, 66; armes modèle 1874, 113, 122, 125, 131, 133, 136; auxiliaire à dérives, 120.
Henry. — Fusil Henry, 91; Henry-Winchester, 91, 93, 147, 149.
Hotchkiss. — Fusil, 92.
Howard. — Poudres fulminantes, 21.
Huile. — Farez, 186; d'olive, 191.
Hullier, 121.

I

Inspection d'armes, 198.
Irrégularités du tir, 81, 123, 128.

J

Justesse. — Des armes à feu, 2, 6, 63, 80, 129, 145.

K

Krag-Peterson. — Fusil, 96.
Kropatschek. — Fusil, 94, 95, 170.

L

Laiton. — Garnitures, 15, 67, 109, 132, 135; étui de cartouche, 70, 73, 109, 122, 136, 181; lavoir, 122; garde, 151 à 159, 180.
Lame, 109, 151 à 159, 180.
Lamson. — Carabine, 98.
Lancastre. — Fusil, 46.
Lance, 174.
Lanière, 143.
Latura. — Fusil, 21.
Lavoir, 121, 145.
Lefaucheux. — Cartouche, 52, 70, 101; fusil, 50; revolver, 101, 102.
Lepage. — Fusil, 50; revolver, 102.
Leroy. — Fusil, 21, 50.
Lessivage des étuis, 111, 182.
Levier de manœuvre. — Fusil modèle 1866, 59, 60; modèle 1874, 115, 116, 117; levier coudé, 67, 76, 132.
Lieutenant d'armement, 189, 194, 200.
Livret d'armement, 189.
Losange. — De papier entourant la balle, 110.
Lubrificateur, 32, 34, 35, 63, 110, 182.
Lumière, 4, 5, 17, 20, 22, 27, 29, 31.

M

Machines. — Emploi pour la fabrication des fusils, 47, 57, 73, 177; des étuis de cartouche et leur réfection, 181, 182; des balles, 182; pour le chargement des cartouches, 182.
Magasin. — Des armes à répétition, 92, 93, 96 97, 171.
Maillet, 32, 33.
Manceaux-Vieillard. — Obturateur, 54.
Manche, 173, 174.
Manchon. — Culasse mobile modèle 1866, 61; modèle 1874, 115, 120.
Manufactures d'armes, 14, 176.
Maquette, 180.
Maréchal de Saxe. — Amusette, 48..
Martini-Henry. — Fusil, 77, 79.
Marquage des armes, 180, 189.
Marques. — Des cartouches, 111; des paquets de cartouches, 111; des caisses ou barils, 183.
Matelassure, 159.
Mauser. — Fusil, 77.
Mécanisme. — De fermeture à bloc, 49, 52, 71, 79; à verrou, 53, 59, 76, 78, 109, 171; de percussion modèle 1866, 60; modèle 1874, 115; du revolver modèle 1873, 140, 143; de répétition du fusil Kropatschek, 171 (voir *Platine*).
Mèche, 1; platine à mèche, 5, 204.
Mentonnet, 142.
Méplat. — Du percuteur, 121.

Meules, 177, 180, 181.
Minié. — Balle allongée, 35; balle à culot, 37.
Modèles d'armes (voir *Armes*).
Montalembert. — Fusil, 49.
Montage, 180.
Monte-ressort, 144.
Monture du fusil, 112, 179; du revolver, 143; des sabres, 151 à 155; des épées, 155 à 158 (voir *Fût*, *Crosse*).
Mortaise, 119.
Mortier à main, 89.
Mousquet, 5, 6, 7, 10, 13, 86; mousquet-fusil, 11; mousquet de rempart, 105.
Mousquetaires, 6, 8.
Mousqueton. — Au XVIIe siècle, 12, 13; Chassepot, 54; Remington, 148; Spencer, 150.
Mousqueton de cavalerie : modèle 1763, 1766, 15; modèle 1777, 15; modèle an IX, 16; modèle 1816, 17; modèle 1822, 18; modèle 1822 transformé, 29, 39.
Mousqueton de lanciers : modèle 1836, 20, 28.
Mousqueton de gendarmerie : modèle 1825, 18; 1842, 29; 1853, 31; de la garde, modèle 1854, 37; modèle 1857, 39.
Mousqueton d'artillerie : modèle 1829, 18; 1829 transformé, 29; 1829 transformé bis, 36, 39, 65; modèle 1866, 67; modèle 1874, et 1866-1874, 78, 135, 161, 169.
Munitions. — Approvisionnements, 53, 72, 75, 83, 88, 163, 164, 165, 168, 186, 195; consommation, 82; confection, 181; demandes et versements, 197, 198.

N

Nécessaire d'armes. — Modèle 1866, 61; modèle 1874, 121, 145.
Nervure, 120.
Nessler. — Balle, 40.
Nettoyage. — Des étuis, 111, 182; des armes, 122, 191.
Noix. — Platine à silex, 11; platine à percussion, 28; chien du fusil modèle 1866, 61; modèle 1874, 118; chien du revolver modèle 1873, 140.
Noyer, 112, 143, 179.

O

Obturation. — Premières armes se chargeant par la culasse, 21, 33, 47, 48, 50, 53; obturateur Manceaux-Vieillard, 54; obturateur Chassepot, 54, 56; modèle 1866, 60, 68, 75; fusil modèle 1874, 69, 75, 109, 115; revolver, 101, 136.
Officiers d'armement, 189, 194.

P

Pans. — Du canon, 113, 138, 177; creux, 151, 152, 153, 154, 155, 180.
Papier, 8, 61, 110, 182.
Paquets de cartouches. — Modèle 1866, 63; modèle 1874, 111, 182; de revolver modèle 1873, 137.
Parcs. — Approvisionnements en munitions, 88, 163.
Pas des rayures, 32, 35, 36, 44, 46, 57, 114, 138.
Pauly. — Fusil, 21, 50, 51.
Peabody. — Fusil, 79, 149.
Pénétration des balles, 104, 127.
Pente du terrain. — Son influence sur le tir du fusil, 128.
Percussion. — Armes à percussion, 20; mécanisme de percussion du fusil modèle 1866, 60; modèle 1874, 115; cartouches à percussion périphérique, 69, 70, 73, 95; à percussion centrale, 70, 73, 95.
Percuteur, 69, 70, 110, 115, 117, 118, 119, 121, 140.
Perrin. — Revolver, 101.
Pertes d'armes, 195.
Pétrinal, 3.
Pic, 174.
Pièce de détente, 113.
Pied de hausse. — Modèle 1866, 63; modèle 1874, 122, 178.
Pique d'abordage. — Modèle 1833, 174.
Pistolet, 7, 13; pistolet à répétition, 90; pistolet tournant, ou pistolet-revolver (voir *Revolver*).
Pistolet de cavalerie : modèle 1763, 15; modèle 1777, 15; modèles an IX et an XIII, 16; modèle 1816, 17; modèle 1822, 18; modèle 1822 transformé, 27, 29; modèle 1822 transformé bis, 39.
Pistolet de marine : modèles an IX et an XIII, 16; modèle 1816, 17; modèle 1822, 18; modèle 1837 et 1849, 27.
Pistolet de gendarmerie : modèle an IX, 16; modèle 1816, 17; modèle 1822, 18; modèle 1822 transformé, 27, 30.
Pistolet d'officier : de cavalerie modèle 1833, 27, 36; de gendarmerie modèle 1836, 36; d'état-major modèle 1855, 90, 146.
Pivot d'extracteur, 120.
Plaquettes, 109, 143.
Planche mobile. — Hausse modèle 1866, 64; modèle 1874, 122, 132, 134, 136.
Planchette de tir, 126.
Plaque. — De couche, 112; de recouvrement, 140, 144.
Plastron. — De cuirasse, 159, 181.
Platine. — A mèche, 5, 7, 204; à rouet, 6, 7, à silex, 12, 17, 18, 20; à percussion, 27, 30, 100; du revolver modèle 1873, 140.
Plomb. — Balles en plomb, 43, 62; en plomb comprimé, 43, 63, 110, 182; en plomb durci, 43.
Plombage. — Des rayures, 111.
Plumerel. — Modification du système Chassepot, 56.
Poids. — Des armes à feu portatives, 10, 41, 86, 161; des fusils à répétition, 93, 97, 99, 172; des armes blanches, 162; des balles (voir *Balles*).
Poignard. — Baïonnette-poignard, 9; de la marine modèle 1833, 173.
Poignée. — De la monture du fusil, 3, 112; du revolver, 143; des sabres : 109, 151 à 155; des épées, 155 à 159.
Poinçon, 180, 191, 198.
Pointeau (Coup de), 111, 183.
Polissage, 178, 180, 181.
Pommeau, 109. (*Voir épées*.)
Pontcharra. — Carabine, 31, 35, 105.
Pontet. — Fourreau, 109; arme à feu, 113, 142, 145.
Port de la carabine. — A la botte ou à la grenadière, 67, 132.
Porte, 139, 204.
Porte-baguette, 143.
Portée. — Du mousquet, 10; de but en

blanc du fusil d'infanterie, 28, 63, 64, 87, 123; du revolver, 145; portée maximum, 125, 145.
Poudre. — A canon et poudre à mousquet, 18; fulminante, 20; poudre B, 44, 47, 62, 75, 110; poudre lente F_1, 75, 110; de chasse, 137, 173.
Poussoir. — Sabre ou épée-baïonnette, 109; revolver, 139.
Pyrite ou martiale, 6, 12.

Q

Quillon, 109.

R

Rabotage, 177.
Rainure. — Latérale, 116, 117; inférieure, 119, 171.
Rallonge (Curseur à), 64, 122, 125, 132.
Rampe hélicoïdale, 117.
Râpe (Platine à), 6.
Ratés. — Armes à mèche, 7; à silex, 17, 20; à percussion, 20; modèle 1866, 68, 75; modèle 1874, 199.
Rayage, 178.
Rayures. — Hélicoïdales, 38; paraboliques, 38; progressives, 38; inclinaison, 31, 32, 35, 36, 87, 114, 138; forme et nombre, 43, 104, 131; sens, 57, 114, 124, 134, 136.
Réception d'armes, 180, 181, 187.
Recuit, 179, 180.
Recul, 4, 42, 57, 66, 72, 90, 145.
Rebords, 133.
Réfection des étuis, 111, 139, 182, 183.
Régime. — De l'entreprise, 176; de l'abonnement, 192; de clerc à maître, 193.
Règles de tir (voir *Tir*).
Relèvement de l'arme, 124, 145.
Remandrinage des étuis, 111, 182.
Remington. — Fusil, 79, 148; revolver, 101.
Remontage. — Fusil modèle 1874, 120; revolver modèle 1873, 145.
Rempart. — Boîte de culasse, 59, 115, 117; revolver, 139 (voir *Fusil de rempart*).
Renfort. — Du cylindre, 60, 115, 117, 171; de tête mobile, 120, 121; du barillet, 141.
Réparations, 192, 199, 202.
Répétition (voir *Armes à*).
Ressort. — A deux branches, 7, 12, 28, 76, 140, 141; à boudin, 61, 76, 115, 117, 120; d'auget, 171; de poussoir, 109, 139; ressort-gâchette, 59, 115; de hausse, 122.
Revolver, 99, 103, 104; Colt, Adams et Deane, 100; Remington, Savage, 101; Lefaucheux, Perrin, 101; Delvigne, Lepage, Galand, 102; Chamelot-Delvigne, 102; Smith et Wesson, Drivon et Biron, Schmidt, Spirlet, 103.
Pistolet-revolver modèle 1873, 101, 102, 136, 138, 161; d'officier modèle 1874, 103, 146, 161; modèle 1873 et 1874 modifié pour le tir de la cartouche du revolver de la marine, 169. *Revolver de la marine* modèle 1858, 101; modèle 1870, 102, 172.
Revue d'armes, 195.
Ricochets, 128.
Rigole, 119.
Robert. — Fusil, 50.
Rondelle. — Cartouche Brunéel, 23, 24, 25; modèle 1866, 62; modèle 1874, 110, 111; obturatrice en caoutchouc, 54, 60, 69.
Rouet (Platine à), 6, 11.

S

Sabot, 34, 35; balle à sabot, 34.
Sabre. — Fabrication, 180.
De troupes à pied : modèle 1816, 170; modèle 1831, 66, 158; sabre-baïonnette modèle 1842, 65, 147; modèle 1866, 65, 67, 77, 131, 135, 162, 169; modèle 1866, série Z, 150; d'adjudant et de sergent-major modèle 1845, 151, 169; de sous-officier de l'ex-garde impériale modèle 1854, 159.
De troupes à cheval : 162; de cavalerie de réserve modèle 1854, 152; de dragon modèle 1854, 153; de cavalerie de ligne modèle 1822, 152, 158; de cavalerie légère modèle 1822, 154, 158; de canonnier monté modèle 1829, 155, 158; anciens modèles, 158.
D'abordage : modèle 1833 et 1872, 173.
D'officiers : d'infanterie modèle 1855, 151; d'infanterie de marine modèle 1855, 169; de cavalerie de réserve et de dragon modèle 1854, 153; de cavalerie légère modèle 1822, 154; d'état-major modèle 1855, 155; de marine modèle 1837, 175.
Sac à balles, 8.
Saigner la cartouche, 31, 39, 66.
Salles d'armes, 186.
Sandborg. — Fusil, 96.
Savage. — Revolver, 101.
Schmidt. — Revolver, 103.
Schneider. — Transformation modèle 1867, 71.
Séchage des bois, 179.
Serpentin (Platine à), 5, 6.
Serrage. — De la balle, 110.
Sertissage de la balle, 110, 137.
Silex. — Platines à batterie et à rouet, 12.
Smith et Wesson. — Revolver, 103.
Snider. — Fusil, 71.
Soie, 109, 154, 180.
Sous-garde, 113, 133.
Spatule-curette, 122.
Spencer. — Carabine, 91, 92; mousqueton, 150.
Spirlet. — Revolver, 103.
Springfield. — Fusil, 79, 148.
Système de fermeture. — A tabatière, 71, 79; à bloc, 71, 78; à verrou, 78.

T

T du manchon et du percuteur, fusil modèle 1874, 120; du pontet du revolver, 142, 145.
Tables de construction. — Du fusil, 14; du mousqueton et du pistolet, 15.
Tableaux. — De la justesse des armes à feu, 81, 82; des dimensions des armes à feu en usage dans l'infanterie française à partir du XVIIe siècle, 86, 87; des approvisionnements en munitions, 88; de renseignements sur le tir du fusil modèle 1874, 127; des écarts probables du fusil modèle 1874, 129; tir réel du fusil modèle 1874, 130; renseignements sur les armes en service : munitions et armes à feu, 161, armes blanches, cuirasses, 162; armement des troupes de l'armée active en 1878; infanterie, génie, 163, 203; cavalerie,

artillerie, gendarmerie, 164, 203; train des équipages militaires, troupes d'administration, compagnies de pionniers et fusiliers de discipline, télégraphes, 165, 203; allocations de cartouches pour les exercices de tir, 167; armement à bord, 175.
Talon. — De crosse, 112; de la planche de hausse, 123.
Tamisier. — Balle cannelée, 35.
Tampon en carton, 136.
Teton, 73
Tenon. — De recul, 59, 114; de baïonnette, 9, 65, 134; grand et petit tenon, 113, 135.
Tête mobile. — Modèle 1866, 60; modèle 1874, 115, 116, 119, 121.
Thouvenin. — Carabine à tige, 34.
Tige, 34, 36, 39; tige porte-aiguille, 61.
Tir. — Des premières armes à feu, 2, 10, 87; des fusils lisses, 28, 31, 63, 87; des fusils transformés, 63, 87; du fusil modèle 1866, 64; du fusil, modèle 1874, 123, 124, 127, 130; aux grandes distances, 125; tir plongeant, 126; du revolver, 145; tir intermittent, tir continu, 100, 102, 136, 142, 144 (voir *Justesse*).
Sur appui, 1, 2, 4, 6, 45, 49, 104, 126.
A bras francs, 4, 5, 45, 65, 93, 127, 145.
Vitesse du tir, 8, 52, 53, 55, 83, 93, 97, 118.
Tonnerre, 113.
Tournage, 177.
Tournevis, 113, 119, 121, 122, 145.
Trajectoire moyenne. — Du fusil modèle 1874, 127, 128, 129.
Tranchant, 151 à 158.
Transformation. — Des armes modèle 1777 au modèle an IX, 16; des armes modèle 1816 au modèle 1822, 18; des armes à silex au système à percussion, 27, 29; du mousqueton d'artillerie et des fusils au système à tige, 36; des armes lisses en armes rayées, 39, 40; de la carabine et du mousqueton à tige, 40; des armes modèle 1857 et 1859 en armes se chargeant par la culasse, 71, 147; des armes modèle 1866 pour le tir de la cartouche métallique, 69, 75, 78, 131, 134.
Trempe, 79, 180.
Treuille de Beaulieu. — Carabine des cent-gardes, 52.
Tromblon, 89.
Trousse. — En drap, 122; de cartouches, 184, 185.
Tubage, 131, 134.

V

Vauban. — Baïonnette, 9, 65; mousquet-fusil, 11.
Vent. — Des balles, 15, 16, 30, 31, 33, 57; influence du vent sur le tir, 128.
Vernissage, 110, 173, 182.
Verrou (Système à), 53, 59, 76, 78, 115.
Versements. — D'armes, 187; de munitions, 198.
Vibrations. — Du canon, 123.
Virole. — Douille de baïonnette, 15, 65.
Vitesse initiale, 41, 42, 72, 87, 132, 135.
Vitesse du tir (voir *Tir*).
Vis. — Fermeture à vis, 49; vis-bouchon du fusil modèle 1866, 61; vis-arrêtoir: de tête mobile modèle 1866, 60; de culasse mobile modèle 1866, 61; modèle 1874, 115, 117, 119; vis de culasse, 113, 114; de plaque de recouvrement, 140.
Visite des armes, 178, 198.

W

Werder. — Fusil, 79.
Werndl. — Fusil, 79.
Wetterli. — Fusil, 77, 94.
Wesson (voir *Smith et Wesson*).
Whitworth. — Fusil, 46.
Winchester. — Fusil, 93, 147 149.

Z

Zone dangereuse, 127, 128, 129, 130.

FIN DE LA TABLE ALPHABÉTIQUE.

APPROVISIONNEMENT EN MUNITIONS

(Modifications au tableau de la page 163).

31 *janvier* 1879.

Le nombre de cartouches modèle 1874 à emporter en campagne par les soldats d'infanterie et du génie (sapeurs-conducteurs exceptés), les hommes des bataillons de douaniers et des compagnies de chasseurs forestiers, vient d'être fixé à 78 cartouches (13 *paquets de* 6 *cartouches*) par homme, au lieu de 74 cartouches (12 *paquets et* 2 *cartouches libres*).

Les soldats d'infanterie et du génie (sapeurs-conducteurs exceptés) porteront également, pour toutes les prises d'armes, 13 paquets de 6 cartouches modèle 1874; ils ne devront pas être détenteurs de cartouches libres, à moins de circonstances exceptionnelles.

COURS D'ARTILLERIE

ARMES PORTATIVES

HISTORIQUE

Les armes à feu portatives n'ont fait leur apparition en France que longtemps après les bombardes et autres bouches à feu de gros calibre.

Canons et coulevrines à main. — C'est à peine si l'on peut appeler armes portatives les *bâtons à feu*, *canons* et *coulevrines à main* dont étaient armés, dans la seconde moitié du XVe siècle, quelques corps spéciaux, à pied ou à cheval, auxquels on donnait le nom de *coulevriniers*.

Ces armes à feu primitives étaient le plus ordinairement formées d'un tube de fer forgé, gros et court; les coulevrines, un peu moins grossières que les canons, étaient en cuivre ou en bronze. Presque toutes se terminaient par une queue en fer où en bois qui permettait de les saisir plus aisément. Quelquefois, cependant, elles étaient adaptées à une pièce de bois à peine dégrossie, sorte de fût qui facilitait le maniement de l'arme, mais ne permettait pas de l'épauler.

La manœuvre de parcilles armes exigeait généralement deux hommes; l'un d'eux, après avoir pointé l'arme, la maintenait pendant le tir avec les deux mains, la posant, si elle était trop lourde, sur un appui quelconque : tronc d'arbre, mur, fourche ou trépied; l'autre y mettait le feu.

Si l'arme était assez légère pour qu'un homme pût la servir à lui seul, au moment de faire feu, pour résister au recul, le tireur

plaçait l'extrémité postérieure de son arme sous l'aisselle ou sur l'épaule, et, la maintenant de la main gauche dans la direction du but, y mettait le feu avec une mèche qu'il tenait de l'autre main. Lorsqu'il était à cheval, le tireur posait l'extrémité antérieure sur une fourche fixée à la selle et appuyait la queue contre sa cuirasse.

Le tir de ces armes était bien inférieur à celui de l'arc et de l'arbalète; il manquait absolument de justesse et même de

Coulevriniers à pied.

portée, car, pour que le recul ne fût pas trop fort, on ne pouvait employer que de très-faibles charges.

Coulevrinier à cheval.

Ces canons et coulevrines à main, grossièrement travaillés, offrent un contraste frappant avec les magnifiques armures et les arbalètes perfectionnées de la même époque. Quand on y réfléchit un peu, ce fait, qui au premier abord paraît surprenant, n'a pourtant rien qui doive nous étonner. Après la guerre de Cent ans, la chevalerie française, épuisée par les premières défaites, avait dû laisser aux troupes des communes le soin d'expulser les Anglais, elle avait donc bien été obligée d'accepter la grosse artillerie, dont les progrès avaient été si rapides qu'il n'était plus possible sans elle de prendre ou de défendre une place. Mais les seigneurs s'opposèrent autant qu'ils le purent aux perfectionnements des armes à feu portatives, qui rendaient illusoire la protection que leur avaient assurée jusque-là les armures et devaient bientôt permettre aux manants de lutter contre eux avec avantage. Les soldats mercenaires eux-mêmes, gens de pied faisant profession de guerroyer, n'étaient pas partisans de ces nouvelles armes, dont l'emploi régulier, en faisant la force des milices communales, pouvait entraîner la suppression de leur gagne-pain.

Non-seulement, il fallut vaincre les préjugés et les défiances de la chevalerie et triompher de la routine des hommes de guerre, mais encore combattre les priviléges des corporations d'armuriers et arbalétriers. Les excellents ouvriers, véritables artistes, qui forgeaient les armures des chevaliers ou façonnaient des arbalètes d'une exécution merveilleuse, dédaignèrent longtemps de fabriquer des armes à feu; il est même probable que les statuts de leur corporation s'y opposaient. Un siècle tout entier fut employé à vaincre ces obstacles.

Voilà pourquoi les armes à feu portatives restèrent si longtemps en France fort inférieures aux autres armes. Il n'en fut pas de même dans quelques autres pays, comme les Flandres, l'Allemagne, l'Italie, dans lesquels la constitution féodale avait moins d'homogénéité, et où les communes ou villes libres conservèrent une indépendance qui ne fut jamais contestée ou suspendue, comme elle le fut si souvent chez nous, soit par les seigneurs féodaux, soit par la royauté elle-même. Aussi, au début, presque tous les perfectionnements des armes à feu portatives sont dus à des arquebusiers étrangers et n'ont été importés en France que fort tard.

Avant tout, on chercha à rendre l'arme plus maniable en la fixant sur un *fût* en bois que l'on termina par une *poignée* facile à saisir avec la main. Plus tard, on prolongea la peignée par une *crosse* recourbée, de façon qu'on pût, pour résister au recul, appuyer l'arme contre le plastron de la cuirasse; de là le nom du *pétrinal* ou *poitrinal* donné à quelques armes à feu des XVe et XVIe siècles. Peu à peu, on diminua cette courbure, afin de pouvoir épauler l'arme, c'est-à-dire l'appliquer contre l'épaule, tout en maintenant pour viser le canon à hauteur de l'œil. La crosse fut alors élargie de manière à répartir le recul sur la plus grande surface possible et le rendre moins pénible pour le tireur.

Arquebuses. — Les *haquebuses* ou *arquebuses*, qui furent les premières armes à feu susceptibles d'être épaulées, ne datent que du XVIe siècle; mais la fixité de l'arme n'était point encore suffisamment assurée pendant le tir, puisque, pour saisir la mèche et mettre le feu, le tireur était forcé d'abandonner son arme de la main droite.

Arquebuses à croc. — Aussi, dans les commencements, on ne fit guère usage que d'*arquebuses à croc*. Ces armes, d'un poids assez considérable, étaient surtout employées pour la défense

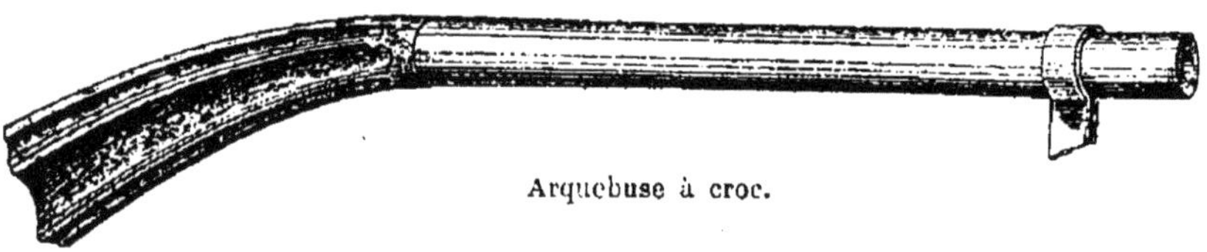

Arquebuse à croc.

des remparts; on ne les tirait que sur appui, et le *croc* dont elles étaient pourvues servait à arc-bouter l'arme contre un obstacle, la paroi externe des créneaux par exemple, pour atténuer le recul.

Lorsque, par hasard, on s'en servait en rase campagne, on fixait l'arme, à l'aide du croc ou de deux tourillons, sur un chevalet ou une fourchette.

Pendant tout le XVIe siècle, les arquebusiers s'efforcèrent surtout de perfectionner le mode d'inflammation de la charge, et cherchèrent un mécanisme qui pût permettre au tireur de mettre le feu tout en maintenant son arme avec les deux mains.

Dans les premiers canons à main, la *lumière*, percée verticalement, débouchait sur le dessus du tonnerre; un calice ou un simple épaulement empêchait la poudre d'amorce de tomber. C'est aux Espagnols que revient l'honneur de l'invention du *bassinet*, du *couvre-basssinet* et du *serpentin*.

Bassinet et couvre-bassinet. — Grâce au *bassinet*, destiné à contenir la poudre d'amorce, il devint possible de faire déboucher la lumière non plus sur le dessus, mais sur le côté droit du canon, ce qui était beaucoup plus commode pour mettre le feu.

Le *couvre-bassinet*, empêchant la poudre d'amorce de tomber, permit d'amorcer l'arme à l'avance et de l'avoir toujours prête à faire feu; l'amorce se trouvait en même temps préservée contre le vent, la pluie et l'humidité, le bassinet n'étant découvert qu'au moment de mettre le feu.

Platine à mèche ou à serpentin. — Ce n'est qu'un peu plus tard, vers 1424, que, pour dispenser le tireur de tenir la mèche à la main, on imagina de la fixer entre les mâchoires d'un *serpentin*. Par un mouvement de bascule, on en faisait tomber le bout enflammé sur la poudre d'amorce.

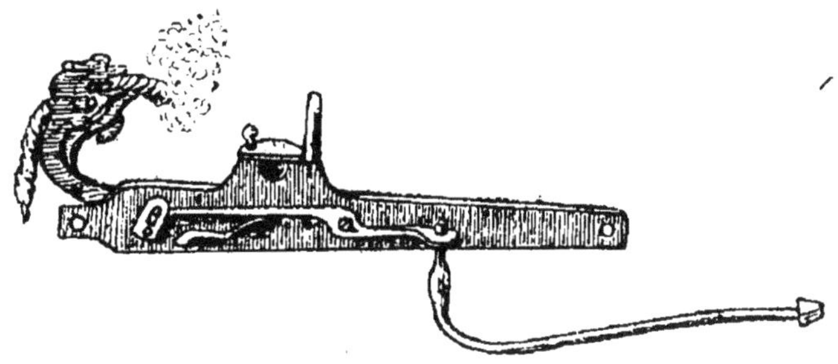

Platine à mèche.

Ces perfectionnements successifs devaient amener bientôt l'invention de la *platine à mèche* ou à *serpentin*, organisée de telle façon qu'il suffisait, pour faire partir le coup, de presser avec le doigt sur un levier coudé ou *détente*, placé sous le fût, sans être obligé d'abandonner l'arme de la main droite.

Arquebuses à mèches. — On fabriqua alors des *arquebuses* plus légères que les arquebuses à croc, et susceptibles d'être tirées non plus sur appui, mais à bras francs.

Arquebusier.

Cependant les armes à feu portatives ne faisaient point encore régulièrement partie de l'armement des troupes françaises. A la bataille de Pavie, notre gendarmerie eut beaucoup à souffrir du tir des mousquets dont était armée une partie de l'infanterie de

Charles-Quint. Aussi, lors de la création des légions provinciales, en 1530, François Ier décida, pour la première fois, qu'une partie des hommes, le tiers ou le quart environ, seraient pourvus d'arquebuses.

Mousquet à mèche. — Le *mousquet*, d'origine espagnole, ne différait de l'arquebuse que par le calibre : son projectile était d'un poids double de celui de l'arquebuse, sa charge aussi ; mais l'arme, beaucoup plus pesante, ne pouvait se tirer à bras francs et nécessitait l'emploi d'une fourchette d'appui ou *fourquine*.

Mousquetaire.

On ne commença à faire usage en France du mousquet qu'en 1572; mais bientôt on s'en servit de préférence à l'arquebuse dont la balle, moins pesante, avait une portée, une justesse et une puissance de pénétration beaucoup plus faible que celle du mousquet.

L'*arquebuse* et le *mousquet à mèche* ont été jusqu'à la fin du XVIIe siècle les seules armes à feu portatives en service dans l'infanterie française.

Platine à rouet. — Dès le commencement du XVIe siècle (1515), un arquebusier allemand avait inventé la platine à rouet, bien supérieure, comme mécanisme, à la platine à serpentin. La

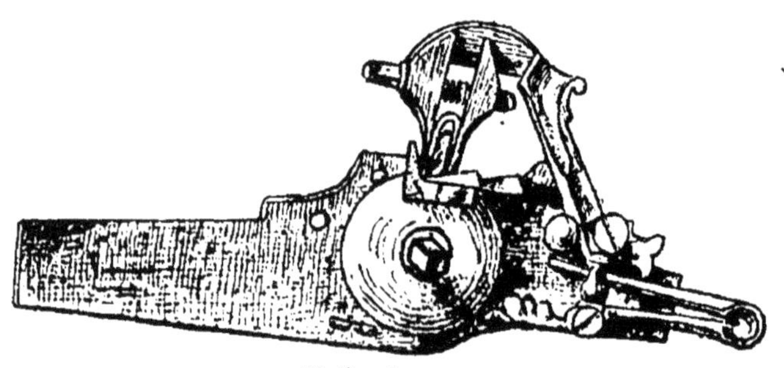

Platine à rouet.

mèche était remplacée, entre les mâchoires du serpentin ou *chien*, par une pierre à feu, morceau de pyrite sulfureuse, dite *martiale*. Par suite de la pression d'un ressort, le chien était forcé d'appuyer, dans les platines primitives, contre une râpe, et dans les autres plus perfectionnées contre une rondelle d'acier cannelée ou *rouet* auquel un second ressort imprimait un mouvement de rotation lorsqu'on pressait sur la détente. La pierre à feu donnait alors par frottement des étincelles qui enflammaient la poudre d'amorce.

Cette nouvelle platine comprenait un *grand ressort* que l'on bandait avec une clef, une *gâchette* avec son *ressort* pour enrayer le rouet, une *détente* pour agir sur la gâchette et dégager le rouet, et enfin un troisième *ressort* pour maintenir le *chien;* elle était trop compliquée et surtout trop délicate pour que l'usage en devînt général à la guerre. Elle avait cependant l'avantage de parer aux principaux inconvénients de la platine à mèche, qui

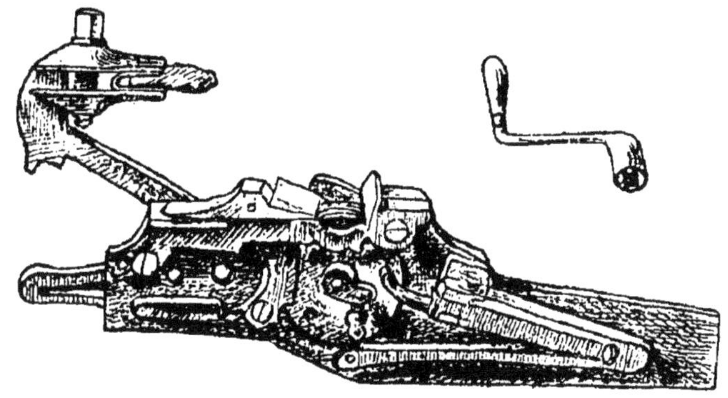

Vue du mécanisme de la platine à rouet.

donnait beaucoup de ratés par la pluie et le vent, et qui, en obligeant le tireur à avoir toujours sa mèche allumée, occasionnait souvent des accidents pendant le chargement.

Les arquebuses et mousquets à rouet ne furent guère employés que comme armes de luxe ou de chasse, si ce n'est par la cavalerie, qui les adopta comme armes de guerre, parce qu'il n'était pas possible à un cavalier de transporter avec lui une mèche toujours allumée et d'en régler la longueur à chaque coup, c'est-à-dire de la *compasser*, de façon que son extrémité enflammée pût exactement tomber sur la poudre d'amorce et y mettre le feu.

Pistolet. — La platine à rouet adaptée au *pistolet*, arme à feu très-courte, d'origine italienne, permit d'en généraliser l'emploi dans la cavalerie. Le cavalier eut dès lors à sa disposition, dans les fontes de la selle, une arme toujours prête à faire feu, et assez légère pour pouvoir être maniée et tirée d'une seule main.

Ce n'est que vers la fin du XVIe siècle que l'on vit les gendarmes français, à l'imitation des reîtres allemands venus en France à l'époque des guerres de religion, abandonner la lance et prendre le pistolet et l'arquebuse à rouet, puis un peu plus tard la carabine et le mousqueton. Il est même à remarquer que les armes à feu furent, à partir de ce moment, beaucoup plus en faveur dans la cavalerie que dans l'infanterie, jusqu'au jour où, par suite des perfectionnements successifs dont elles furent l'objet, leur tir acquit une supériorité décisive. La cavalerie, ne pouvant plus alors lutter par ses feux contre l'infanterie, reprit ses armes de main et revint à son ancien rôle, qui était de charger l'ennemi.

Pistolier.

Cartouche. — L'adoption de la cartouche, ou étui en papier renfermant la charge, a eu une grande influence sur la rapidité et la régularité du chargement; elle a contribué, peut-être plus que tout autre perfectionnement, à accroître la faveur dont commençaient enfin à jouir à cette époque les armes à feu portatives.

Du temps de François Ier, les arquebusiers portaient leurs munitions dans un appareil assez compliqué dont l'ensemble s'appelait le *fourniment*. Il se composait d'un *sac* pour les balles, d'un *flasque* (poire à poudre) pour la poudre de charge, et d'un *amorçoir* qui renfermait le pulvérin d'amorce. Obligé de mesurer chaque fois la quantité de poudre qu'il devait verser dans le canon, le tireur ne pouvait le faire que très-approximativement et perdait beaucoup de temps.

Le fourniment ne fit pas partie de l'équipement du mousquetaire. On donna à celui-ci une *bandoulière*, à laquelle étaient attachées, par des cordons, les charges de poudre mesurées à l'avance et renfermées dans des étuis de cuir, de bois ou de ferblanc. A l'extrémité de la bandoulière pendaient un petit *sac* pour les balles et un *flasque* pour la poudre d'amorce.

La *cartouche*, c'est-à-dire la charge complète, poudre et balle renfermées dans une même enveloppe en papier, paraît avoir été employée pour la première fois en Espagne vers 1569. Gustave-Adolphe en rendit l'usage général dans son armée et donna en outre à ses soldats une *giberne* pour mettre leurs cartouches.

On ne commença en France à se servir de la cartouche que vers 1638 ou 1640, et en 1684 la bandoulière fut définitivement supprimée et remplacée par la giberne. Le soldat, n'ayant plus d'amorçoir, fut obligé d'amorcer avec une partie de la poudre contenue dans la cartouche, la charge fut augmentée en conséquence.

Baïonnette. — Bien que le chargement de l'arme fût devenu beaucoup plus rapide, le mousquetaire, lorsqu'il venait de faire feu, ne s'en trouvait pas moins momentanément désarmé, et, pour recharger son arme, il était obligé de se retirer à l'abri derrière les piquiers. Dans la mêlée, lorsqu'il n'avait plus le temps de charger, son mousquet lui devenait inutile. Aussi les soldats avaient imaginé d'engager dans la bouche du canon

Baïonnette-poignard.

un bâton armé d'un fer de lance ou un long poignard à manche de bois; ils transformaient ainsi leur arme à feu en une sorte de pique, dont ils se servaient pour le combat corps à corps.

C'est cette baïonnette primitive que Vauban perfectionna; il la couda et y adapta une douille creuse, afin qu'on pût la laisser

Baïonnette à douille.

au bout du canon même pendant le tir. Plus tard, on ajouta à la douille une virole qui, venant buter contre un tenon brasé sur le canon, empêchait l'adversaire d'arracher la baïonnette. Les armes à feu portatives, susceptibles dès lors de se transformer à volonté en armes de hast, devaient bientôt l'emporter définitivement sur les anciennes armes de main et constituer à elles seules l'armement unique du soldat d'infanterie.

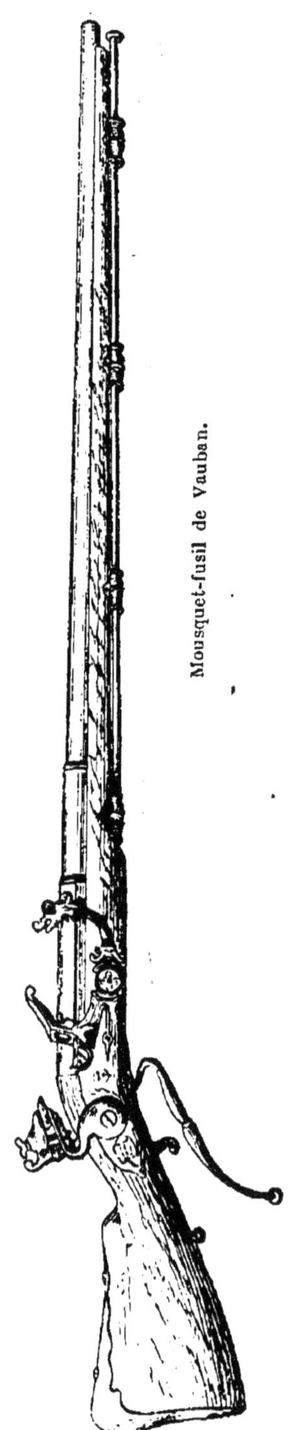

Mousquet-fusil de Vauban.

Fusil à silex. — A la même époque, du reste, une nouvelle arme à feu venait de faire son apparition : c'était le *fusil.*

Depuis leur adoption les mousquets avaient peu à peu subi de nombreuses améliorations, dues en grande partie à Gustave-Adolphe, qui dès 1624 avait introduit dans son armée des mousquets assez légers pour qu'on pût les tirer sans les appuyer sur une fourchette. Il en avait été de même en France : au début, le mousquet pesait 16 livres, et à l'époque à laquelle nous sommes arrivés, c'est-à-dire à la fin du XVIIe siècle, 10 à 12 livres seulement; aussi avait-on renoncé à peu près complétement à l'emploi de la fourchette, si embarrassante pour le soldat. La balle, d'abord du poids de 10 à la livre, n'était déjà plus, en 1610, que de 16 à la livre, et, en 1691-1694, de 20 à 22. Cette dernière balle, lancée par une charge de poudre d'une demi-once et un gros, avait une portée ordinaire de 120 toises; avec une légère augmentation de charge elle pouvait même aller jusqu'à 140 et 150 toises. Les premiers fusils, encore plus légers et plus maniables que les mousquets, étaient d'un calibre plus faible : comme on craignait que leurs projectiles ne fussent point assez meurtriers, les règlements en défendirent, pendant longtemps, l'emploi dans les compagnies d'infanterie. Les soldats avaient cependant une grande tendance à abandonner leur mousquet pour adopter la nouvelle arme à feu; c'est pourquoi, l'usage s'en répandit peu à peu quand même, et, à partir de 1670, on dut en tolérer un certain nombre par compagnie, à condition toutefois qu'ils fussent de même calibre et de même dimension que les mousquets. Ces fusils étaient armés de la baïonnette à douille; de plus, leur platine était à silex, ce qui avait l'avantage d'entraîner la suppression de la mèche, dont l'emploi était très-incommode et souvent dangereux.

Platine à batterie à silex. — L'invention de la platine à silex est bien antérieure à l'époque de l'adoption du fusil : elle remonte à la première moitié du xviie siècle. Mais pendant longtemps on s'était refusé à en admettre l'emploi pour les armes de guerre; on craignait que l'inflammation de la charge ne fût pas assez bien assurée. Lors de l'apparition des premiers fusils, Vauban avait proposé un *mousquet-fusil* pourvu du double mécanisme de l'ancienne platine à mèche et de la platine à silex. Dans le cas où la batterie n'aurait pu enflammer l'amorce, on aurait eu recours à la mèche du serpentin.

Les premières platines à batterie n'étaient qu'une modification et en même temps une simplification des platines à rouet. On s'était aperçu que la chute accidentelle de la pierre à feu sur le rouet suffisait pour donner des étincelles et enflammer la poudre d'amorce : le rouet fut donc remplacé par une pièce en acier, la *batterie*, qui, faiblement maintenue par un ressort, servait en même temps de couvre-bassinet. Le grand ressort fut

Platine à silex.

employé pour mettre en mouvement, non plus le rouet, mais le *chien* lui-même; la gâchette, s'engageant dans les crans de la *noix*, pièce d'acier montée sur le même axe que le chien, le maintenait au bandé.

Lorsqu'on pressait sur la détente pour dégager la gâchette, la pierre à feu, entraînée par le chien dans sa chute, venait frapper contre la batterie, et par son choc faisait jaillir des étincelles; en même temps elle soulevait le bassinet et découvrait la poudre d'amorce.

Dans les premières platines à batterie, dites *à chenapan*, la pierre à feu était un morceau de pyrite ou d'un alliage métallique susceptible de donner des étincelles par son frottement contre un corps dur. Ces pierres, trop friables, se brisaient par le choc; dans les platines à batterie françaises elles furent remplacées par un *silex;* cette modification importante date de 1640 environ.

Ce ne fut plus alors la pierre, mais la batterie elle-même, qui, faisant fonction de briquet, donna les étincelles. A partir de cette époque, on n'employa plus que des silex, aussi bien pour les platines à rouet que pour les platines à batterie. La pièce d'acier, nommée *fusil*, contre laquelle venait frapper le

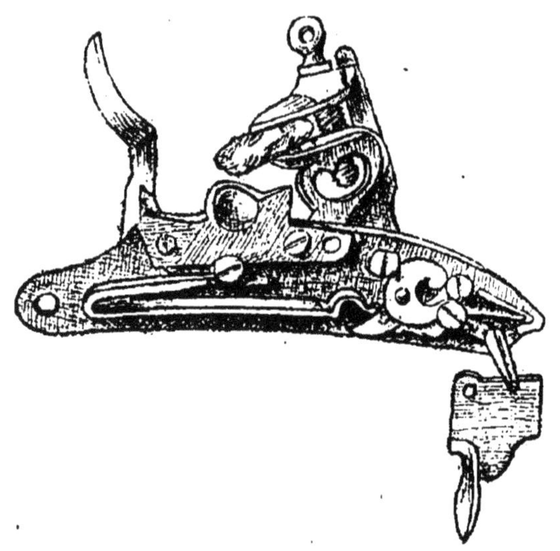

Vue du mécanisme de la platine à silex.

silex, donna son nom à la nouvelle arme, qui devait bientôt remplacer le mousquet.

En résumé, à la fin du XVIIe siècle, lorsque le fusil prit la place du mousquet, les principaux progrès accomplis étaient dus à la suppression de la mèche et de la fourchette et à l'adoption de la cartouche et de la baïonnette. Mousquets et fusils avaient même calibre et même longueur ; il en était de même de la carabine et du mousqueton, destinés à l'armement de la cavalerie, seulement la carabine était rayée.

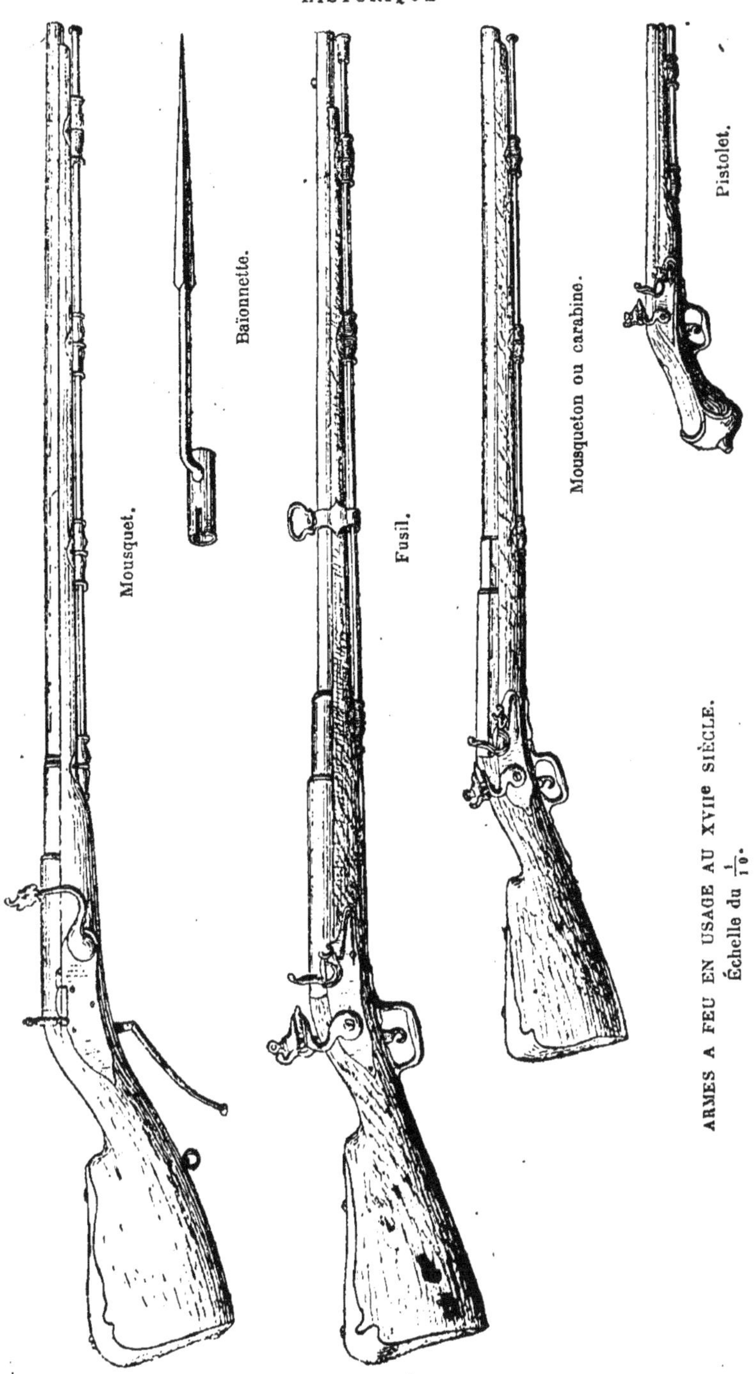

ARMES A FEU EN USAGE AU XVIIe SIÈCLE.
Échelle du $\frac{1}{10}$.

Telles étaient alors, en y ajoutant le pistolet, les armes à feu réglementaires.

Dès 1671, les grenadiers, compagnies d'élite, créés pour lancer les grenades à main, furent armés du fusil ; on en arma ensuite un régiment de fusiliers ; enfin, en 1703, sur la proposition de Vauban, les règlements reconnurent le fusil comme la seule arme de toute l'infanterie. Les piques, que les régiments suisses avaient été les derniers à conserver, disparurent alors à tout jamais.

Nous entrons maintenant dans une nouvelle période : l'armement du fantassin ne sera plus changé, mais son arme recevra encore de nombreux perfectionnements, qui auront pour but d'abord d'en augmenter la justesse et la portée, et plus tard, en modifiant le mode de chargement, d'en accroître la rapidité du tir.

Les premiers fusils étaient de modèles irréguliers et de fabrication assez peu soignée. Aussi, en 1717, le gouvernement, au lieu de laisser aux capitaines le soin de se procurer dans le commerce les armes de leurs compagnies, se chargea de la fourniture des armes et bientôt même de leur fabrication. C'est, en effet, l'année suivante que furent créées les premières manufactures d'armes appartenant à l'Etat ; la direction et la surveillance en furent confiées aux officiers d'artillerie.

A partir de cette époque commence l'histoire moderne des armes à feu portatives, et, malgré quelques incertitudes portant sur les premières années du XVIIIe siècle, on peut établir d'une manière précise la série des modèles réglementaires en service dans l'armée française depuis cette époque jusqu'à nos jours.

Les modèles se succédèrent d'abord assez rapidement ; on en était encore à la période des tâtonnements.

Garnitures. — Dans le premier, dont les tables de construction datent de 1717, quatre tenons brasés sous le canon servaient à le fixer sur la *monture* au moyen de goupilles. On s'aperçut bientôt que ces trous de goupille affaiblissaient le bois ; les tenons furent supprimés en 1728, et le canon ne se trouva plus fixé sur le fût que par l'intermédiaire des *garnitures* : l'*embouchoir*, la *grenadière* et la *capucine*, sortes de boucles ou anneaux qui enveloppent à la fois le canon et le bois et les maintiennent suffisamment réunis. Ces garnitures, fixées d'abord à l'aide de goupilles, l'ont été depuis par des ressorts.

En 1763, on établit les tables de construction du mousqueton de cavalerie et celles du pistolet de cavalerie.

Baguette. — Jusqu'en 1777, il n'y a plus d'autre modification importante à signaler que le remplacement de la baguette en bois, beaucoup trop fragile, bien que sa tête eut été renforcée par une douille métallique, par une baguette en fer d'abord (1763), puis, un peu plus tard, en acier (1766). La baguette métallique était déjà en usage depuis 1698 dans les troupes prussiennes.

C'est aussi en 1763 que l'on perfectionna le mode d'attache de la baïonnette au canon en ajoutant une virole à la douille.

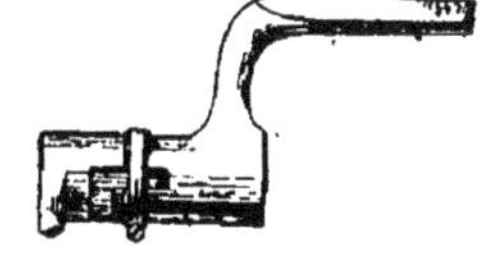

Baïonnette à douille avec virole.

Ce n'est qu'en 1777 que furent arrêtés les modèles définitifs.

Modèle 1777. — L'ensemble du système de 1777 comprenait : un *fusil d'infanterie*, un *fusil de dragon*, un *fusil de marine*, un *fusil d'artillerie*, un *mousqueton* et un *pistolet de cavalerie.*

Le fusil d'infanterie ne pesait que 10 livres, comme ceux des modèles antérieurs. Son calibre était de 7 lignes 9 points (17^{mm},5), la balle était celle de 18 à la livre (27^{gr}), du diamètre de 7 lignes 5 points ou 16^{mm},7.

Les fusils de dragon et de marine, à part quelques modifications dans les garnitures, étaient les mêmes. Ils différaient du précédent en ce que le canon était plus court, l'arme plus légère ; les garnitures, au lieu d'être en fer, étaient en laiton.

Le fusil d'artillerie ne différait de celui de dragon que par la longueur du canon, qui était moindre.

Le mousqueton de cavalerie avait un calibre plus faible que les fusils : 7 lignes 7 points (17^{mm},1) seulement. Son canon, déjà très-court, fut encore raccourci en 1786.

Le pistolet avait même calibre que le mousqueton.

Ces deux armes n'en tiraient pas moins la même balle que les fusils ; le vent étant plus faible, la balle était plus fortement serrée dans le canon et moins exposée à tomber lorsque, dans les marches, le cavalier portait son arme toute chargée, la bouche du canon en bas. D'un autre côté, cette réduction du vent ne présentait aucun inconvénient, car la cavalerie avait rarement l'occasion d'encrasser ses armes par un tir prolongé, comme cela pouvait arriver fréquemment à l'infanterie. Cette différence entre le calibre du fusil et celui des petites armes avait encore pour but, en diminuant le vent dans ces dernières, d'en augmenter un peu la justesse, qui était bien inférieure à celle du fusil.

Les premières guerres de la Révolution montrèrent que la balle de 18 à la livre entrait difficilement dans le canon, lorsqu'il avait été encrassé par le tir de quelques coups. On attribua cette difficulté aux différences de calibre résultant d'une mauvaise fabrication. En effet, au moment de l'invasion, les manufactures ne pouvant satisfaire aux besoins du moment, on avait dû installer des ateliers à Paris et dans toutes les grandes villes. Il n'est donc pas étonnant que les armes ainsi fabriquées, composées, en partie, de pièces appartenant à de vieilles armes et, en partie, de pièces neuves, aient laissé beaucoup à désirer sous le rapport de la régularité.

Pour remédier à cet inconvénient, en 1792, on augmenta le vent ; la balle de 18 à la livre fut remplacée par celle de 20 à la livre (25^{gr}), dont le diamètre n'était que de 7 lignes 2 points ou $16^{mm},1$.

L'expérience acquise par l'usage des armes du modèle 1777 fit, en outre, introduire quelques changements dans la fabrication; d'autres étaient encore reconnus nécessaires.

Modèle an IX. — Une commission d'officiers d'artillerie arrêta, en l'an VIII, les modèles connus sous le nom de modèles de l'an IX (1801) ; les armes d'ancien modèle furent corrigées d'après ce système, qui ne fut appliqué à celles de nouvelle fabrication qu'à partir de l'an XIII.

L'ensemble de ces armes comprenait : les *fusils d'infanterie, de dragon* et *de marine*, le *mousqueton de cavalerie ;* les *pistolets de cavalerie, de marine* et *de gendarmerie.*

Le fusil de dragon dut servir non-seulement aux dragons, mais aussi à l'artillerie et aux voltigeurs.

Le pistolet de marine ne différait de celui de cavalerie que par l'addition d'un crochet de ceinture. Celui de gendarmerie, beaucoup plus petit, était un pistolet de poche plutôt qu'un pistolet d'arçon. Son calibre n'était que de $15^{mm},2$; la balle, de 28 à la livre, avait un diamètre de $14^{mm},4$.

C'est avec les armes du modèle 1777 corrigé et celles du système de l'an IX que les troupes françaises ont fait toutes les campagnes de l'Empire. On eut alors souvent l'occasion de constater que le nombre des ratés était considérable.

Aussitôt après la conclusion de la paix, on fit de nombreuses expériences ayant pour but de comparer les modèles français, anciens et nouveaux, avec les fusils étrangers.

Ces expériences démontrèrent que le fusil 1777, corrigé en l'an IX, donnait un raté, soit du canon, soit de la platine, sur quinze à seize coups. Aucun des fusils qui lui furent comparés n'atteignait une aussi forte proportion.

En recherchant les causes de cette infériorité, on reconnut que les ratés du canon provenaient surtout de la lumière qui s'encrassait trop facilement. De plus, comme on l'avait percée obliquement, pour éviter autant que possible les crachements, et qu'on lui avait donné une forme cylindrique, elle ne présentait pas une entrée suffisante à la flamme de l'amorce. Pour parer à cet inconvénient, la lumière fut évasée de l'intérieur à l'extérieur, et, pour que les crachements, devenus plus abondants, ne fussent pas gênants pour le tireur, on munit le bassinet d'un *garde-feu*.

Quant aux ratés de platine, ils provenaient d'une mauvaise position de la pierre par rapport à la batterie ; d'où il résultait que les étincelles produites par le choc tombaient souvent en dehors du bassinet.

Enfin, les garnitures laissaient beaucoup à désirer ; la baguette était trop serrée dans son canal, le fusil manquait de cette résonnance à laquelle on attachait alors une si grande importance dans le maniement des armes.

Modèle 1816. — Dans le nouveau modèle, créé en 1816, on remédia à tous ces défauts.

Outre le *fusil d'infanterie*, on créa alors un *fusil de voltigeur*, qui n'en différait que par la longueur du canon, de 4 pouces plus court. Comme *fusil de marine*, on prit celui de voltigeur, dont on remplaça les garnitures en fer par d'autres en laiton.

Le *fusil d'artillerie* servit aussi pour l'armement des dragons.

On diminua encore la longueur du canon du *mousqueton de cavalerie ;* la baïonnette dont cette arme avait été pourvue jusque-là, comme tous les fusils, fut supprimée.

Les *pistolets de cavalerie, de marine* et *de gendarmerie* reçurent, eux aussi, les perfectionnements apportés à la lumière et à la platine des autres armes.

Arrivé enfin à une plus grande perfection dans la fabrication, on pouvait exiger plus de régularité dans les calibres. On en profita pour diminuer le vent, augmenter le diamètre de la balle et, par suite, accroître la portée et la justesse des nouvelles armes.

Depuis longtemps aussi, on sentait la nécessité de faire usage, pour le tir des armes à feu portatives, d'une poudre à grains plus fins que ceux de la *poudre à canon* ordinaire, qui depuis 1686 était la seule employée, aussi bien pour les bouches à feu de gros calibre que pour les armes du plus petit calibre. Dans le cours de l'année 1818, on adopta une nouvelle poudre dite *poudre à mousquet;* en 1819, on décida en principe que l'on prendrait la balle de 19 à la livre (25^{gr} 6), dont le diamètre était de 16^{mm},3; cette balle ne devint réglementaire qu'en 1827.

Modèle 1822. — En 1822, les armes du modèle 1816 reçurent encore plusieurs perfectionnements de détail concernant surtout la platine. Les armes ainsi modifiées furent désignées sous le nom de modèle 1816 corrigé, les nouvelles reçurent celui de modèle 1822 ; elles ne donnaient plus qu'un raté sur 25 coups, presque moitié moins que celles de l'an IX.

La longueur du canon du fusil d'infanterie fut réduite de 2 pouces, afin d'en faciliter le chargement pour les soldats de taille moyenne; mais la baïonnette fut augmentée d'autant, afin de conserver la même longueur totale à l'arme considérée comme arme de main, c'est-à-dire comme pique. En effet, la longueur totale se compose de trois parties principales dont deux seulement, la longueur du canon et celle de la lame de baïonnette, peuvent varier, tandis que la troisième, qui est la longueur de couche, dépend de la taille de l'homme, et ne peut, par conséquent, varier que dans de très-faibles limites; elle a toujours été comprise entre 32 et 36 centimètres; chez quelques puissances, il y a deux modèles de crosse, suivant la taille de l'homme.

Le groupe des armes du modèle 1822 était absolument le même que celui du modèle 1816. Le fusil d'artillerie devint *fusil de dragon* en 1832;

Ce système fut en outre complété quelques années plus tard par la création de nouveaux modèles :

Le *mousqueton de gendarmerie modèle* 1825, transformation de l'ancien mousqueton de cavalerie de l'an IX avec baïonnette du modèle 1822;

Le *mousqueton d'artillerie modèle* 1829; son canon, comme longueur, tenait le milieu entre celui du mousqueton de cavalerie

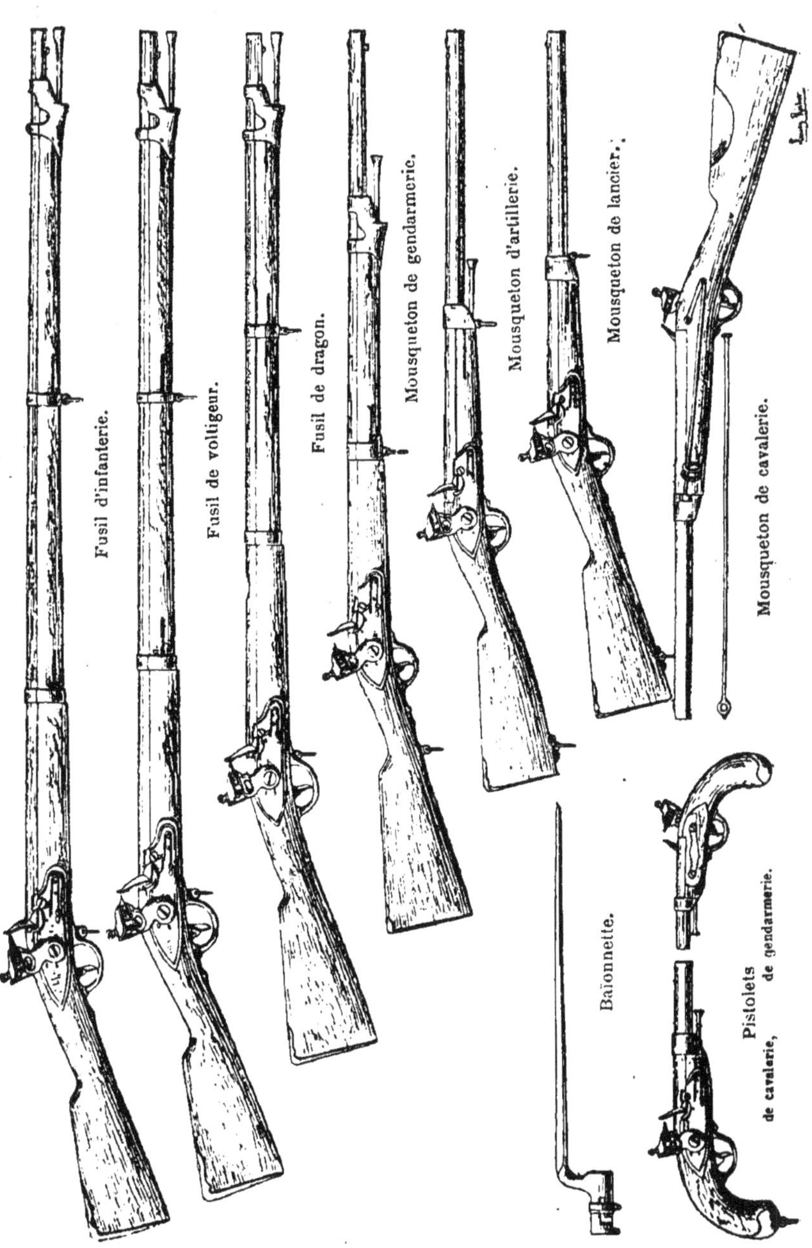

ARMES A FEU MODÈLE 1822.

Echelle du $\frac{1}{10}$

et celui du mousqueton de gendarmerie; les dimensions de la monture étaient calculées de façon que la crosse ne pût frotter sur le couvercle du coffre, lorsque les canonniers, portant leur arme en bandoulière, étaient assis sur les coffres;

Le *mousqueton de lanciers modèle* 1836, ne différant de celui de cavalerie que par quelques modifications apportées à la monture et aux garnitures; au lieu d'une tringle pour le suspendre au porte-mousqueton, comme celui de cavalerie, il était muni de deux battants dans lesquels était passée une bretelle qui permettait de le porter en bandoulière.

Inconvénients des armes à silex. — Malgré le degré de perfection auquel elles étaient arrivées, les armes à silex présentaient encore de nombreux défauts.

La platine, quoique plus simple que l'ancienne platine à rouet, était encore trop compliquée et sujette à se détraquer; il était surtout difficile de mettre en harmonie la force du grand ressort et celle du ressort de batterie. La charge n'était pas la même à chaque coup, parce que le tireur devait prendre une partie de la poudre de la cartouche pour amorcer. Cette amorce était exposée à être mouillée par la pluie ou chassée par le vent; elle pouvait encore faire long feu, et ne pas s'enflammer, soit parce que la pierre ne donnait pas d'étincelles, soit parce que ses étincelles ne tombaient pas dans le bassinet.

Les ratés étaient donc encore fort nombreux, surtout après un certain nombre de coups, lorsque la lumière était encrassée; par les grandes pluies, le soldat devait renoncer à faire usage de son arme à feu.

Poudres fulminantes. — La découverte, dans les dernières années du XVIIIe siècle, des poudres fulminantes, qui jouissaient de la propriété de détoner au moindre choc, fit entrevoir la possibilité de remédier à tous ces inconvénients. En remplaçant la poudre d'amorce ordinaire par cette poudre fulminante, on pouvait espérer obtenir une arme telle, que le départ du coup fût à peu près complètement assuré par n'importe quel temps.

Armes à percussion. — Les premiers fusils à percussion, imaginés en Angleterre vers l'année 1800, furent importés en France presque aussitôt. Depuis lors, un grand nombre de systèmes, plus ou moins ingénieux, furent inventés par les armuriers français et adaptés bientôt aux fusils de chasse; mais aucun d'eux, même les plus simples, ne pouvait convenir à une arme de guerre, ils étaient encore trop délicats. Les recherches et les travaux entrepris pour l'application aux fusils de guerre du système percutant ont duré vingt-huit ans avant de conduire à une solution complète de la question [1].

Les premiers essais de platine à percussion remontent à 1786; mais les armes de l'armurier Pauly, qui sont les premières armes françaises de ce genre, ne parurent qu'en 1812, et ce ne fut qu'à la fin de 1813 qu'un fusil percutant, destiné à l'armement des troupes, fut présenté par Julien Leroy. Cette arme, qui se chargeait par la culasse, fut rejetée, parce qu'elle manquait de solidité et parce qu'il y avait des fuites de gaz très-incommodes pour le soldat.

D'autres systèmes du même genre furent essayés de 1818 à 1824. Tous ces projets furent mis de côté soit à cause de leur complication, soit à cause du manque de solidité, ou des chances d'accidents graves que présentaient le chargement et le tir. Dans l'origine, le système percutant fut presque toujours combiné, pour les armes de guerre, avec le chargement par la culasse. Ce fut seulement en 1822 que parut un projet d'arme de guerre dans lequel le système percutant était employé, sans qu'on eût changé le mode habituel de chargement par la bouche. L'inventeur (M. Latura) avait surtout cherché, en transformant le mode d'inflammation de la charge, à conserver la faculté de revenir aisément, en cas de besoin, au système à silex; mais l'idée de faire porter aux soldats les deux appareils et d'employer l'un et l'autre suivant les circonstances n'était guère admissible; aussi cette arme ne fut pas adoptée.

Amorces fulminantes. — Pendant ce temps, la fabrication des amorces fulminantes avait, elle aussi, fait de grands progrès.

Les *poudres au chlorate de potasse*, les premières employées, avaient été abandonnées, à cause de leur action corrosive sur le fer. Les dangers de la fabrication firent aussi mettre de côté l'*argent détonant*, que l'on avait essayé d'utiliser. Vers l'année 1820, on ne faisait plus guère usage que du *mercure fulminant*. Cet agent chimique, découvert par Howard en 1800, était connu en France depuis 1809. On ignore qui le premier l'employa à la

1. Historique de l'application du système percutant aux armes de guerre. (*Mémorial de l'artillerie*, tome VII, 1852.)

fabrication des amorces; du reste, cette idée dut venir presque simultanément à plusieurs inventeurs, car on essayait alors tous les fulminates connus pour les appliquer au système percutant. Le fulminate de mercure avait l'avantage bien constaté de n'exercer sur le fer et l'acier aucune action destructive; il n'encrassait pas les armes; sa préparation, grâce à la stabilité du corps, était facile et n'exigeait que quelque prudence pour rester à peu près sans danger; enfin, on était assuré de pouvoir en tout temps se procurer les matières premières nécessaires pour sa fabrication, le mercure, la seule de ces matières qui ne se trouvât pas en France, n'y entrant que dans une proportion très-faible.

A l'origine on avait fait usage d'amorces de formes très-variées; on employait la poudre fulminante en grains, en pastilles recouvertes de plomb ou de papier, en boulettes cirées ou renfermées dans un globule de verre, en grains vernis, en tubes. Généralement, ces amorces étaient enfermées dans un godet et broyées par le choc d'une tige d'acier, mobile dans un canal, qui était poussée soit par une détente spéciale, soit par le chien luimême. Cette tige, que l'on nommait le *piston*, a donné son nom aux premiers fusils à percussion, et depuis on a continué à désigner les fusils de chasse de ce système sous le nom de *fusils à piston*. De pareilles amorces n'étaient guère admissibles pour le service de guerre; leur maniement était incommode et dangereux; leur transport en campagne n'aurait offert aucune sécurité.

Capsules. — Ce n'est que vers 1819 ou 1820 qu'un arquebusier français rapporta d'Angleterre des *capsules fulminantes*, inventées vers 1818 par un arquebusier anglais, Eggs. Ces nouvelles amorces donnèrent de suite de bien meilleurs résultats que les précédentes; la composition fulminante, placée au fond d'un petit dé en cuivre, était garantie contre toute atteinte; la manipulation et le transport n'offraient donc presque aucun danger.

Capsule.

La capsule, placée sur une cheminée dans laquelle était percée la lumière, était écrasée directement par le choc du chien, remplissant le rôle de marteau. La tête du chien présentait une fraisure, de façon à bien emboîter le petit chapeau en cuivre, qui, bouchant la lumière, empêchait tout crachement de se produire.

Cheminée.

L'usage des capsules prévalut de suite pour les armes de luxe, mais ne fut cependant pas encore adopté pour les armes de guerre. On reprochait à ces capsules d'être trop petites, difficiles à saisir et à mettre en place avec des doigts peu agiles, surtout par le froid ou dans l'obscurité. L'amorce étant indépendante de la cartouche, on avait à craindre que le soldat, bien qu'ayant encore des cartouches dans sa giberne, ne vînt à manquer d'amorces. Aussi une arme de ce genre, présentée en 1824 par M. de Châteaubrun, lieutenant-colonel d'artillerie, ne fut pas adoptée.

La question des armes de guerre à percussion était donc encore peu avancée, lorsque, en 1826, le ministre de la guerre institua une commission, dite des *armes portatives*, pour étudier définitivement les avantages ou les inconvénients que pourrait présenter l'emploi de ces armes entre les mains des troupes.

Cette commission passa d'abord en revue les différents projets d'armes de guerre à percussion présentés depuis 1825 et confirma les jugements qui les avaient fait repousser; elle examina ensuite plusieurs propositions nouvelles dans lesquelles les inventeurs s'étaient contentés de reproduire les systèmes les plus répandus pour les armes de chasse, sans se préoccuper des circonstances toutes particulières dans lesquelles le soldat pouvait en campagne être forcé de charger son arme. Quelques-uns avaient cherché à résoudre la difficulté capitale, qui consistait à mettre facilement ces petites capsules en place, en proposant des *amorçoirs*, mécaniques ou portatifs, dont l'emploi plus ou moins commode, avait le grand inconvénient de compliquer encore le système.

Fusil Brunéel. — C'est alors que, en 1827, l'arquebusier Brunéel proposa son fusil percutant qui se distinguait surtout des autres armes du même genre en ce que le mode d'amorcer paraissait être pour le soldat le plus pratique de tous ceux qu'on avait essayés jusque-là. La cartouche réglementaire était utilisée pour faciliter la mise en place de la capsule. A cet effet une *rondelle de liége*, percée au centre d'un trou qui servait de logement à la capsule, était posée sur la cartouche contre la balle. Le papier de la cartouche était replié et collé sur cette rondelle; de plus, pour empêcher la capsule de se perdre, on collait sur son logement un petit cercle de papier fin. Pour amorcer le soldat, saisissant avec la main la cartouche, la balle en bas, coiffait la cheminée avec la capsule. Un *conducteur cylindrique*, de diamètre convenable, entourant la cheminée servait à guider la rondelle et éviter ainsi les tâtonnements. Le frottement de la capsule contre des stries ménagées sur le cône extérieur de la cheminée la maintenait en place et l'empêchait de tomber lorsqu'on la séparait de la rondelle; il suffisait pour cela que l'homme eût l'attention de tourner un peu la cartouche entre les doigts en la retirant du conducteur. Le fusil une fois amorcé, on achevait de charger comme à l'ordinaire.

Quelques fusils Brunéel, construits à Saint-Etienne en 1828, furent soumis par la commission à des essais préliminaires; le mode d'amorçage parut simple, ingénieux et d'une exécution facile pour les soldats, la nuit aussi bien que le jour. A partir de cette époque, les études et les recherches se concentrèrent donc sur le système Brunéel, qui avait en plus l'avantage de pouvoir s'appliquer à la transformation de toutes les armes en service.

Par suite des événements survenus en 1830, les fusils Brunéel ne furent soumis pour la première fois à des épreuves dans les corps de troupe qu'au commencement de 1831. On reconnut alors qu'il était difficile de manier la cartouche, sans la déchirer près de la balle, lorsqu'on plaçait la capsule sur la cheminée et qu'on la séparait de la rondelle par un mouvement de torsion. Les bords de la capsule se déformaient quelquefois, par la précipitation que le soldat mettait à amorcer, et la capsule ne pouvait plus être placée sur la cheminée, inconvénient grave, surtout la nuit. Enfin la cartouche était d'une fabrication compliquée et d'un prix de revient assez élevé; les éléments nécessaires à sa confection paraissaient devoir être assez difficiles à se procurer en campagne. On avait pourtant déjà, dans les essais préliminaires, substitué à la rondelle de liège des rondelles de feutre, de buffle et enfin de carton, qui avaient été d'un aussi bon usage que les autres et avaient l'avantage d'être moins coûteuses et plus faciles à obtenir. Frappées de ces inconvénients, les commissions instituées, dans les deux régiments d'infanterie chargés de faire les essais, proposèrent de séparer la capsule de la cartouche, qui reviendrait ainsi à sa simplicité primitive, et de placer l'amorce avec les doigts; le soldat aurait porté les capsules dans une poche placée au côté droit du pantalon.

Les fusils Brunéel n'en furent pas moins, après quelques modifications indiquées par les épreuves précédentes, mis de nouveau en essai en 1832 dans un autre régiment d'infanterie.

Le sabot en carton avait été remplacé par un autre en bois creusé de manière à y loger un tiers du diamètre de la balle : la solidité de la cartouche permettait d'amorcer facilement.

C'est pendant le cours de ces expériences de 1832 que la commission des fusils percutants, pour atténuer autant que possible les chances assez nombreuses de ratés de la capsule, essaya d'abriter le fulminate de l'amorce par une couche de cire; mais, ce moyen n'ayant pas réussi, elle indiqua l'emploi du vernis, qui fut adopté peu de temps après.

Sur la proposition du Comité d'artillerie, les fusils Brunéel furent mis en essai en 1835 dans un des régiments d'Afrique, afin qu'on pût, en toute connaissance de cause, juger des avantages et des inconvénients qu'ils pouvaient présenter en campagne.

Depuis que l'on avait entrepris les essais sur les fusils Brunéel, plusieurs autres armes à percussion avaient encore été proposées au ministre de la guerre. L'une d'elles, présentée par M. Charroy en 1831, était pourvue d'un amorçoir dans lequel glissaient les capsules sous la pression d'un ressort à boudin. Ce tube était fixé à la partie antérieure de la platine, en un point autour duquel il pouvait décrire un certain arc; il était maintenu relevé par la pression d'un ressort. Lorsqu'on l'abaissait avec la main, une ouverture ménagée à son autre extrémité venait couvrir la cheminée. La capsule, qui remplissait juste l'ouverture, se plaçait naturellement sur le cône, où le frottement suffisait pour la maintenir. Cette arme, soumise en 1835 à des expériences comparatives avec le fusil Brunéel, lui fut trouvée inférieure sous tous les rapports. Une autre arme, présentée aussi en 1835, fut rejetée, parce que le système en fut trouvé beaucoup trop compliqué pour une arme de guerre. Un petit tube métallique rempli de poudre fulminante était logé en avant de la sous-garde. Quand on armait, une de ses extrémités venait se placer au-dessus de la cheminée. Le chien, en s'abattant, coupait la petite partie du tube nécessaire pour l'amorce et la faisait détoner; on pouvait ainsi tirer 70 à 80 coups.

En 1837, on n'avait encore trouvé rien de mieux que le système Brunéel, qui avait déjà subi de nombreuses modifications, relatives soit à la cartouche, soit à l'arme elle-même.

Dans le modèle primitif, la chambre communiquait, par un canal percé dans le fond, avec une cheminée vissée sur le tonnerre; ce canal sinueux avait été remplacé par un autre plus direct et plus court, placé sur le côté et débouchant un peu en avant du fond de la chambre, afin de diminuer le nombre des ratés du canon. L'orifice de la cheminée avait été fraisé, afin de diminuer la surface de percussion et de mieux assurer l'inflammation du fulminate; le cône strié avait été remplacé par un cône lisse. Enfin, le bord inférieur des capsules avait été *fendu* pour permettre de les mettre mieux à fond sur la cheminée, empêcher l'adhérence après l'explosion et éviter les éclats qui pouvaient incommoder le tireur. Au commencement de 1838, le ministre ordonna de faire des essais en grand dans les corps de troupe, avec 10,000 fusils à silex transformés d'après le modèle Brunéel corrigé, que l'on était sur le point d'adopter.

C'est alors que le Comité d'artillerie, trouvant que la confection de la cartouche Brunéel exigeait trop de temps et de soins, demanda que l'on fît en même temps des essais avec la capsule indépendante de la cartouche, comme cela avait déjà été proposé à la suite des premiers essais faits en 1831. Les premières expériences ne furent pas favorables à la capsule libre, parce qu'elles furent faites avec la capsule Brunéel qui était petite; de plus, le conducteur de la cartouche était gênant pour le placement de la capsule avec les doigts.

Cependant la Prusse, qui avait fait aussi bien des essais, venait d'adopter la capsule libre, en la rendant seulement assez volumineuse pour que les soldats pussent la saisir facilement avec les doigts, même par les temps les plus rigoureux. L'Angleterre avait fait de même, elle avait en outre ajouté à la base inférieure de la capsule un *rebord* circulaire qui la rendait encore plus maniable.

Capsule à rebord.

De nouvelles expériences furent entreprises en 1839 avec la capsule libre et des fusils sans conducteur, comparativement avec le système Brunéel, dont la cartouche venait encore de subir une dernière modification ; le sabot en bois avait été remplacé par un dé en papier comprimé. La capsule à rebord, que les Bavarois venaient aussi d'adopter, donna d'assez bons résultats; mais la question n'aurait peut-être pas encore été résolue, sans les éventualités de guerre qui, dans l'été de 1840, obligèrent le ministre à donner l'ordre au Comité d'artillerie de présenter immédiatement un modèle de fusil à silex transformé sans conducteur, et un modèle de fusil neuf à percussion.

Les études sur les cartouches et les capsules continuèrent.

Comme on attachait beaucoup d'importance aux inconvénients qu'il pouvait y avoir à employer des cartouches indépendantes de leurs amorces, on proposa d'attacher à chaque cartouche une capsule avec un fil ; mais ce système n'était pas commode pour l'empaquetage et le transport dans les coffres. Ce ne fut qu'au mois de juin 1841 que la capsule, entièrement libre, fut définitivement adoptée ; la cartouche employée était l'ancienne cartouche ; les capsules étaient placées dans une petite poche dite *bavaroise*, placée sous la pattelette de la giberne. Pour éviter que l'homme ne vînt à manquer de capsules, dans chaque paquet de 10 cartouches on plaça un petit sachet contenant 12 capsules.

Modèle 1840. — Les premières armes à percussion réglementaires en France ont été le pistolet d'officier de cavalerie modèle 1833, dont le système ressemblait à celui des armes de chasse, et le pistolet de marine modèle 1837. Vinrent ensuite les armes du modèle 1840.

On commença par transformer les armes à silex du modèle 1822. La nécessité de visser la cheminée dans un écrou trempé entraîna le remplacement de la *culasse à bouton plein* par une *culasse à chambre ;* la chambre était de même diamètre que l'âme. On rognait le canon en enlevant l'ancien tonnerre, de manière à ne pas augmenter la longueur totale de l'âme.

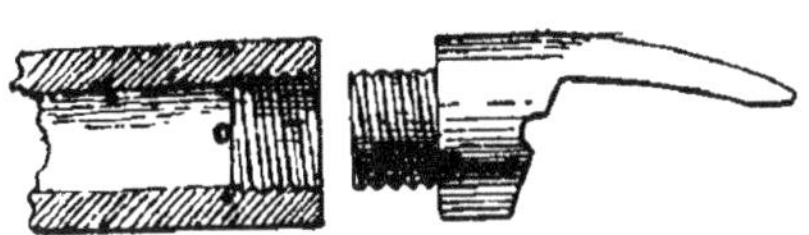

Culasse à bouton.

La platine à silex elle-même était aussi transformée en platine à percussion ; on supprimait le bassinet, la batterie et son ressort, et l'on bouchait avec des pièces en fer l'encastrement du bassinet, ainsi que les trous de vis, devenus inutiles. Le chien à mâchoires était remplacé par un autre devant faire office de marteau ; sa tête fraisée recouvrait exactement la capsule.

Culasse à chambre.

En même temps, le guidon, qui, jusqu'alors, avait été fixé sur l'embouchoir dont la mobilité dérangeait la ligne de mire, fut brasé sur le canon ; une hausse fixe, placée

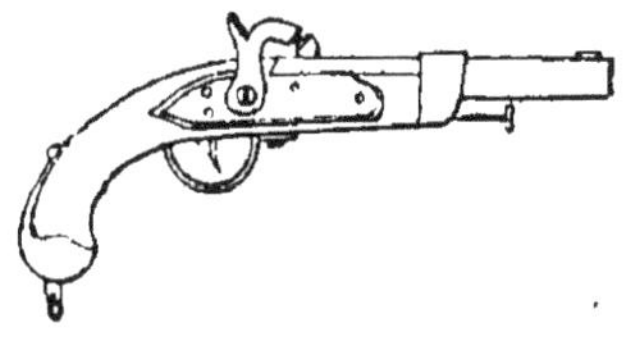

Pistolet de cavalerie modèle 1822 transformé.

sur la culasse du canon, donna plus de facilité pour ajuster et porta le but en blanc à 150 mètres au lieu de 60, portée de but en blanc du fusil modèle 1822 lorsque la baïonnette était au bout du canon.

Le modèle de fusil neuf adopté peu de temps après présentait les mêmes dispositions principales que le fusil transformé; seulement, la platine était imitée de celle du fusil de guerre anglais, connue dans l'arquebuserie de luxe sous le nom de *platine renversée*. La suppression d'un grand nombre de pièces permettait d'alléger beaucoup les nouvelles platines et de les approprier un peu mieux à leur nouvelle destination. Le grand ressort, au lieu d'être placé en avant, était reporté en arrière; ses deux branches étaient mobiles; la grande agissait sur la noix, et la petite sur la gâchette; cette disposition avait permis de supprimer le ressort de gâchette. La griffe de grand ressort, au lieu d'agir directement sur la noix, lui était reliée par l'intermédiaire d'une *chaînette*, sorte de bielle qui rendait le mouvement plus doux et plus régulier.

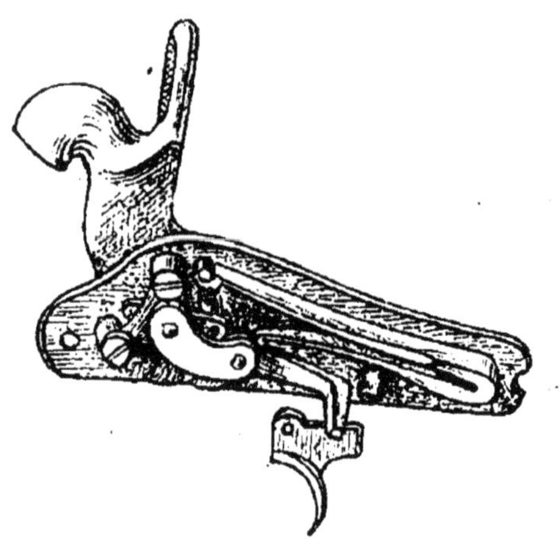

Platine à percussion, modèle 1847.

Les armes du modèle 1840 furent les mêmes que celles des modèles 1822 et suivants; elles se distinguaient entre elles par les mêmes différences; seul, le mousqueton de lancier fut supprimé.

Le mode de transformation adopté à la hâte en 1840, satisfaisait, à la rigueur, aux conditions du problème que l'on s'était proposé de résoudre; mais il présentait beaucoup de difficultés et d'inconvénients dans l'exécution. Il fallait de nouveau soumettre aux épreuves les canons transformés, puisqu'ils étaient coupés et taraudés à nouveau au tonnerre et qu'ils recevaient une nouvelle culasse. La transformation coûtait donc fort cher et entraînait un grand nombre de rebuts, car le taraudage, qu'il fallait pratiquer dans l'épaisseur du canon, l'affaiblissait juste dans la partie qui devait supporter tout l'effort de la charge.

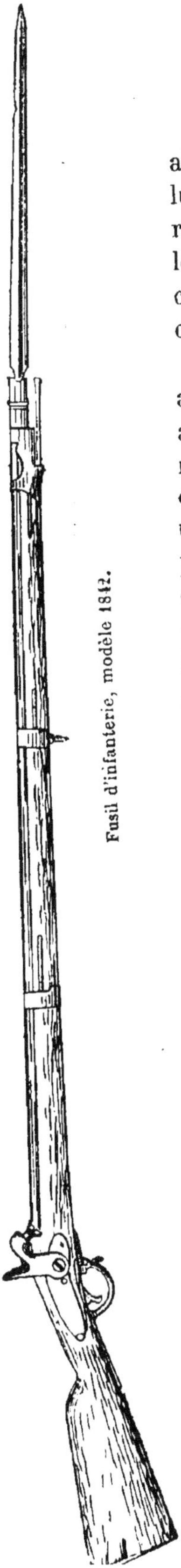

Un officier d'artillerie, M. Arcelin, proposa alors de boucher avec un grain l'ancienne lumière, de ne pas toucher au tonnerre et de retrancher du côté de la bouche l'excédant de longueur produit par l'addition de la nouvelle culasse. Cela ne remédiait qu'en partie aux inconvénients du mode de transformation.

Modèle 1842. — Le même officier proposa alors de conserver l'ancienne culasse et, après avoir bouché, comme précédemment, la lumière, de visser dans le tonnerre un grain en acier pour servir d'écrou à la cheminée. Ce système, beaucoup plus économique que les précédents, fut adopté, sous le nom de *transformation modèle* 1842. Pour les fusils neufs, au lieu de visser un grain, on souda sur le tonnerre une masselote en acier, destinée à servir d'écrou à la cheminée.

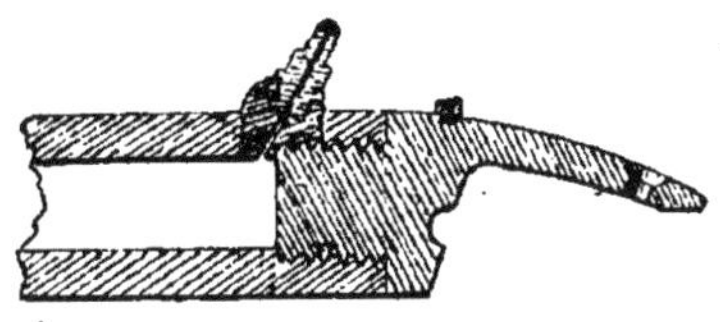

Culasse avec grain.

On se plaignait depuis longtemps en France de l'infériorité du calibre des armes françaises comparées à celles de toutes les autres puissances, dont les balles plus pesantes avaient plus de justesse et plus de portée. Aussi, en 1842, comme il fallait faire passer toutes les armes par les manufactures afin de leur appliquer le système percutant, on en profita pour mettre les fusils au calibre de 18^{mm} au lieu de 17^{mm} 7. Pour les petites armes, le calibre fut porté de 17^{mm} à 17^{mm} 6. La balle de 19 à la livre (25^{gr} 6) fut remplacée par une balle plus lourde, du poids de 17 à la livre (29 grammes), et ayant 17 millimètres de diamètre. Cette augmentation de grosseur de la balle avait en outre l'avantage de s'opposer à ce que les étrangers pussent faire usage de nos munitions, tandis qu'au contraire notre nouvel

Fusil d'infanterie, modèle 1842.

armement permettait de tirer parti de toutes celles que les chances de la guerre pourraient faire tomber au pouvoir de nos armées.

Le pistolet de gendarmerie seul garda son calibre primitif et son ancienne balle.

En 1847, la platine à percussion modèle 1840 reçut encore quelques nouveaux perfectionnements de détail; les nouvelles platines prirent le nom de modèle 1847.

Balles. — En 1848, la nouvelle balle de 17 à la livre fut abandonnée, et l'on revint à l'ancienne balle de 18 à la livre, pesant environ 27 grammes et n'ayant que 16mm 7 de diamètre. Cette augmentation du vent permettait de tirer un plus grand nombre de coups, sans que l'encrassement gênât l'introduction de la balle dans le canon.

On revenait ainsi, après bien des modifications, à la balle primitive déjà en service en 1777; le vent était seulement un peu plus fort, 1mm 3 au lieu de 0mm 8.

Charges. — Chaque changement dans le poids de la balle avait aussi entraîné une variation dans le poids de la charge.

Avec la balle de 18 à la livre dans les armes à silex, la charge était de 11 gr. 20 de poudre à canon; avec celle de 20 à la livre, elle avait été portée jusqu'à 12 gr. 26 de la même poudre, pour compenser autant que possible, par une augmentation de vitesse initiale, les inconvénients inhérents à la diminution du poids du projectile. Lors de l'adoption de la balle de 19 à la livre et d'une poudre plus fine, en 1818, la charge fut réduite à 10 gr. 50 de poudre à mousquet afin de maintenir le recul dans des limites supportables. Dans toutes ces charges, se trouvait comprise la poudre nécessaire pour amorcer (1 gramme environ). Lors de l'adoption des fusils à percussion en 1840, on réduisit la charge à 9 grammes au lieu de 9gr 5, non-seulement parce que l'on n'avait plus à amorcer, mais encore parce que, dans les nouveaux fusils, la lumière, en partie fermée par le chien, laissant échapper moins de gaz, le recul était plus violent. Cette charge de 9 grammes, employée avec la balle de 19 à la livre, qui pesait 25 gr. 6, fut réduite à 8 grammes avec celle de 29 grammes, de manière que l'effet du recul de l'arme ne fût pas trop augmenté. En 1848, la balle ne pesant plus que 27 grammes, la charge fut reportée à 9 grammes.

Les cartouches d'infanterie servaient pour toutes les autres armes; l'emploi de cartouches particulières aurait beaucoup trop compliqué le service du réapprovisionnement en temps de guerre. Seulement, pour les armes plus légères, afin que le recul ne fût pas trop violent, le soldat devait jeter une partie de la poudre. On avait eu soin de déterminer la charge pour chacune de ces armes, de telle façon qu'elle fût une fraction simple de la cartouche d'infanterie; on pouvait ainsi la *saigner* facilement et assez régulièrement. Avec les armes à silex, pour le fusil d'artillerie il fallait rejeter le quart, pour le mousqueton et le pistolet la moitié de la poudre de la cartouche d'infanterie, amorcer avec la cartouche ainsi réduite, et mettre le reste dans le canon.

Avec les armes à percussion, on dut saigner la cartouche d'infanterie du tiers pour le fusil de dragons, du quart pour le mousqueton de gendarmerie, de la moitié pour le mousqueton, et des deux tiers pour le pistolet de cavalerie.

Cela ne s'appliquait qu'aux cartouches de guerre; en temps de paix, par raison d'économie, on employait des *cartouches d'exercices* ne contenant que juste la quantité de poudre nécessaire.

Modèle 1853. — Nous arrivons enfin à une époque où les études sur les armes rayées, dont nous allons rendre compte tout à l'heure, étaient assez avancées pour faire prévoir que le fusil rayé deviendrait bientôt l'arme de toute l'infanterie. Il fallait donc tenir compte de cette prévision dans les armes nouvelles que l'on avait à fabriquer, et les construire de telle sorte qu'elles se prêtassent facilement à leur transformation future en armes rayées. Dans ce but, on diminua légèrement en 1853 le calibre des fusils d'infanterie et de voltigeurs. Il fut fixé à 17^{mm} 8 au lieu de 18^{mm}; le vent était encore de 1^{mm} 1 et par conséquent bien suffisant pour le tir de la balle sphérique. En même temps la tête du chien, la cheminée et par conséquent le canal de lumière furent reportés légèrement à droite, afin de mieux démasquer le plan de tir et de permettre le tir aux plus grandes distances.

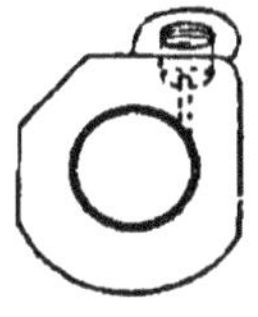

Mod. 1842.

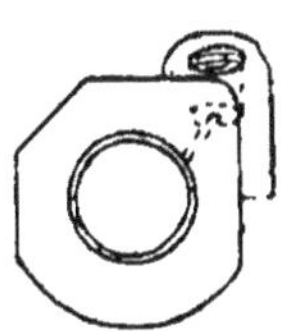

Mod. 1853.

Armes rayées. — L'invention des armes rayées remonte à la fin du XVe siècle; on l'attribue à un arquebusier de Vienne (1498). Les rayures n'avaient d'abord pour but que de loger les crasses et, par suite, de faciliter l'introduction dans le canon d'une balle *forcée*, c'est-à-dire d'une balle dont le diamètre était un peu plus fort que celui de l'âme.

Afin d'en rendre le tracé plus facile, un autre arquebusier allemand, de Nuremberg, imagina, quelques années plus tard, de les enrouler en spirale. Il réussit ainsi, sans s'en douter, à donner à la balle le mouvement de rotation qui devait en accroître la justesse et la portée. On peut donc dire que la découverte des armes rayées ou *carabinées*, suivant l'expression usitée à l'époque, est due tout à fait au hasard.

Mais l'introduction par la bouche d'une balle forcée exigeait l'emploi d'une *petite baguette* et d'un *maillet* pour engager la balle dans l'âme, puis, d'une autre baguette plus longue pour la pousser jusqu'au fond; aussi, le chargement des *carabines* était peu commode et beaucoup plus lent que celui des armes lisses. C'est pour cette raison que pendant si longtemps l'usage de ces armes s'est si peu répandu, bien que l'on eût parfaitement reconnu leur supériorité sur les autres au point de vue du tir.

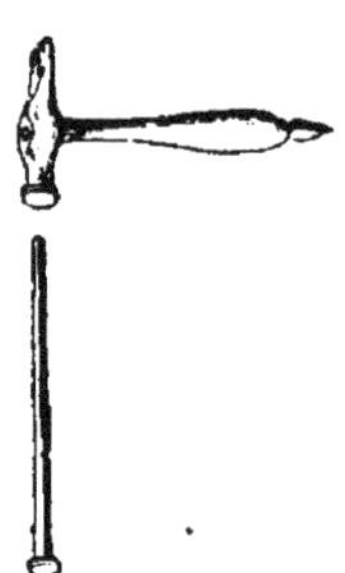

Maillet.

Elles ont été beaucoup plus en faveur en Allemagne qu'en France, surtout comme armes de luxe et de précision. Les Suisses, les Tyroliens, grands chasseurs de chamois, ont été des premiers à s'en servir d'une façon habituelle.

Cependant, au XVIIe siècle, les compagnies d'élite de la cavalerie française furent armées de carabines rayées; de là le nom de carabiniers qui leur est resté.

Le premier modèle de carabine d'infanterie en usage dans l'armée française ne date que de 1793. Elle est connue sous le nom de *carabine de Versailles* et a servi à l'armement des officiers et sous-officiers des troupes légères pendant les guerres de la Révolution et de l'Empire.

Le canon n'avait que 24 pouces ($0^m,65$), son calibre était de 6 lignes ($13^{mm},5$), elle avait 7 rayures au pas de $0^m,67$, et pesait $3^k,45$. Le poids de la charge était de 4 grammes.

La balle dite de 28 à la livre, avait 6 lignes 4 points (14^{mm}) de diamètre; elle était enveloppée d'un *calepin*[1] graissé, afin de

1. *Calepin*, morceau de coutil, de peau ou d'étoffe taillé en rond, imprégné d'une substance grasse; d'après le général Bardin, *calpin*, corruption

lubrifier l'âme ; on la forçait à coups de maillet. La lenteur du chargement, la nécessité d'une balle particulière, l'embarras du maillet, et enfin l'absence de baïonnette firent abandonner cette arme en 1805. Une autre carabine du même modèle, mais plus courte, était destinée à la cavalerie ; elle n'a été employée que pendant la Révolution.

Forcement par la baguette seule. — A la suite de ces essais peu satisfaisants, on avait complétement renoncé à l'emploi des armes rayées pour l'armement des troupes, lorsque, en 1826, M. Delvigne, officier d'infanterie, qui, depuis quelques années déjà, cherchait le moyen de ne forcer la balle qu'après sa mise en place dans le canon, réussit enfin à rendre le chargement des carabines aussi simple et aussi rapide que celui des armes lisses en service.

On avait bien, à plusieurs reprises, proposé d'introduire la balle par la culasse, ce qui aurait rendu la question du forcement beaucoup plus facile à résoudre ; différents mécanismes de fermeture furent même expérimentés. Mais, comme on n'avait point encore trouvé le moyen d'éviter les crachements et de fermer hermétiquement toute issue aux fuites de gaz, on était encore loin de se douter qu'un jour les armes se chargeant par la culasse deviendraient d'un usage général comme armes de guerre.

L'invention de M. Delvigne eut donc à l'époque une grande importance, et c'est à lui que l'on doit les progrès rapides qui, dans l'espace d'une vingtaine d'années, permirent de transformer notre armement.

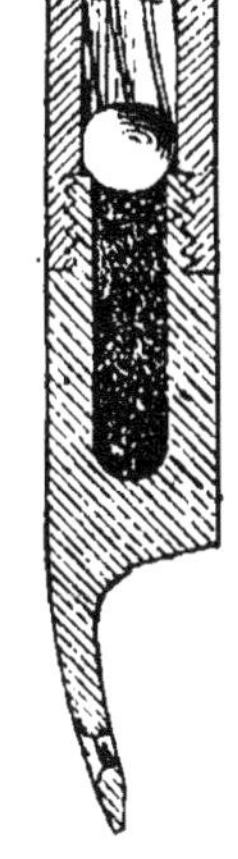
Carabine Delvigne.

Dans la carabine Delvigne, la balle, à laquelle on ne donnait que très-peu de vent, glissait jusqu'au fond, et là, deux ou trois coups donnés avec la baguette ordinaire, sans maillet, suffisaient pour l'aplatir et l'engager dans les rayures. Afin de donner à la balle un point d'appui plus résistant que la poudre, qu'elle eût écrasée, l'inventeur avait ménagé au fond de l'âme un ressaut contre lequel venait butter la balle, et en arrière une partie rétrécie, formant *chambre*, qui était destinée à recevoir la charge ; mais la balle, pénétrant en partie dans la chambre par le choc de la baguette, se déformait et tassait plus ou moins la poudre.

du terme *canepin*, employé dans l'art du peaussier et du chamoisier pour désigner une pellicule levée sur les peaux de chèvre ou de mouton.

Le colonel d'artillerie Pontcharra imagina alors d'interposer entre la balle et la charge un *sabot* en bois, qui, s'arrêtant à l'entrée de la chambre, dont on avait supprimé la fraisure, donnait à la balle un point d'appui plus résistant, assurait mieux sa position, et rendait le forcement à la fois plus régulier et plus complet ; le projectile prenait alors une forme aplatie assez régulière, son petit axe coïncidant avec celui du canon.

Carabine Pontcharra.

Ce sabot, entouré d'un *calepin* graissé, servait en même temps à nettoyer l'arme à chaque coup, et contribuait encore ainsi à faciliter le chargement et augmenter la justesse du tir.

Comme le sabot en bois se brisait trop facilement, et que ses éclats pouvaient être dangereux pour les voisins du tireur, on essaya de le remplacer par un sabot métallique ; mais on eut alors une sorte de second projectile, qui ne faisait que nuire à la justesse et à la portée du premier.

Balle avec sabot.

Balles allongées. — En 1841, un chef d'escadron d'artillerie imagina de couler le sabot avec le projectile lui-même ; la balle qu'il proposa était composée en arrière d'un cylindre et en avant d'une demi-sphère, reliés entre eux par une gorge. On peut considérer cette balle comme ayant servi de trait d'union entre les balles sphériques et les balles allongées.

De son côté, M. Delvigne, qui, depuis quelque temps déjà, étudiait la question des balles allongées, proposa la même année un projectile ayant la forme d'un ellipsoïde allongé terminé à l'arrière par une portion cylindrique, sur laquelle était pratiquée une gorge annulaire destinée à recevoir un fil de laine graissé, qui devait remplir le même office que le calepin.

Ces premiers projectiles allongés, forcés avec la baguette devaient prendre, comme les balles sphériques, appui sur le ressaut de la chambre, ils se déformaient et perdaient une partie de leurs avantages. Le colonel d'artillerie Thouvenin proposa alors de supprimer la chambre et de visser une *tige* d'acier dans l'axe du tonnerre ; la charge de poudre prenait place dans l'espace annulaire existant autour de cette tige, et la balle, ayant un point d'appui central, se forçait avec plus de facilité et de régularité que dans le cas précédent.

A la même époque, M. Minié, lieutenant aux chasseurs à pied, imagina une balle cylindro-conique d'abord, puis cylindro-ogivale, pourvue d'une gorge annulaire destinée, à la fois, à faciliter le forcement et à recevoir une ligature graissée.

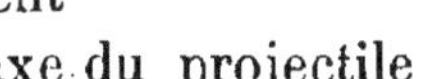

Carabine à tige.

Le capitaine d'artillerie Tamisier, dont les travaux remarquables servirent alors à établir la théorie du mouvement dans l'air des projectiles des armes rayées, proposa une *balle allongée et cannelée*. Les cannelures devaient avoir la même utilité que la gorge simple des premières balles essayées et, de plus, faire naître sur la partie postérieure du projectile, pendant son mouvement dans l'air, des résistances qui ramèneraient l'axe du projectile suivant la tangente à la trajectoire. Les cannelures, adoptées d'abord, furent supprimées, plus tard, comme inutiles, on ne conserva que la gorge.

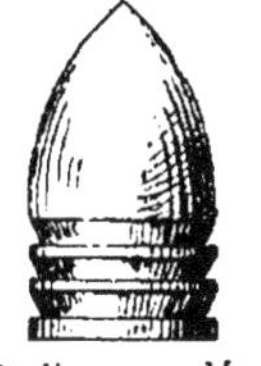

Balle cannelée.

En 1844 une Commission permanente de tir, établie à Vincennes, fut chargée de l'étude des armes rayées; elle a depuis lors continué ses travaux sans interruption.

Carabine modèle 1840. — La carabine Delvigne, essayée, en 1828, au camp de Saint-Omer, comparativement avec le fusil d'infanterie modèle 1822, ne donna pas de très-bons résultats comme arme de guerre. En 1836, on adopta une carabine de tirailleur dite à la Pontcharra, qui fut donnée en 1839 au bataillon de tirailleurs qui était en Afrique. C'est cette carabine qui, après avoir été améliorée, devint la *carabine de munition modèle* 1840; elle servit à armer les bataillons de chasseurs à pied. Son calibre était de 17 millimètres; les rayures, au nombre de 4, étaient au pas de 6^{m},22; la balle était la même que celle du fusil d'infanterie modèle 1840, c'est-à-dire du calibre de 16^{mm},3; elle était pourvue d'un sabot en bois avec calepin graissé; la charge de poudre était de 7 grammes.

Carabine modèle 1842. — En 1842, afin de pouvoir utiliser la balle de 16^{mm},7 que l'on venait d'adopter pour les fusils lisses, le calibre du canon de la carabine fut porté à 17mm, 5. La charge fut réduite à 6gr, 25, pour que le recul demeurât supportable. On eut alors la *carabine modèle* 1842.

A ces premières armes rayées réglementaires, il faut ajouter le *pistolet d'officier de cavalerie modèle* 1833, le *pistolet d'officier de gendarmerie modèle* 1836, le *fusil de rempart modèle* 1831. Ce dernier, qui se chargeait par la culasse, céda plus tard la place aux fusils de rempart dits *grosses carabines* et aux *fusils de rempart allégés modèle* 1840, puis *modèle* 1842, établis d'après les mêmes principes que les carabines du même modèle.

Carabine modèle 1846. — En 1846, on renonça à l'emploi des armes rayées à chambre, et on les remplaça par la *carabine à tige modèle* 1846 ; le calibre était de 17mm, 8, le pas des rayures de 2 mètres seulement.

La balle, de forme cylindro-ogivale et cannelée, pesait 47gr, 2 ; la charge de poudre n'était que de 4gr, 50. La tête de la baguette était évidée intérieurement, pour ne pas déformer la partie antérieure de la balle. Cette carabine, légèrement modifiée en 1853, fut dénommée *carabine modèle* 1853.

En 1847, le mousqueton d'artillerie modèle 1829, déjà transformé une première fois au système percutant, fut rayé et muni d'une tige pour l'approprier au tir de la balle ogivale adoptée pour la carabine modèle 1846.

Quelques fusils d'infanterie, transformés aussi en armes rayées à tige, furent mis en essai en 1852 dans les régiments de zouaves ; mais le nettoyage et l'entretien de pareilles armes étaient beaucoup trop compliqués et délicats pour que l'on pût songer à en armer toute l'infanterie.

Forcement automatique par expansion. — On avait réussi à endre le chargement des armes rayées aussi facile que celui des fusils lisses ; mais le forcement de la balle, obtenu par le choc de la baguette, était fort irrégulier, car il dépendait de la force que déployait le tireur en chargeant son arme ; en général, il était très-faible. C'est pour cette raison que dans les premières carabines modèle 1840 et 1842, on avait dû donner au pas des rayures une très-grande valeur, afin de diminuer autant que possible l'inclinaison et éviter que le projectile, à peine engagé dans les rayures, ne se dégageât ; dans la carabine modèle 1846 on avait pu le réduire de 6m 25 à 2 mètres.

Dans le but de rendre le forcement plus régulier, et surtout indépendant du tireur, et de remédier en même temps aux inconvénients inhérents au système à tige, M. Minié avait imaginé, dès 1846, de faire forcer le projectile automatiquement par l'action même des gaz de la charge. Pour cela, il avait pratiqué dans le culot de la balle un *évidement* tronconique, à l'entrée duquel était placé un petit *culot* en fer dont la forme rappelait celle d'un dé à coudre. Au moment de l'explosion de la charge, les gaz, agissant tout d'abord sur le culot, dont la masse était beaucoup plus faible que celle du projectile, l'enfonçaient comme un coin dans la cavité de la balle, épanouissaient les parois et les forçaient à pénétrer dans les rayures.

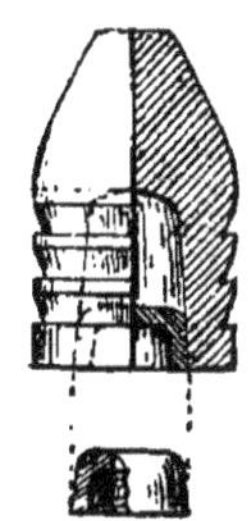

Balle à culot.

La balle à culot, qui, plus tard, a été réglementaire en Angleterre et en Russie, ne fut point adoptée en France, à cause des inconvénients qu'elle présentait. Sa fabrication exigeait une trop grande précision pour l'ajustage du culot; on était exposé à obtenir un forcement tantôt trop énergique et tantôt incomplet. Dans le premier cas, la balle se déchirait, et sa partie cylindrique, restant engagée sous forme d'*anneau*, était fort difficile à extraire. En magasin, par suite de l'humidité, le culot pouvait s'oxyder, et alors son adhérence aux parois paralysait son action au moment du tir.

Anneau.

On s'était du reste bien vite aperçu que le culot n'était pas nécessaire, et qu'une balle simplement évidée à l'arrière se forçait aussi bien dans les rayures par la seule action des gaz de la poudre se précipitant dans l'évidement.

La balle *évidée* ou expansive réalisait toutes les conditions de simplicité et de bon fonctionnement; on se décida donc en 1854 à distribuer des fusils rayés à l'infanterie de la garde impériale.

Fusil modèle 1854. — Les armes de la garde du modèle 1854 étaient semblables aux fusils lisses du modèle 1853; elles n'en différaient que par les rayures, qui étaient au nombre de 4 et au pas de 2 mètres. La balle du poids de 36 grammes, était ogivale et à *évidement tronconique*, la charge était de 4gr, 50.

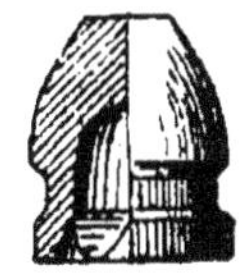

Balle modèle 1854.

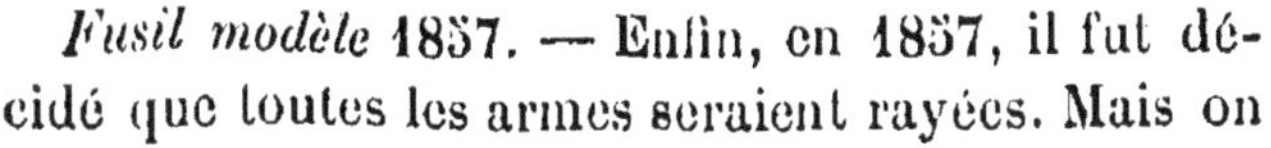

Fusil modèle 1857. — Enfin, en 1857, il fut décidé que toutes les armes seraient rayées. Mais on trouva que la balle de la garde, trop lourde, ne pouvait convenir pour des munitions destinées à l'infanterie de ligne ; on réduisit son poids à 32 grammes, la charge resta la même.

On avait en outre à vaincre la difficulté provenant de ce que le calibre des armes en service variant de 18^{mm}, 5 à 17 millimètres, par suite de la transformation des anciens modèles, la même balle devait, quand même, pouvoir se forcer aussi bien dans les uns que dans les autres. Avec une balle expansive à évidement tronconique, les parois ou bien trop épaisses se moulaient mal dans les rayures, ou bien trop minces se déchiraient. Dans la nouvelle balle adoptée en 1857, on donna à l'évidement la forme d'une *pyramide à base triangulaire ;* les parties faibles étaient destinées à faciliter l'épanouissement, tandis que les parties renforcées servaient à rattacher solidement la partie ogivale à la partie cylindrique et à rendre impossible leur séparation.

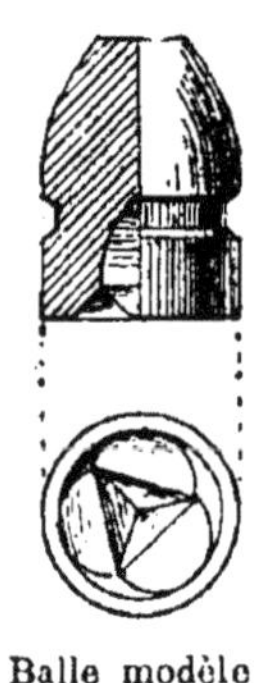
Balle modèle 1857.

Disposition des rayures. — Nous avons déjà dit quelques mots de l'inclinaison des rayures, et montré que plus le forcement devenait énergique, plus il avait été possible d'augmenter cette inclinaison, c'est-à-dire de diminuer le pas, afin de mieux accentuer le mouvement de rotation du projectile. A la suite d'études sérieuses faites sur les premières armes rayées, on avait rejeté les rayures à pas variable ou *paraboliques*, essayées dans le fusil de rempart modèle 1831, parce qu'elles déformaient trop la balle, et adopté définitivement les rayures à *pas constant*, dans lesquelles la balle pouvait se mouler sans avoir à chaque instant à changer de forme.

Dans toutes les armes rayées dont nous avons parlé jusqu'ici, la profondeur des rayures était *progressive*, c'est-à-dire qu'elle allait en diminuant du tonnerre à la bouche. De cette façon, comme la balle n'était forcée à l'origine que par l'action de la baguette, on obtenait la continuation du forcement par la diminution de profondeur de la rayure ; ce serrage progressif compensait l'usure du métal causée par le frottement.

Cette disposition n'avait plus de raison d'être avec les balles évidées, puisque les gaz, continuant pendant tout le trajet dans l'âme leur action sur les parois de l'évidement, assuraient par leur force expansive le forcement aussi bien à la bouche qu'au tonnerre. Pour les armes neuves du modèle 1854, on avait cependant conservé les rayures à profondeur progressive; mais, avec les armes transformées en 1857, par suite de la différence de calibre qui existait d'une arme à l'autre, on fut amené à réduire au minimum la profondeur des rayures au tonnerre et, par suite, à leur donner une profondeur constante. Ces nouvelles rayures avaient, en outre, l'avantage d'être d'une fabrication plus facile et d'un entretien plus commode pour le soldat.

Dans les armes du modèle 1857, la profondeur de la rayure, la même partout, n'était que de $0^{mm},2$, tandis que, dans les armes du modèle 1854, elle était de $0^{mm},5$ au tonnerre et $0^{mm},3$ à la bouche.

Toutes les armes lisses des troupes à pied et des troupes à cheval furent rayées et appropriées au tir de la balle modèle 1857. Un peu plus tard, on supprima la tige dans le mousqueton d'artillerie, qui lui aussi dut tirer la même balle modèle 1857. En 1859, toute l'infanterie avait entre les mains des fusils rayés modèle 1857; on avait profité du renvoi en manufacture des fusils d'infanterie pour réduire la longueur du canon, et lui donner les mêmes dimensions qu'à celui du fusil de voltigeur. Depuis lors, il n'y a plus eu qu'un seul fusil pour l'armement de l'infanterie; le fusil de marine ne s'en distinguait que par ses garnitures en laiton. La garde avait conservé le fusil modèle 1854, mais elle employait la même cartouche 1857 que la ligne. Le fusil de dragon, le mousqueton de gendarmerie et le pistolet de cavalerie, avaient été transformés, seul le mousqueton de cavalerie avait été mis de côté; le fusil de dragon fut donné à la cavalerie légère aussi bien qu'aux dragons. La cartouche modèle 1857, la même pour toutes ces armes, devait être saignée pour le mousqueton d'artillerie et le pistolet; la mesure exacte de la poudre à jeter était donnée par la capacité de l'évidement de la tête de la baguette.

Carabine modèle 1859. — Les carabines à tige modèle 1846 et modèle 1853 subirent bientôt la même transformation que le mousqueton d'artillerie; elles devinrent *carabines modèle* 1859, tirant une balle évidée dite de *chasseur*, semblable à celle de l'infanterie, mais du poids de 48 grammes; la charge était de $5^{gr},25$. Cette cartouche pouvait aussi à la rigueur être employée avec les fusils modèles 1854 et 1857; le recul était un peu plus fort, mais on obtenait plus de justesse. De cette façon, la confusion dans les approvisionnements en campagne n'était plus à craindre, car, de même que le fusil pouvait tirer la balle de chasseur, la carabine pouvait utiliser les munitions de l'infanterie.

Balle modèle 1863.

Balle modèle 1863. — L'expérience ayant montré que la balle modèle 1857 était trop légère, on reporta en 1863 son poids à 36 grammes, tout en conservant la même charge de 4gr, 50. Dans les balles évidées du modèle précédent les parties faibles avaient été trouvées trop peu nombreuses et le forcement insuffisant, on donna à l'évidement de la nouvelle balle la forme d'une *pyramide à base carrée*.

Jusque-là on s'était contenté d'améliorer autant que possible le tir des fusils existants, en les transformant en armes rayées. Avant même d'entreprendre cette transformation, on avait essayé d'augmenter la justesse des armes lisses, en remplaçant la balle sphérique ordinaire par une balle de forme particulière. On savait, en effet, que le manque de justesse du fusil lisse était dû surtout aux mouvements de rotation irréguliers du projectile; on avait donc essayé d'empêcher ces rotations de se produire.

Balle à clou.

M. Nessler, prenant pour point de départ la *balle à clou*, employée depuis longtemps déjà par les chasseurs de chamois, avait proposé une balle qui, mise en service concurremment avec la balle sphérique, rendit quelques services en Crimée et en Algérie.

Balle Nessler.

Réduction du calibre. — Nous arrivons enfin à une époque où les nombreuses expériences faites pour déterminer les dimensions et la forme la plus favorable à donner aux balles allongées, aux rayures, ainsi qu'aux autres parties d'une arme de guerre, avaient démontré la nécessité de créer un armement nouveau.

Les fusils transformés n'avaient pas donné d'aussi bons résultats qu'on l'avait espéré.

En effet, par suite de l'augmentation de poids de la balle, dû à son allongement, on avait été forcé de réduire dans de très-fortes proportions le rapport du poids de la charge à celui du projectile, afin de ne pas rendre le recul insupportable pour l'épaule du tireur et de ne pas trop fatiguer le canon, affaibli déjà par les rayures qu'on y avait creusées. Ce rapport, qui, avec les armes lisses, était sensiblement égal au 1/3, n'était plus que du 1/8. La vitesse initiale de la balle, égale autrefois à 450 mètres environ, atteignait à peine 350 mètres. Si, grâce à leur mouvement de rotation, les balles allongées avaient plus de portée et de justesse aux grandes distances, en revanche, aux petites distances, la tension de leur trajectoire était moindre et la force de pénétration beaucoup plus faible qu'avec l'ancienne balle sphérique.

Aussi un grand nombre d'officiers regrettait l'ancien fusil lisse, soutenant avec raison que l'on devait avant tout exiger d'une arme destinée à l'armement de l'infanterie un tir rasant aux petites distances, qui sont les distances habituelles de combat, tandis que le tir à grande portée ne devait être qu'une exception.

Principales conditions auxquelles doit satisfaire une arme à feu portative. — On se remit donc à l'étude, et la Commission de Vincennes fut chargée de déterminer, par la théorie aussi bien que par l'expérience, les éléments d'un nouveau fusil rayé qui réunît à la fois les avantages de l'ancien fusil lisse et ceux du fusil transformé, c'est-à-dire une trajectoire très tendue, jointe à une grande justesse, et de grandes portées.

On fut ainsi amené à rechercher les principales conditions auxquelles devait satisfaire une arme à feu portative destinée à l'armement de l'infanterie. Nous allons les passer rapidement en revue.

Poids du fusil. — Avant tout, une arme à feu portative doit être assez légère pour qu'un soldat de force moyenne puisse la porter et la manier toute une journée sans trop de fatigue. Une longue expérience a montré que le poids de 5 kilogrammes était un maximum que l'on ne doit dépasser dans aucun cas; autant que possible il faut même se rapprocher du poids de 4 kilogrammes. Cette seconde limite est du reste un minimum au-dessous duquel on ne peut descendre sans inconvénient, parce qu'alors, l'arme étant trop légère, le recul deviendrait insupportable. Nous ne parlons pas ici, bien entendu, des armes à feu de la cavalerie, que l'on doit alléger le plus possible pour en faciliter le maniement, quitte à avoir un recul plus violent, ce qui dans ce cas particulier n'a pas grande importance, parce que le cavalier se sert beaucoup moins de son arme que le fantassin.

Vitesse initiale. — Des considérations d'un autre genre relatives au tir des armes de guerre, à l'étendue des zones dangereuses et à l'appréciation des distances, avaient prouvé que, pour que la trajectoire fût assez tendue, la vitesse initiale de la balle devait être comprise entre 400 et 450 mètres.

Recul. — L'expérience avait prouvé, qu'au point de vue du recul, le fusil modèle 1857 se trouvait dans de très-bonnes conditions. On devait donc s'efforcer, en construisant une arme neuve, d'obtenir un résultat identique. Prenant la formule $Pv = pV$, qui donne, d'une façon suffisamment approchée, la relation qui doit exister entre les principaux éléments d'un fusil et y remplaçant P le poids du fusil, p le poids de la balle et V la vitesse initiale de la balle par les données correspondantes du fusil modèle 1857 qui étaient connues, on détermina la valeur v de la vitesse de recul.

Poids de la balle. — Reprenant ensuite la même formule et l'appliquant cette fois, non plus au fusil modèle 1857, mais à l'arme neuve dont on voulait déterminer les dimensions; posant $P = 4^k$ $V = 400^m$ et donnant à v la valeur calculée dans le paragraphe précédent, il ne restait plus qu'une inconnue p, c'est-à-dire le poids de la balle, qu'il était facile de calculer. On trouva ainsi que la balle devait peser au plus 20 à 25 grammes. On ne pouvait songer à en prendre une d'un poids plus faible; sa masse n'aurait plus été suffisante pour vaincre la résistance de l'air et causer des effets meurtriers.

Forme de la balle. — Les nombreuses études faites depuis longtemps avec des projectiles allongés avaient démontré que, pour obtenir le maximum de justesse dont une arme rayée est susceptible, on devait donner aux balles en plomb de forme cylindro-ogivale une hauteur égale à deux fois au moins et trois fois au plus le diamètre de leur partie cylindrique.

Une balle plus courte, n'ayant pas assez de masse pour vaincre la résistance de l'air, perd rapidement sa vitesse; pendant le parcours de l'âme, elle ne s'engage que sur une trop faible longueur dans les rayures et a une tendance à les franchir. Une balle plus longue présente de son côté d'autres inconvénients. En effet, au moment de l'explosion de la charge, les gaz n'agissant d'abord que sur le culot, tandis que la partie antérieure résiste en vertu de son inertie, la balle en plomb s'affaisse sur elle-même et augmente de diamètre. L'effet produit est d'autant plus accentué que la balle a plus de longueur; il suffit que cette hauteur soit comprise entre 2 et 2,5 calibres pour que le forcement soit assuré sans qu'on ait besoin de recourir à l'emploi soit de la baguette, soit de balles expansives de forme plus ou moins compliquée. Si elle atteint ou dépasse 3 calibres, le forcement devient alors trop considérable avec une balle en plomb ordinaire, et il faut, pour éviter cet inconvénient, augmenter la dureté du métal, soit en l'alliant avec un autre métal, l'antimoine ou le zinc par exemple, soit en le comprimant fortement. Cette dernière opération a, en même temps, l'avantage de faire disparaître les soufflures provenant de la coulée et de rendre ainsi la masse du projectile à la fois plus compacte et plus homogène.

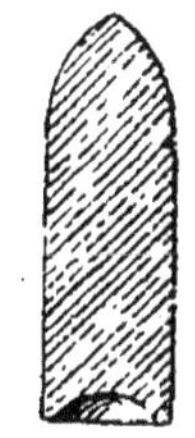

Calibre. — Connaissant la forme que devait avoir la balle, son poids et son volume en fonction du diamètre de sa partie cylindrique, ainsi que la densité du métal employé, il était facile d'en déduire la valeur de ce diamètre, c'est-à-dire le calibre de la balle et par conséquent celui de l'arme.

C'est ainsi que l'on trouva, en prenant pour point de départ la balle en plomb de forme cylindro-ogivale, de 2,5 calibres de hauteur, que le calibre devait être compris entre 10 et 11 millimètres.

Les mêmes considérations, en partant du calibre des anciens fusils, qui était de 17 à 18 millimètres, auraient conduit par une marche inverse à un projectile de 100 à 115 grammes, poids bien supérieur à celui des balles qui, comme nous l'avons vu, furent adoptées pour le tir des fusils transformés. Il ne faut donc pas s'étonner si ces premières balles oblongues n'avaient qu'une très-faible hauteur; bien qu'elles fussent évidées à l'arrière, on avait pu à peine leur donner 1,5 calibre de haut.

Rayures. — Avec ces balles trop courtes on avait été forcé de conserver au pas une assez grande valeur, 2 mètres. Le mouvement de rotation du projectile n'était que fort peu accentué; la stabilité de l'axe de rotation du projectile n'était pas suffisamment assurée.

Avec les armes de calibre plus faible, tirant une balle plus longue, il devint possible de réduire le pas; pour les armes comprises entre 10 et 11 millimètres de calibre on choisit un pas variant de 0^m, 50 à 0^m, 60. La balle, animée d'un mouvement plus rapide de rotation, se trouva alors dans de bien meilleures conditions pour résister aux forces déviatrices qui agissent sur elle pendant tout son trajet dans l'air. Aussi on constata que les armes de petit calibre avaient une bien plus grande justesse que celles de gros calibre transformées.

Dans les premières armes carabinées, les rayures étaient nombreuses et fines; depuis, on en avait réduit le nombre à 4. Dans les nombreuses expériences faites depuis lors, on a constaté que, maintenu dans certaines limites, le nombre des rayures avait peu d'influence sur le tir, il varie en général de 4 à 6.

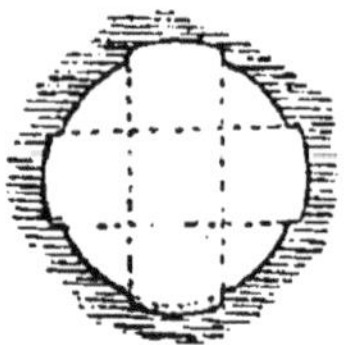

Quant à la forme, on l'a choisie la plus simple possible : le fond est concentrique à l'âme, les flancs rectilignes se raccordent avec lui par des arcs de cercle. On laissa d'abord les arêtes vives, afin que le projectile fût entaillé plus facilement ; depuis, on a reçonnu qu'il était préférable de les abattre, afin que la balle fût moins déformée et présentât à la résistance de l'air une surface plus régulière. Pour la même raison, on ne doit donner aux rayures qu'une profondeur aussi faible que possible.

Charge. — On a vu qu'avec les armes de gros calibre, transformées en fusils rayés, on avait dû réduire la charge au 1/8 et même jusqu'au 1/10 du poids du projectile. L'adoption des armes de petit calibre tirant une balle plus longue permit d'employer la charge du 1/5, avec laquelle, par suite de la suppression du vent, on put atteindre des vitesses égales et même supérieures à celle que l'on obtenait autrefois avec la charge du 1/3.

A plusieurs époques on avait déjà reconnu que plus le calibre d'une arme à feu était petit, plus la poudre devait avoir de vivacité. A la poudre à canon on avait en 1818 substitué la poudre à mousquet; la réduction des calibres obligea à chercher une poudre encore plus vive et moins encrassante ; des études poursuivies dans ce sens aboutirent bientôt à l'adoption d'une poudre vive dite *poudre* B.

Avantages et inconvénients des gros et des petits calibres. — Les considérations précédentes conduisaient à une réduction notable du calibre. Depuis l'adoption du fusil, ce calibre n'avait presque pas changé et était resté compris entre 17 et 18 millimètres, condition reconnue alors indispensable pour que l'on pût donner à la balle sphérique un poids convenable. Une longue expérience avait en effet prouvé que cette balle, pour conserver aux distances ordinaires de combat une force de pénétration et une justesse suffisante, devait peser de 25 à 30 grammes.

Avec les balles allongées, au contraire, un pareil calibre présentait de nombreux inconvénients, que nous avons déjà signalés. L'emploi de fortes charges aurait entraîné un accroissement d'épaisseur des parois du canon, et par suite une augmentation du poids du fusil. Les munitions étant lourdes, le soldat n'aurait pu en transporter avec lui qu'un petit nombre ; leur volume assez considérable et surtout leur grande longueur (la balle à elle seule ayant de 4 à 5 centimètres de long) les auraient rendues trop encombrantes.

Un fusil rayé de gros calibre, lançant une balle allongée, et établi de façon à satisfaire, comme les armes de petit calibre, à toutes les conditions balistiques, ne pouvait donc convenir pour l'armement de l'infanterie. On aurait été forcé, pour laisser à l'arme ses qualités d'arme portative, de sacrifier ses qualités balistiques. C'est le cas qui s'était présenté lors de la transformation des fusils lisses en armes rayées.

Il ne faudrait cependant pas conclure de là que l'on doit, d'une façon absolue, préférer les petits calibres aux gros; mais, étant données les forces de l'homme, les premiers sont seuls admissibles. Les armes de gros calibre n'en conservent pas moins leur supériorité sur les autres au point de vue de la force de pénétration, de la justesse et des portées ; aussi cherche-t-on actuellement à les utiliser comme fusils de rempart, se tirant non pas à bras francs, mais sur appui.

Adoption des armes de petit calibre. — L'idée de réduire le calibre est d'origine américaine ; mais les premiers essais faits en Amérique ne furent guère appliqués qu'à des armes de précision et de luxe. La Suisse est le premier Etat de l'Europe et même du monde entier qui ait su apprécier au point de vue militaire les avantages des petits calibres sur les gros, et, dès l'année 1851, elle se décidait à en faire usage pour l'armement d'une partie de ses soldats.

Elle a été ensuite imitée par tous les autres États, qui, les uns un peu plus tôt, les autres un peu plus tard, ont fini par réduire le calibre de leurs armes de guerre à 10 ou 11 millimètres.

Quelques puissances, la Prusse, les Etats de l'Allemagne du Sud, l'Angleterre, n'osèrent pas d'abord, avec des fusils se chargeant par la bouche, descendre aussi bas et adoptèrent un calibre moyen, compris entre 14 et 15 millimètres. On avait en effet reconnu qu'une trop grande réduction de calibre rendait difficile l'introduction de la charge de poudre et de la baguette par la bouche du canon.

Effets meurtriers des petits calibres. — De plus, on se demandait si une balle d'aussi faible calibre conserverait encore une force vive suffisante pour mettre hors de combat hommes et chevaux. Plusieurs expériences exécutées en Suisse et en Allemagne sur le corps d'animaux que l'on venait de tuer, ainsi que les résultats constatés pendant la guerre de 1870, n'ont que trop prouvé le contraire. Les balles de petit calibre, animées d'une grande vitesse et ayant un mouvement de rotation très-rapide, produisent des blessures beaucoup plus dangereuses que celles occasionnées par les anciennes balles sphériques, d'un poids pourtant plus considérable.

La question du choix du calibre était depuis longtemps discutée en France : petits calibres et calibres moyens avaient chacun des partisans. Elle fut résolue en 1864 par l'Empereur, qui donna l'ordre de mettre à l'étude un fusil de 10 à 12 millimètres, se chargeant par la culasse. Nous reviendrons tout à l'heure sur la question du chargement par la culasse, qui, depuis longtemps aussi, était en suspens. Le Dépôt central de l'artillerie fut chargé de trouver un mécanisme de fermeture convenable, tandis que la commission de tir de Vincennes eut à déterminer, au point de vue balistique, toutes les dimensions de l'arme et de sa cartouche, sans s'occuper du mode de chargement. Les longues études que cette Commission avait faites avec des fusils Whitworth, Lancastre, suisses, néerlandais de petit calibre et des fusils français de calibres différents, variant depuis 11 jusqu'à 15 millimètres, servirent beaucoup à guider la marche des recherches. En 1865, la Commission présentait un fusil se chargeant par la bouche, du calibre de $11^{mm},5$, rayé au pas de $0^{m},60$, pesant 4^{k}, 200 sans baïonnette, et tirant une balle de 27 grammes avec 5g,25 d'une poudre vive, dite poudre B, qui, après un grand nombre d'essais, avait été préférée à plusieurs autres échantillons du même genre.

D'un autre côté, de grands perfectionnements avaient été apportés à la fabrication des armes. L'expérience de la guerre d'Italie avait prouvé que, dans les canons rayés en fer forgé, les rayures s'usaient très-rapidement, par suite du frottement de la balle ; on avait dû chercher un métal plus dur et plus résistant. Après quelques essais, on avait adopté en 1863 l'acier puddlé fondu, qui alors, vu l'état de l'industrie métallurgique en France, était le seul qui remplît les conditions voulues ; actuellement, on emploie aussi pour la fabrication des canons de fusil les aciers doux obtenus par réaction.

Enfin, tout était prêt pour substituer dans la fabrication, à la main-d'œuvre des ouvriers, les procédés mécaniques déjà en usage depuis quelques années en Angleterre. Grâce à l'emploi des machines, on pouvait obtenir une plus grande régularité dans les dimensions des pièces et aussi une rapidité beaucoup plus grande dans la fabrication. Tout avait donc été préparé pour qu'il fût possible de faire dans un bref délai un armement nouveau ; on n'était plus arrêté que par la question économique ; mais, comme nous le verrons tout à l'heure, en 1866 les événements politiques firent passer outre.

Occupons-nous maintenant des études sur le chargement par la culasse.

Chargement par la culasse. — L'idée de mettre le projectile et la charge de poudre en place directement par la culasse, au lieu de les introduire par la bouche et de les pousser jusqu'au fond avec la baguette, n'est pas nouvelle ; elle date de l'origine même des armes à feu. Ce mode de chargement, qui, théoriquement du moins, paraît le plus naturel, a tout d'abord été d'un usage à peu près général pour les bouches à feu de gros calibre ; on y a eu recours moins souvent pour les armes de petit calibre.

Ces armes primitives, se chargeant par la culasse, étaient formées de deux parties : la volée ou canon et la chambre, qui s'emboîtait dans le canon et était maintenue en place soit par un étrier, soit à l'aide d'une clavette ou de coins. Le peu de solidité de ces mécanismes de fermeture, le manque de précision dans les ajustages et les nombreuses fuites de gaz qui en étaient la conséquence, firent renoncer à l'emploi des armes à feu se chargeant par la culasse, dès que l'on eut trouvé le moyen

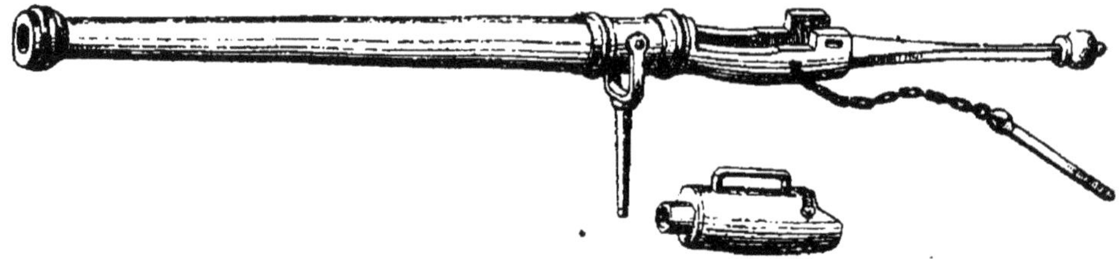

Canon à boîte.

d'accroître la force explosive de la poudre, par les perfectionnements apportés dans sa fabrication.

Depuis lors, les tentatives isolées pour appliquer le chargement par la culasse aux armes à feu portatives n'en continuèrent pas moins; aussi retrouve-t-on dans les musées et collections d'armes, surtout en Allemagne, bon nombre de modèles de ce genre qui datent des XVIe, XVIIe et XVIIIe siècles.

Jusqu'à notre siècle, ces constants efforts restèrent sans résultats heureux, malgré l'invention des systèmes de fermeture les plus ingénieux et les plus variés. Tous les inventeurs vinrent se heurter à la difficulté de construire une fermeture assez hermétique pour s'opposer aux fuites de gaz, et par conséquent à l'encrassement rapide du mécanisme, qui en rendait bientôt le fonctionnement impossible et aux crachements qui, toujours gênants pour le tireur, lui enlevaient toute confiance en son arme.

Chaque fois qu'un nouveau progrès a été réalisé soit dans la fabrication des armes, soit dans la mise du feu, de nouveaux efforts ont été tentés par les chercheurs d'inventions pour rendre plus pratique le chargement par la culasse.

C'est ainsi, par exemple, qu'avec les premières armes rayées ou carabinées on a essayé, en introduisant la balle par la culasse et donnant à la chambre un diamètre un peu plus fort que celui de l'âme, de faire disparaître toutes les difficultés du forcement. La baguette et le maillet, devenus inutiles, auraient été supprimés, et le chargement, rendu plus rapide, aurait été d'une égale facilité, que la balle fût forcée ou non. Sous Louis XV, le maréchal de Saxe donna à une partie des soldats de sa légion un fusil rayé se chargeant par la culasse et tirant à balle forcée; cette arme est désignée sous le nom d'*amusette du maréchal de*

Saxe et quelquefois aussi sous celui de *fusil à la Chaumette*, parce que le mécanisme était analogue à celui des canons, proposés à la même époque, par M. de La Chaumette. C'était un gros fusil lançant des balles de plomb d'une demi livre, porté sur une sorte d'affût, destiné à suivre les troupes en campagne ; deux hommes pouvaient le manœuvrer et le transporter dans tous les passages. La pièce de fermeture était une vis multiple, dont l'axe vertical traversait le canon et le bois près de la culasse; elle faisait corps avec une sous-garde mobile. Une révolution de la sous-garde abaissait la vis et découvrait sur le dessus du canon une ouverture par laquelle on introduisait la balle et la poudre dans la chambre qui avait un diamètre un peu supérieur à celui de l'âme. Ce mécanisme fut aussi appliqué à quelques carabines de cavalerie.

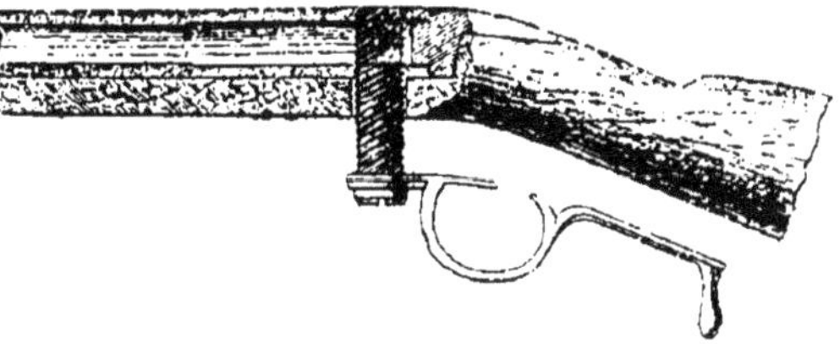

Amusette du maréchal de Saxe.

Dans les dernières années du XVIIIe siècle, pendant la Révolution, il fut encore question de nouveaux fusils se chargeant par la culasse, dits *à la Montalembert*, dont l'invention est attribuée par les uns à Carnot et par les autres à Montalembert. Ce n'était qu'une modification du système proposé par le maréchal de Saxe, que l'usage avait fait abandonner. La vis multiple trop sujette à s'encrasser avait été remplacée par un clapet; celui-ci était retenu en place par une vis qui occupait la place du bouton de culasse, et était réunie par une tige à un pontet de sous-garde mobile. Un mouvement du pontet, de droite à gauche, éloignait la vis du clapet. Celui-ci, qui avait beaucoup de jeu, tombait par son seul poids, aussitôt que la vis l'abandonnait. Ce mécanisme moins simple que le précédent en avait tous les inconvénients, il n'eut pas plus de succès.

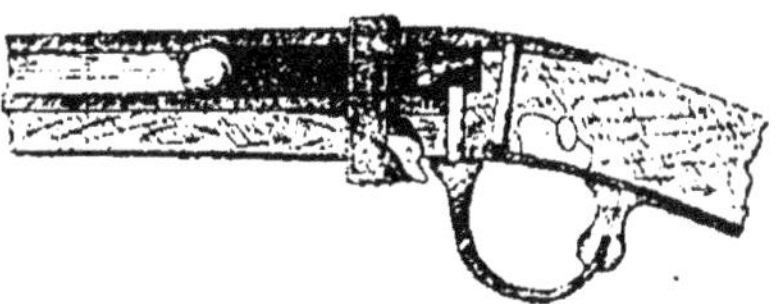

Fusil à la Montalembert.

La découverte des amorces fulminantes, en rendant plus facile l'inflammation de la charge, devait simplifier beaucoup la question du chargement par la culasse ; aussi avons-nous vu les inventeurs essayer tout d'abord d'appliquer ce mode de chargement aux fusils à percussion. Le premier fusil de ce genre fut celui de l'armurier Pauly, dans lequel l'inflammation de l'amorce, placée au fond de la chambre, était déterminée par le choc d'une tige centrale qui traversait la culasse mobile. Vinrent ensuite, l'année suivante le fusil Leroy, en 1817 le fusil Lepage, en 1831 le fusil de M. Robert, médecin à Paris, et enfin le fusil Lefaucheux, qui parut en 1832. Bien que cette dernière arme ait fait faire, comme nous le verrons tout à l'heure en parlant des cartouches métalliques, un grand pas à la question du chargement par la culasse, elle était, de même que les précédentes, inadmissible comme arme de guerre, à cause de son fût brisé. Le soldat se serait ainsi trouvé complétement désarmé pendant le chargement; et de plus l'arme aurait manqué de solidité comme arme d'hast.

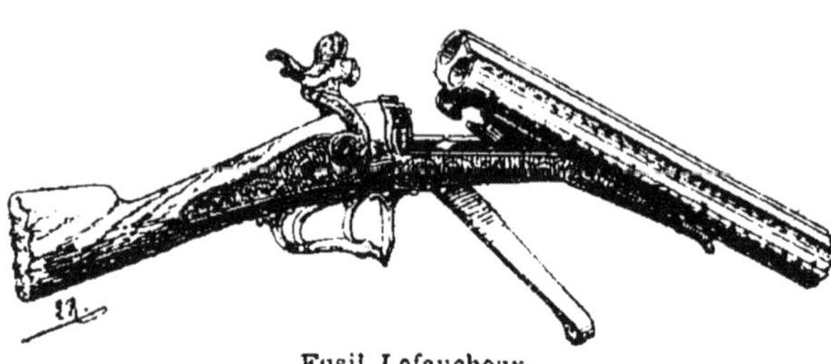

Fusil Lefaucheux.

Si quelques-uns de ces mécanismes de fermeture satisfaisaient plus ou moins aux conditions de manœuvre et de solidité que l'on doit exiger d'une arme de guerre, dans aucun d'eux, à l'exception cependant du dernier, la question de l'obturation n'avait été résolue.

De pareils systèmes ne pouvaient donc convenir que pour des fusils de rempart se tirant sur appui, parce qu'alors le tireur, n'étant plus obligé de maintenir son arme dans le voisinage immédiat de son visage, n'avait plus autant à se préoccuper des crachements. Le *fusil de rempart*, français, *modèle* 1831, est la première arme se chargeant par la culasse qui en Europe ait été classée au nombre des modèles réglementaires. Son mécanisme de fermeture offrait beaucoup de ressemblance avec celui des armes à chambre mobile des XVe et XVIe siècles. Le tonnerre, indépendant du canon, pouvait pivoter autour de deux tourillons se déplaçant dans des glissières ménagées dans la boîte de culasse; il s'ajustait à emboîture avec le canon; un coussinet à charnière, muni d'un levier pouvant se rabattre sur le côté, le maintenait en place à la position de fermeture.

Réunion de l'amorce et de la cartouche. — Mais bientôt la question des fusils se chargeant par la culasse allait entrer enfin dans une nouvelle voie, tout à fait pratique, qui devait aboutir, une vingtaine d'années plus tard, à l'adoption par toutes les puissances de ce mode de chargement. C'est à un Allemand, M. Dreyse, que revient cet honneur. Il avait travaillé en 1809 à Paris chez l'armurier Pauly, et à son retour dans son pays, en 1824 ou 1825, il avait obtenu l'autorisation d'établir à Sommerda, près d'Erfurt, une fabrique de capsules pour fusils à percussion. Ayant eu l'occasion de faire quelques essais pour enflammer avec la pointe d'une aiguille des capsules humides, il chercha à utiliser ce mode d'inflammation, qui permettait de remplacer la platine extérieure par un mécanisme de percussion renfermé dans la culasse même du fusil. C'est en 1829 qu'il présenta son premier fusil à aiguille, il se chargeait encore par la bouche ; cette arme n'ayant été admise nulle part, l'inventeur parvint en 1836 à y adapter le chargement par la culasse, et, afin de rendre la manœuvre plus rapide, il imagina de placer l'amorce dans la cartouche même, ce qui évitait la peine d'amorcer. Une pareille cartouche, se plaçant telle quelle dans la chambre, avait en outre l'avantage d'éviter presque toutes les causes d'irrégularité du tir dues au manque de soin que le soldat apportait dans le chargement par la bouche, soit en versant la poudre, soit en enfonçant la balle. En 1841, la Prusse se décida à essayer ce nouveau fusil à aiguille et l'adopta la même année pour l'arme-

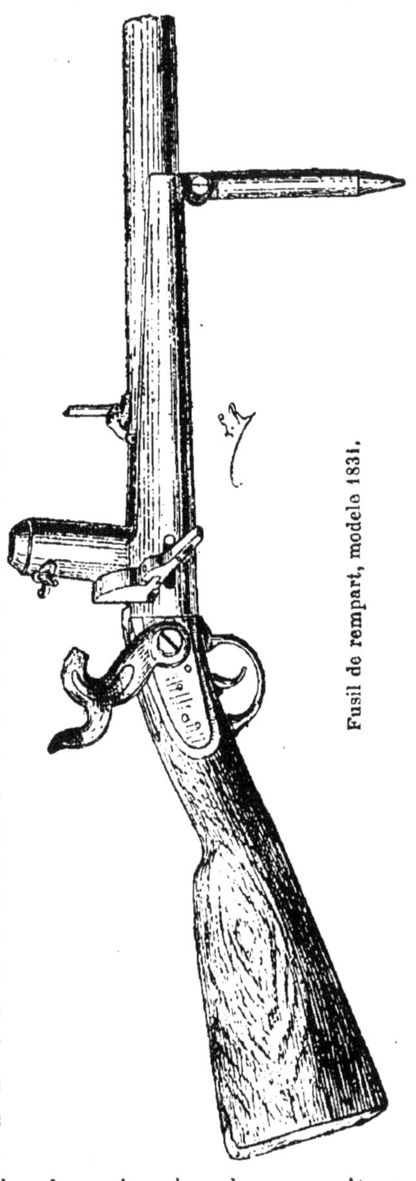
Fusil de rempart, modèle 1831.

ment de toute son infanterie. Dans de nouvelles expériences qui eurent lieu à Spandau en 1846, on constata qu'un grand nombre d'aiguilles se brisaient ou se faussaient; l'existence du fusil à aiguille fut de nouveau remise en question; mais depuis, ce fusil a prouvé d'une manière incontestable sa supériorité sur les armes se chargeant par la bouche : en 1848 contre les insurrections saxonnes et badoises, en 1864 dans la question du Danemark, et surtout en 1866 dans la guerre contre l'Autriche.

Cartouche du fusil à aiguille prussien.

Les armes se chargeant par la culasse ont été aussi en grande faveur en Amérique; plusieurs systèmes différents furent mis en essai pendant la guerre de la Sécession, de 1861 à 1865, et se sont répandus depuis sur le continent; quelques-uns d'entre eux ont même été adoptés, après 1866, par quelques puissances. Cependant en Europe, à l'exception de la Prusse, tous les États étaient encore bien plus préoccupés, comme nous venons de le voir, d'améliorer les qualités balistiques de l'arme en changeant la forme du projectile, le calibre du canon, en perfectionnant les rayures, etc., que d'augmenter la rapidité du tir par l'adoption du chargement par la culasse.

Cependant, en France, sur la demande de l'Empereur, un officier d'artillerie, le capitaine Treuille de Beaulieu, construisit en 1853 pour l'armement des cent-gardes une carabine se chargeant par la culasse. Un verrou vertical se déplaçant de bas en haut venait se placer derrière le culot de la cartouche et frappait en même temps la capsule par une saillie ménagée sur sa face antérieure. La cartouche était du système Lefaucheux, sur lequel nous reviendrons lorsqu'il sera question des cartouches métalliques. Cette arme, quoique très-ingénieuse, ne pouvait convenir comme arme de guerre; sa cartouche, à enveloppe rigide, que l'industrie métallurgique française ne savait point encore fabriquer avec assez de précision, laissait surtout beaucoup à désirer. Du reste, on posait alors comme principe que la confection des

Carabine des cent-gardes.

munitions de guerre devait être assez simple pour pouvoir être exécutée par les soldats eux-mêmes, partout où ils se trouveraient. On ne pouvait donc songer encore à adopter un système d'armes, dont le tir aurait nécessité l'emploi de cartouches particulières, exigeant pour leur fabrication l'emploi de machines-outils, qu'il n'était pas possible d'emmener avec soi en campagne.

On reprochait en outre aux armes se chargeant par la culasse la trop grande rapidité du tir, qui pouvait favoriser le gaspillage des munitions et exposer le soldat à se trouver sans cartouches au moment critique, par suite des difficultés que présente toujours le réapprovisionnement des troupes sur un champ de bataille. Il est vrai que la réduction du calibre, qui venait d'être adoptée en principe, en permettant de diminuer le poids des munitions, devait enlever à cette objection une partie de sa valeur. Enfin, une cartouche portant son amorce pouvait occasionner des accidents dans les transports.

Les inventeurs français s'efforcèrent alors de rendre le chargement plus lent, en ne réunissant pas la capsule à la cartouche, ce qui obligeait le soldat à amorcer chaque fois. L'amorce, indépendante de la cartouche, était une capsule de guerre qui se plaçait sur une cheminée et dont le jet de gaz devait percer le papier enveloppe de la cartouche et enflammer la charge. La Commission de tir de Vincennes eut à examiner deux armes de ce genre, l'une présentée en 1858 par M. Chassepot, contrôleur d'armes, l'autre, l'année suivante, par MM. Manceaux et Vieillard.

Obturation. — Les mécanismes de fermeture de ces deux armes étaient surtout intéressants au point de vue de la question de l'obturation, qui avait été écartée et non pas résolue par l'inventeur du fusil à aiguille. En effet, dans l'arme prussienne, la fermeture n'était assurée que par la juxtaposition de deux troncs de cône s'emboitant l'un dans l'autre. Les crachements étaient assez abondants; afin de les rendre moins gênants pour le tireur, les troncs de cône avaient été disposés de façon à rejeter les gaz en avant.

Fusil à aiguille prussien.

Dans la carabine Manceaux-Vieillard, l'extrémité antérieure du cylindre ou verrou, formant culasse mobile, s'engageait d'une petite quantité dans la chambre et se terminait par un tronc de cône creux, à parois minces et élastiques, dans lequel venait s'engager une sorte de piston à tête conique, en acier d'une grande dureté. Le piston, tout en étant relié à la culasse mobile, était susceptible de prendre, indépendamment d'elle, un petit mouvement de translation parallèlement à l'axe. Au moment du départ du coup, sous l'action des gaz, le piston, violemment rejeté en arrière, pénétrait dans l'évidement tronconique, en écartait les parois amincies, et les appliquait fortement contre leur logement dans le canon. Ce système obturateur, qui mettait ainsi en jeu l'élasticité d'un métal, exigeait dans l'ajustage des pièces une précision trop grande pour être d'un usage pratique. Le métal se fendait souvent sous la pression trop énergique des gaz, ou bien laissait passer des filets de gaz dont l'action destructive creusait sur la paroi du système obturateur des sillons qui, s'approfondissant rapidement, mettaient le mécanisme de fermeture hors de service.

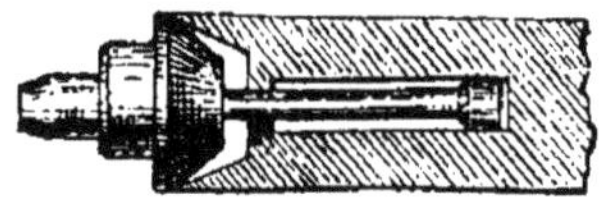

Obturateur Manceaux-Vieillard.

L'obturateur, proposé par M. Chassepot pour un mousqueton de cavalerie, était bien préférable. Il se composait d'une rondelle en caoutchouc placée en avant du cylindre de fermeture et garantie contre l'action destructive des gaz par une tête mobile métallique. La pression s'exerçait sur la tête mobile, qui la transmettait à la rondelle; cette dernière se trouvait ainsi comprimée contre la tranche fixe de la culasse, se dilatait latéralement, s'appliquait contre les parois de son logement dans le canon, et fermait ainsi toute issue aux gaz.

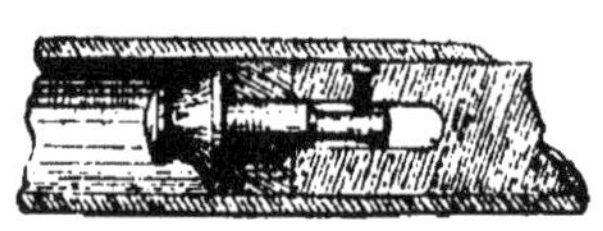

Obturateur Chassepot.

Les armes Chassepot et Manceaux-Vieillard furent mises en essai dans quelques corps de troupes. Un grand nombre d'autres systèmes furent soumis à l'examen de Commissions spéciales d'expériences. Parmi tous ces systèmes, les uns étaient susceptibles de constituer une solution provisoirement acceptable, et les autres, à côté d'inconvénients qui rendaient impossible leur adoption comme armes de guerre, présentaient cependant des qualités réelles ou des dispositions ingénieuses que l'on pouvait utiliser.

Les études sur les fusils se chargeant par la culasse, entreprises en 1858, n'avaient encore abouti à aucun résultat en 1864. On avait systématiquement mis de côté tous les systèmes qui utilisaient des cartouches dont l'étui rigide, en métal ou carton, ne disparaissait pas par combustion et devait, après chaque coup, être extrait à l'aide d'un arrache-cartouche. On donnait la préférence aux cartouches à enveloppes entièrement combustibles, ne laissant aucun résidu après le tir, et n'exigeant pour leur fabrication que du papier, de la colle et autres matières premières que l'on peut trouver et mettre en œuvre partout. Enfin, comme nous l'avons déjà dit, on exigeait que l'amorce fût indépendante de la cartouche.

On reconnaissait cependant de grands avantages aux fusils se chargeant par la culasse, mais compensés par des inconvénients auxquels on attachait encore plus d'importance.

Le chargement était plus facile, plus rapide et possible dans toutes les positions, que l'homme fût debout, à genoux et même couché. Le tireur n'était plus exposé, après un raté, à introduire coup sur coup plusieurs charges dans le canon, ce qui arrivait fréquemment avec les fusils se chargeant par la bouche et pouvait faire éclater l'arme ou la mettre momentanément hors de service, comme on avait eu souvent l'occasion de le constater sur des fusils ramassés sur les champs de bataille.

Par suite de l'emploi de cartouches préparées à l'avance et se mettant en place directement dans la chambre, sans qu'on eût besoin de les déchirer, le tir avait une bien plus grande régularité; mais, en revanche, outre le gaspillage des munitions, dont nous avons déjà eu l'occasion de parler, on reprochait aux fusils se chargeant par la culasse d'être beaucoup plus coûteux que les autres, de nécessiter l'emploi d'un mécanisme de fermeture et d'un obturateur dont les pièces, toujours plus ou moins nombreuses, compliquées et délicates, se détérioraient facilement et étaient d'un entretien trop difficile pour le soldat.

Malgré cela, en 1864, l'Empereur posa en principe que le fusil neuf de petit calibre, dont l'adoption venait d'être résolue, se chargerait par la culasse. Le fusil à aiguille prussien commençait alors à être plus connu et ses avantages moins contestés ; aussi on renonça à l'idée de séparer l'amorce de la cartouche.

Pendant qu'un certain nombre d'armes, présentées par leur inventeur, étaient l'objet d'un examen approfondi de la part de la Commission de Vincennes, le Comité d'artillerie fit continuer sans relâche les études sur le chargement par la culasse au Dépôt central, où M. Chassepot était alors contrôleur d'armes principal.

Prenant pour point de départ le fusil à aiguille prussien, M. Chassepot chercha à remédier à une partie des défauts que l'on reprochait à cette arme et y adapta son obturateur en caoutchouc. Ces études étaient à peu près terminées au commencement de l'année 1866.

C'est alors que, après la bataille de Sadowa, l'opinion publique, frappée des succès que l'on attribuait avec plus ou moins de raison au fusil à aiguille prussien, mit le gouvernement dans la nécessité d'adopter un fusil se chargeant par la culasse.

Le fusil Chassepot fut aussitôt soumis à l'examen d'une Commission supérieure, instituée au camp de Châlons. On expérimenta en même temps des armes du système Chassepot, modifié par le capitaine Plumerel, rapporteur de la Commission, et quelques fusils présentés par le général Favé.

Les armes du système Favé présentaient aussi quelque analogie avec le fusil prussien ; seulement la cartouche était à culot métallique, et l'aiguille remplacée par une tige plus forte ou percuteur. Par suite d'accidents survenus dans le maniement de ces armes, les essais furent interrompus et les fusils retirés, sur la demande même du général.

La modification apportée par le capitaine Plumerel, consistait dans la substitution à la cartouche entièrement combustible, dont l'enveloppe manquait de solidité, d'une autre cartouche dont l'enveloppe en carton, beaucoup plus résistante, exigeait l'emploi d'un arrache-cartouche, en forme de cuillère, relié à la tête mobile. Les résultats obtenus n'ayant pas paru satisfaisants, le système Plumerel fut mis de côté, et au mois d'août le fusil Chassepot, non modifié, fut adopté définitivement et prit la dénomination officielle de *fusil modèle* 1866.

On en commença immédiatement la fabrication en grand, et elle fut conduite avec une telle rapidité, grâce à l'emploi des machines récemment installées dans nos manufactures, qu'au moment de la déclaration de guerre, en juillet 1870, la France possédait environ 1,200,000 armes du nouveau modèle. On arma du nouveau fusil non-seulement l'infanterie de ligne, mais encore les bataillons de chasseurs, auxquels on retira la carabine. De cette façon, on obtint une uniformité complète dans l'armement de l'infanterie.

Armes modèle 1866. — *Fusil d'infanterie.* — Les données fournies par la Commission permanente de tir sur l'établissement d'un fusil de petit calibre se chargeant par la bouche avaient servi de base à l'étude du fusil Chassepot. Cependant, la substitution du chargement par la culasse au chargement par la bouche avait nécessité quelques légères modifications.

Canon. — Le canon, en acier puddlé fondu, fut foré au calibre de 11mm au lieu de 11mm 5, par suite de la suppression de vent, qui n'était plus nécessaire dans une arme se chargeant par la culasse. Afin d'alléger l'arme, on réduisit le plus possible la longueur du canon. Le canon, beaucoup plus court, était moins sujet à se fausser dans l'escrime à la baïonnette; c'est pourquoi il ne fut plus relié au fût que par deux garnitures, l'*embouchoir* et la *grenadière*.

Les rayures hélicoïdales, au nombre de 4, comme dans les fusils transformés, tournaient de *droite* à *gauche*, c'est-à-dire en sens inverse de celles qui avaient été en usage jusque-là. Cette nouvelle disposition avait pour but de compenser, à l'aide de la dérivation qui faisait dévier la balle à gauche, l'effet produit sur l'épaule du tireur par le recul, qui rejetait tous les coups vers la droite. Dans les premières armes rayées, au contraire, on avait voulu en faisant tourner les rayures de gauche à droite corriger la tendance que l'homme avait en visant à ramener son arme à gauche. Le pas des rayures fut fixé à 0m 55 au lieu de 0m 60, proposé par la Commission de Vincennes; on leur donna une profondeur de 0mm 3.

La chambre, placée à l'arrière du canon, dans le prolongement de l'âme, se composait d'un *premier tronc de cône* se raccordant avec l'âme et ses rayures et devant servir de logement à la balle, d'une *partie cylindrique* destinée à recevoir l'étui à poudre de la cartouche et séparée du logement de la balle par

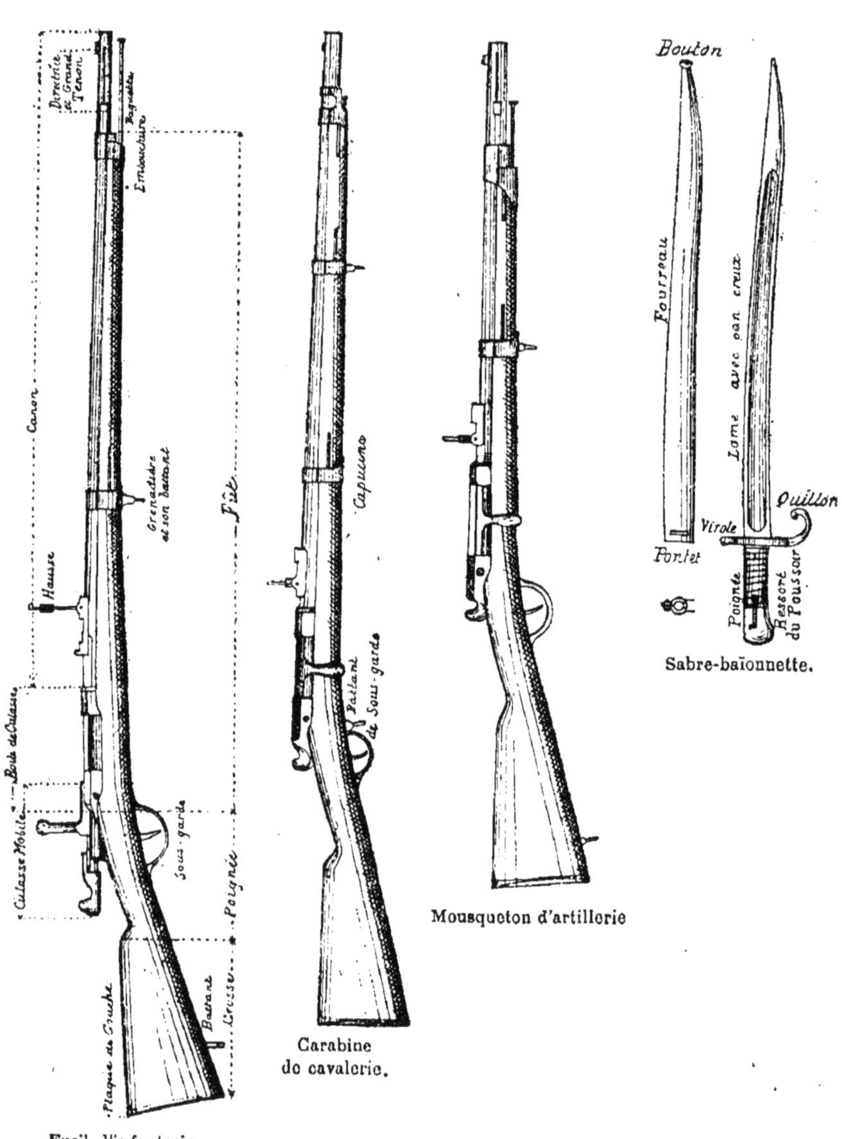

Fusil d'infanterie.

Carabine de cavalerie.

Mousqueton d'artillerie

Sabre-baïonnette.

ARMES MODÈLES 1866.

Echelle du $\frac{1}{10}$.

un ressaut contre lequel devait buter l'extrémité antérieure de la cartouche pour résister au choc de l'aiguille. En outre, un *deuxième tronc de cône*, correspondant à un vide ou *chambre ardente*, ménagé entre le culot de la cartouche et le mécanisme de fermeture, comme dans le système Manceaux-Vieillard, devait assurer la combustion complète de toutes les parties combustibles de l'enveloppe et en même temps l'expulsion de tous les résidus solides qui, au coup suivant, auraient pu gêner l'introduction d'une nouvelle cartouche. Enfin une deuxième *partie cylindrique* constituait le logement de l'obturateur.

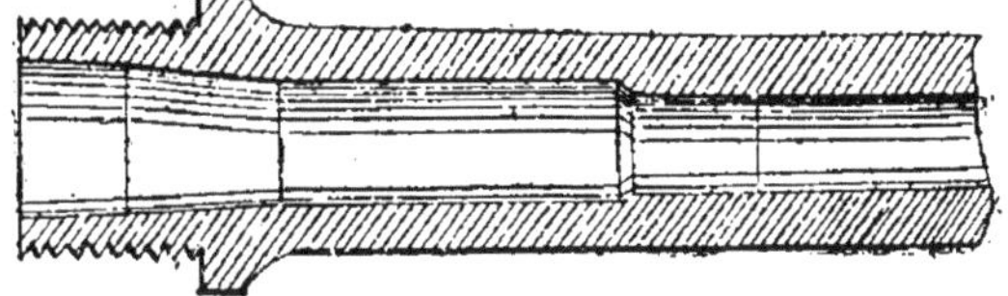

Chambre du fusil modèle 1866.

Le canon se prolongeait en arrière par une *boîte de culasse* dans laquelle il était vissé. Cette pièce, destinée à recevoir le mécanisme de fermeture ou culasse mobile, et à en faciliter le fonctionnement, se terminait par la *queue de culasse* et le *tenon de recul;* sous sa partie inférieure se trouvait fixé *l'appareil de détente*, dont la *tête de gâchette*, passant à travers une *fenêtre rectangulaire* ménagée au fond de la boîte, venait faire saillie à l'intérieur. Sur le dessus de la boîte de culasse, on remarquait une *fente* pour donner passage au levier de manœuvre de la culasse mobile, et à droite une *échancrure* pour faciliter l'introduction de la cartouche dans la chambre. Le ressaut ou *rempart*, qui limitait l'échancrure à sa partie postérieure, donnait un point d'appui au levier de manœuvre, pour résister au recul lorsque, la culasse étant fermée, ce levier se trouvait rabattu à droite.

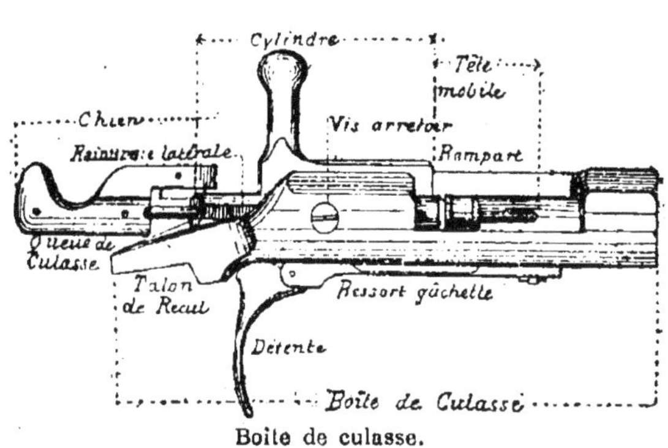

Boîte de culasse.

Culasse mobile. — La culasse mobile se composait de trois parties principales, le *système obturateur*, le *mécanisme de percussion* et le *cylindre* ou pièce de fermeture proprement dite devant résister à l'action des gaz de la poudre et servant en même temps à relier entre elles les autres pièces du mécanisme.

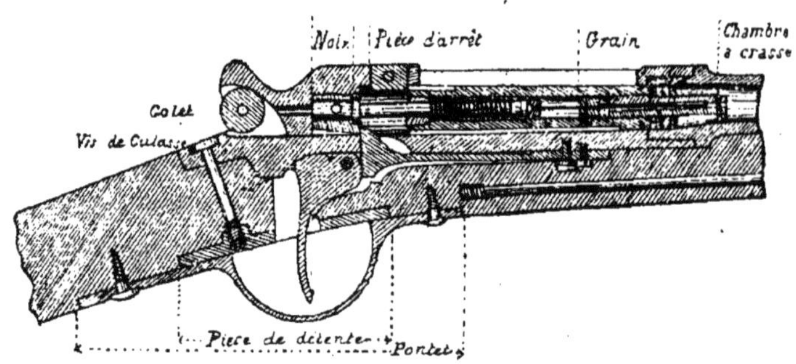

Coupe du mécanisme.

Le *levier de manœuvre*, prolongé par un *renfort*, faisait corps avec le cylindre.

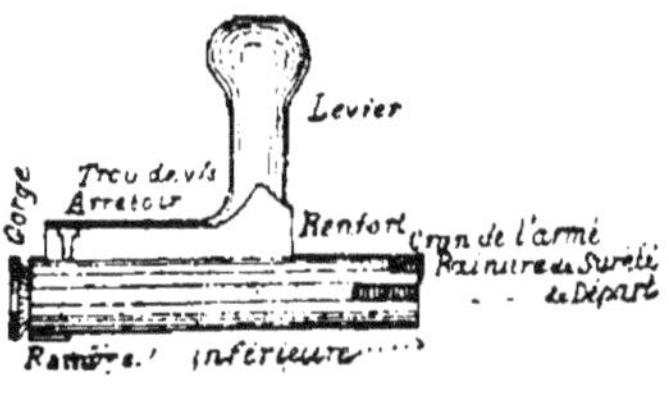

Cylindre.

Le *cylindre*, percé de part en part, présentait à l'intérieur deux logements séparés entre eux par un *grain* en acier percé d'un trou fraisé de dimensions juste suffisantes pour ne laisser passer que l'aiguille.

Le système obturateur se composait d'une *rondelle en caoutchouc* et d'une *tête mobile* en acier. Dans la tête mobile, on remarquait la *plaque de recouvrement*, en avant le *dard* destiné à ménager entre cette plaque et le culot de la cartouche le vide de la chambre ardente, et en arrière la *tige*, qui, traversant la rondelle, pénétrait dans le cylindre. La tête mobile n'était maintenue en place que par une *vis-arrêtoir* dont l'extrémité, s'engageant dans un *collet* ménagé dans la tige, laissait à la tête mobile la facilité de se reporter d'une petite quantité en arrière et de ne pas tourner avec le cylindre.

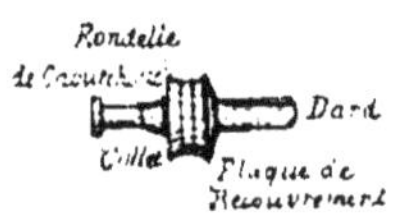

Tête mobile.

La tête mobile était percée suivant son axe, pour le passage de l'aiguille; dans ce canal étaient ménagées deux cloisons comprenant entre elles une *chambre à crasse*, destinée à recevoir les crasses provenant de la combustion incomplète de la poudre ou de l'enveloppe, qui, sans cette précaution, auraient pu rapidement obstruer le canal et s'opposer au passage de l'aiguille.

Le mécanisme de percussion se composait d'une *aiguille* reliée à un *chien* par une *tige porte-aiguille* et d'un *ressort à boudin*. Le ressort, enroulé autour de la tige porte-aiguille, était logé dans le cylindre, en arrière du grain, et prenait appui d'un côté contre une *vis-bouchon* fermant son logement et de l'autre contre un *manchon* formant épaulement et servant à la fois à réunir l'aiguille à la tige porte-aiguille.

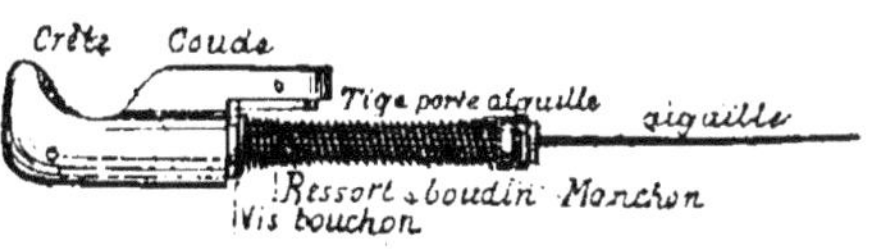

Mécanisme de percussion.

Lorsqu'on voulait sortir l'aiguille et son ressort du cylindre, il suffisait de dévisser la vis-bouchon à l'aide d'une *clef*, de forme particulière, contenue dans le nécessaire d'armes.

Clef.

Le chien servait à manœuvrer le mécanisme de percussion; il portait une *noix* destinée à venir buter contre la tête de gâchette et à maintenir ainsi le ressort au bandé, et en outre un *coude* muni d'une pièce d'*arrêt* qui, en s'engageant dans une des *rainures* creusées sur la surface postérieure du cylindre, permettait de mettre le mécanisme de percussion soit au bandé, soit à l'abattu, soit à la position de sûreté.

Le chargement de l'arme s'exécutait en *quatre temps* : il fallait d'abord armer le chien avec le pouce, puis relever le levier et le ramener en arrière de façon à dégager l'ouverture du tonnerre, introduire la cartouche, enfin ramener la culasse mobile en avant et rabattre le levier.

Les déplacements de la culasse mobile dans la boîte de culasse étaient limités par une *vis-arrêtoir* dont l'extrémité s'engageait dans une *fente latérale* ménagée sur le côté droit du cylindre.

Cartouche. — L'enveloppe de la cartouche, qui avait été dans tous ses détails l'objet des études les plus minutieuses, se composait d'une seule *révolution de papier*, destinée à empêcher la poudre de tamiser et renforcée par une *gaze de soie*.

L'amorce, au lieu d'être placée dans un sabot en carton contre la balle, comme dans la cartouche prussienne [1], fut fixée sur le culot même de la cartouche. Cette disposition avait l'avantage de permettre de diminuer la longueur de l'aiguille, et surtout d'éviter qu'en traversant toute la charge de poudre elle ne fût

1. Voir la cartouche prussienne, page 52.

exposée à se briser ou se fausser, accident assez fréquent avec le fusil prussien. En revanche, pour que dans cette position l'amorce fût toujours atteinte avec certitude par l'aiguille, on dut exiger dans la fabrication une longueur de cartouche invariable : la moindre tolérance pouvait occasionner des ratés, comme on a eu l'occasion de le constater pendant la guerre avec des cartouches fabriquées à la hâte.

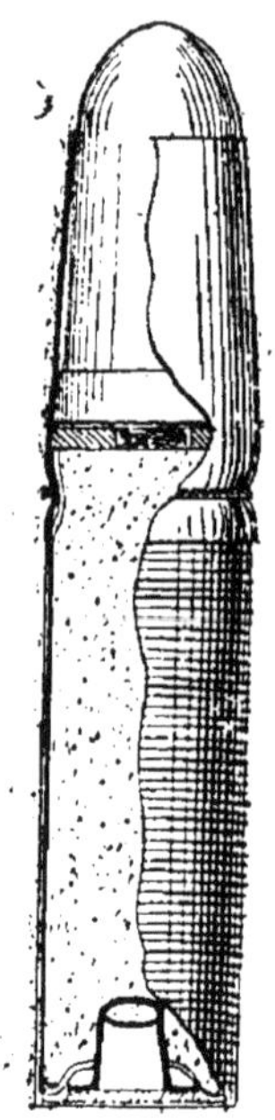

L'amorce était une *capsule* ordinaire à rebords fixée, au moyen d'une petite *collerette* en carton embouti, sur une *étoile* en papier formant le fond de l'étui à poudre. Entre l'entrée de la capsule et l'étoile en papier était placée une petite *rondelle de caoutchouc* ayant pour objet, après avoir été traversée par l'aiguille, d'obturer autant que possible le trou antérieur du dard de la tête mobile, et d'empêcher les gaz et la crasse de pénétrer en trop grande quantité dans la chambre à crasse.

Cartouche modèle 1866.

La poudre employée était la poudre B, la même que la Commission de Vincennes avait adoptée pour le tir du fusil de petit calibre se chargeant par la bouche. Malgré sa vivacité, cette poudre ne produisait sur le mécanisme de fermeture aucun effet destructeur : car, par suite du vide de la chambre ardente, la tension initiale se trouvait beaucoup diminuée. Pour cette même raison, du reste, une poudre lente aurait donné de moins bons effets, elle n'aurait pu dès le début agir avec assez de force pour comprimer la rondelle en caoutchouc et assurer l'obturation.

La charge de poudre était de 5^{gr} 50.

Par-dessus la poudre, on plaçait une *rondelle de carton*, en avant de laquelle on tortillait le papier pour fermer l'étui. Cette rondelle, venant buter contre le ressaut ménagé dans la chambre, devait fournir à la cartouche un point d'appui assez solide pour résister au choc de l'aiguille et permettre à celle-ci de traverser l'étoile de papier, la petite rondelle de caoutchouc et atteindre l'amorce.

La balle, en plomb pur, mais comprimée après avoir été coulée, avait une forme cylindro-ogivale et était terminée à l'arrière par un petit *bourrelet* d'un diamètre légèrement supérieur à celui de l'âme, mesuré au fond des rayures; son poids était de 25 grammes. Elle était engagée dans un *cône* tronqué, en papier, dont on coiffait l'étui à poudre, sur lequel il était fixé à l'aide d'une *ligature* au-dessous de la rondelle.

Le cône en papier était graissé à l'extérieur, afin de lubrifier le canon; la tranche postérieure de la cartouche était cirée, pour lubrifier l'encrassement qui se déposait autour de l'aiguille.

La cartouche complète pesait environ 31^{gr} 80.

Afin de préserver autant que possible ces cartouches contre toute détérioration pendant les transports et aussi contre l'humidité, on les empaquetait soigneusement dans des boîtes en carton; chaque boîte en renfermait 9.

Hausses. — Le fusil modèle 1866 est la première arme à feu, destinée à l'armement de toute l'infanterie, qui ait été pourvue d'une hausse.

Avec les anciens fusils à canon lisse, dont les écarts devenaient tellement considérables au delà de 200 mètres que le tir n'avait plus aucune justesse, l'emploi d'une seule ligne de mire pour le tir de but en blanc, avec quelques règles de tir pour les distances en deçà ou au delà, était suffisant pour diriger l'arme dans toute l'étendue de son tir efficace. Avec le fusil rayé modèle 1857, dont la portée était plus étendue et le tir encore assez juste jusqu'à 600 mètres, on avait été forcé d'avoir recours à l'emploi de deux nouvelles lignes de mire, que l'on obtenait en plaçant le pouce sur la capucine et en faisant passer un rayon visuel par un point de ce pouce amené dans le plan de tir [1].

A 400 mètres.

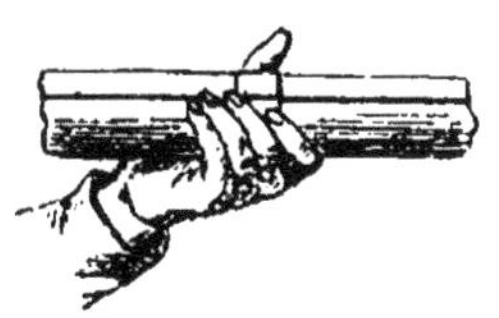

A 600 mètres.

La question des hausses avait été alors bien débattue, et l'on avait jugé inutile de donner à tous les soldats les moyens de tirer aux grandes distances. Les carabines de chasseur et le mousqueton d'artillerie transformé avaient été pourvus d'une *hausse*, composée d'un *pied* brasé sur le canon et d'une *planche*

1. *Instruction sur le tir du fusil rayé d'infanterie* (1861) : à 400 mètres le pouce ployé sur la capucine viser par l'articulation; à 600 mètres le pouce ouvert viser par le sommet de l'ongle, l'élévation du sommet de l'ongle au-dessus de la capucine doit être à peu près égale à la hauteur de l'étui à poudre de la cartouche.

mobile pouvant se redresser ou se rabattre à volonté. Un *curseur*, formant ressort et pourvu d'un cran de mire, pouvait se fixer sur la planche à une hauteur quelconque. Cette hausse était graduée jusqu'à 600 mètres avec la carabine modèle 1842 et à 1,000 mètres avec celle du modèle 1846.

Lorsqu'on se décida à mettre entre les mains de tous les soldats un fusil perfectionné, on reconnut qu'il était indispensable de leur donner en même temps les moyens d'en utiliser la grande justesse et la grande portée.

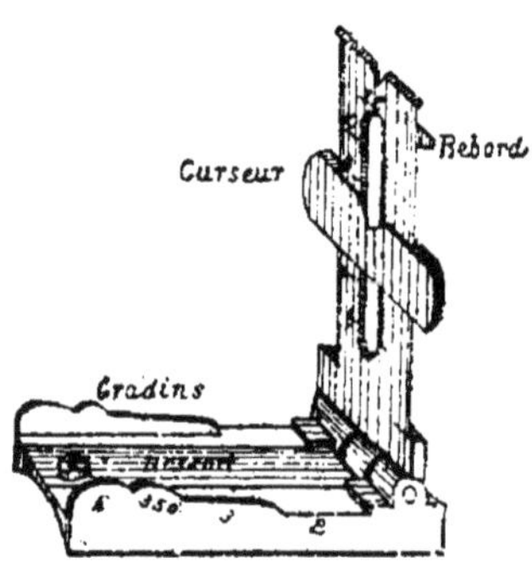

Hausse du fusil modèle 1866.

La hausse du fusil modèle 1866 était à *gradins* et à *planche mobile* avec *curseur*. Elle tenait donc à la fois de la hausse déjà employée pour la carabine, et de la *hausse circulaire*, en usage dans quelques autres pays, dans laquelle le cran de mire, au lieu de se déplacer suivant une ligne droite, décrit un arc de cercle.

Pour le tir de 200 mètres à 550 mètres, on visait par le cran de mire du rebord de la hausse, la planche couchée, le curseur sur l'un des gradins [1]. Si l'on relevait la planche, on pouvait tirer jusqu'à 1,100 mètres en se servant du cran du curseur et jusqu'à 1,200 (1,170 exactement) en visant par le cran supérieur de la hausse.

Hausse circulaire.

Une circulaire ministérielle du mois d'octobre 1874 prescrivit d'adapter au curseur de la hausse du fusil modèle 1866 une *rallonge* pourvue, elle aussi, d'un cran de mire devant servir pour le tir de 1,300 à 1,650 mètres. Par suite de cette nouvelle disposition, les règles de tir correspondant à l'emploi de la hausse avec les gradins furent un peu modifiées, et la graduation des gradins changée. On conserva aux deux premiers gradins les numéros 2 et 3, correspondant à 2 et 300 mètres; on effaça les chiffres 350 et 4, et l'on mit le numéro 4 à la place de 350. Les nouvelles règles de tir indiquaient pour le tir :

De 250 à 300 mètres, de placer le curseur sur le gradin n° 2;

1. Lorsque la distance était inférieure à 200 mètres, c'est-à-dire au but en blanc, on pouvait en rabattant la planche en avant viser par le cran du pied de la hausse.

De 300 à 400 mètres, de placer le curseur sur le gradin n° 3;

De 400 à 450 mètres, de placer le curseur sur le gradin n° 4.

De 500 à 1 200, de se servir du cran du curseur; de 1 300 à 1 650, de celui de la rallonge.

L'ancien gradin de 400 mètres, qui se trouvait correspondre à 500 mètres, n'avait plus de raison d'être.

Sabre-baïonnette[1]. — Jusque-là, la baïonnette à douille, inventée par Vauban, était restée en usage et n'avait été que fort peu modifiée. Le seul perfectionnement qu'on y avait apporté dans les premiers temps avait été, comme nous l'avons déjà fait remarquer, d'ajouter à la douille une virole qui, s'engageant sous le tenon, empêchait que dans le combat corps à corps la baïonnette ne pût être arrachée du bout du canon. Lors de l'adoption du fusil modèle 1866, la baïonnette fut remplacée par un *sabre-baïonnette*, un peu moins lourd que celui déjà mis en essai depuis 1842 avec les carabines de chasseurs et un peu plus tard avec le mousqueton d'artillerie.

« Le sabre-baïonnette était une arme à deux fins. Seul, sans « être placé sur le fusil, c'était une arme de main commode et « puissante dans une lutte corps à corps; fixé au bout du « canon, il remplissait le rôle d'une baïonnette. Porté au côté « dans son fourreau d'acier, il flattait le soldat bien plus que ne « pouvait le faire la baïonnette avec son fourreau de cuir mince. « En campagne, il pouvait servir dans maintes circonstances « comme outil tranchant, pour couper du bois, appointer des « piquets, faire du fagot pour la soupe.

« Placé au bout du canon, il constituait une arme d'hast aussi « longue que l'ancien fusil d'infanterie et d'un aspect plus terri- « fiant que ne l'était la baïonnette[2]. »

Toutefois, le nouveau sabre-baïonnette, beaucoup plus pesant que la baïonnette, rendait plus fatigante la mise en joue de l'arme, et, par suite, nuisait à la justesse et à la rapidité du tir. On dut recommander d'exécuter autant que possible les feux sans mettre le sabre-baïonnette au bout du canon et de n'en armer le fusil qu'au dernier moment. C'était un inconvénient : aussi l'ancienne baïonnette conserva un grand nombre de partisans, bien qu'il fût démontré qu'avec les nouveaux fusils, à la fois armes de précision et à tir rapide, les feux acquerraient une

1. Voir le sabre-baïonnette, page 58.
2. *Conférences régimentaires*, 1869. 2e conférence, *Armement nouveau*.

importance de plus en plus grande, tandis que la baïonnette ne remplirait plus qu'un rôle secondaire. Depuis, presque toutes les autres puissances ont reconnu, elles aussi, qu'il y avait un avantage réel à donner au soldat une arme pouvant au besoin servir comme arme de taille pour se défendre, éclaircir les broussailles dans le combat en tirailleur, couper du bois, etc. L'adoption du sabre-baïonnette permit de supprimer le *sabre de troupes à pied modèle* 1831 dont étaient armés les cadres et les soldats des compagnies d'élite, en plus de la baïonnette, et qui ne faisait que les embarrasser par son poids [1].

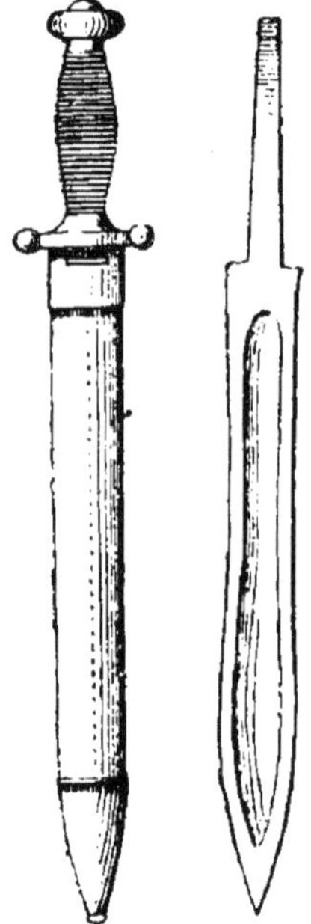

Sabre de troupes à pied modèle 1831.

Fusil de cavalerie. — Dans le but de simplifier le service de l'armement et de l'approvisionnement des munitions par l'usage d'armes d'un même système et par l'emploi d'une même cartouche pour toute l'armée, on avait décidé que toutes les autres troupes, cavalerie, artillerie, gendarmerie, recevraient des armes du même modèle que le fusil d'infanterie, c'est-à-dire ayant même calibre et même mécanisme de fermeture. Bien que ces armes dussent être plus légères, il n'était plus possible, comme avec les anciennes armes se chargeant par la bouche, de saigner la cartouche; on dut donc se résigner à les tirer avec la même charge que le fusil d'infanterie. Il en résultait un recul plus violent; mais les troupes auxquelles ces armes étaient destinées n'ayant que rarement l'occasion de tirer un grand nombre de coups, cet inconvénient n'avait que fort peu d'importance; aussi on passa outre. Le 4 décembre 1869 fut adopté un *fusil de cavalerie modèle* 1866, qui devait remplacer le fusil de dragon et servir comme lui pour l'armement de toutes les troupes à cheval. Cette arme ne différait du fusil d'infanterie que par son poids, la longueur du canon et la hausse, qui n'était graduée que jusqu'à 1000 mètres. Les

1. Le sabre des troupes à pied modèle 1831 pesait avec son fourreau en cuir 1k,365 (1k,085 le sabre, 0k,280 le fourreau); la baïonnette avec son fourreau de cuir pesait 0k,460 (0k,350 la baïonnette, 0k,110 le fourreau). Ce qui faisait un total de 1k,825, tandis que le sabre-baïonnette modèle 1866 avec son fourreau d'acier ne pesait que 1k,033 (0k,655 le sabre, 0,378 le fourreau). Le sabre-baïonnette modèle 1842 pesait 1k,290 (0k825 le sabre, 0k,465 le fourreau.)

garnitures, en laiton, étaient disposées de façon à permettre le port de l'arme à la grenadière. A cet effet, le battant de crosse avait été fixé sous la sous-garde et le battant de grenadière reporté en avant, ce qui avait obligé à conserver la capucine. Enfin, pour ne pas gêner le port de l'arme à la botte, le levier de manœuvre avait été coudé et rabattu contre le fût.

Carabine de cavalerie. — Après la guerre, par décision ministérielle du 22 décembre 1871, le fusil de cavalerie dut être dénommé *carabine de cavalerie.*

Carabine de gendarmerie à cheval, avec baïonnette. — A la même date, il fut décidé que les carabines de cavalerie destinees à l'armement des gendarmes à cheval, seraient pourvues d'une *baïonnette à lame quadrangulaire modèle* 1866 et seraient désignées sous le nom de *carabine de gendarmerie à cheval.*

Baïonnette modèle 1866.

Carabine de gendarmerie à pied. — Enfin, au mois de novembre 1872, on adopta la carabine de gendarmerie à pied et le mousqueton d'artillerie modèle 1866, dont l'étude, interrompue par la guerre, avait été reprise aussitôt après la conclusion de la paix. La première de ces armes était semblable à la carabine déjà en usage dans la gendarmerie à cheval. Elle avait même longueur et n'en différait que par le sabre-baïonnette remplaçant la baïonnette, par les petites modifications qui en résultaient et par les garnitures disposées pour le service à pied.

Mousqueton d'artillerie. — Le mousqueton d'artillerie avait un sabre-baïonnette comme la carabine de gendarmerie à pied, et n'en différait absolument que par la diminution de longueur du canon et son poids encore plus faible.

Défauts des armes du modèle 1866 *et de leur cartouche combustible.* — Les épreuves, que les armes du modèle 1866 ont eu à subir pendant la campagne 1870-1871, ont permis d'apprécier les qualités du système, mais en ont aussi fait reconnaître les défauts[1].

A la suite de la campagne, le ministre de la guerre prescrivit une enquête minutieuse sur la manière dont s'étaient compor-

1. *Les armes portatives en France, Revue d'artillerie* (février 1876, tome VII, 5e liv.).

tées les armes portatives et leurs munitions. On reconnut que, au point de vue du calibre, du poids, de la forme générale, de la portée, de la justesse et de la rapidité du tir, le fusil modèle 1866 ne laissait rien ou très-peu à désirer ; mais, à côté de ces avantages, l'enquête fit ressortir la nécessité d'apporter certaines améliorations aux armes et spécialement aux cartouches modèle 1866.

L'obturation n'était pas toujours suffisamment assurée, parce que la rondelle de caoutchouc était trop sensible aux variations atmosphériques et trop sujette à se détériorer pendant le tir. Lorsqu'elle était graissée, elle se carburait rapidement ; aussi avait-on dû recommander aux hommes de graisser le moins possible la chambre et de l'essuyer avec soin. Pour remédier à ce premier inconvénient, on donna à chaque homme une rondelle de rechange, et on en plaça un grand approvisionnement dans les sections de munitions et les parcs.

Par suite du défaut d'obturation, le mécanisme s'encrassait rapidement à l'extérieur et aussi à l'intérieur, car, la petite rondelle de caoutchouc placée à l'entrée de la capsule ne bouchant pas complètement le trou du dard, les crasses remplissaient bientôt la chambre à crasses, gênaient le jeu de l'aiguille, pénétraient même quelquefois, malgré le grain, jusque dans le logement du ressort et diminuaient sa force de percussion. Les débris de la cartouche, qui n'étaient ni brûlés ni expulsés, finissaient par s'accumuler dans la chambre, donnaient lieu à des difficultés de chargement qui obligeaient, après un nombre de coups assez restreint, à suspendre le tir pour nettoyer l'arme.

On reprochait encore à quelques pièces du mécanisme d'être trop délicates : l'aiguille surtout était trop sujette à se briser et difficile à remplacer. Le montage et le démontage n'étaient pas assez simples.

Enfin, les cartouches, peu solides, se détérioraient rapidement dès que l'homme les enlevait de la boîte pour les mettre dans sa cartouchière ou ses poches ; elles étaient en outre trop sensibles à l'humidité. Les cartouches construites à la hâte pendant la guerre, ou bien entraient trop difficilement dans la chambre et occasionnaient des accidents lorsqu'on agissait avec brusquerie, ou bien, d'un diamètre ou d'une longueur trop faible, donnaient lieu à des ratés. En magasin, les munitions se conservaient fort mal, la colle employée à leur confection se décomposant rapidement ; cet inconvénient avait été surtout sensible pour les approvisionnements de la marine.

Les principaux défauts de l'arme modèle 1866 étaient donc dus en grande partie à la cartouche ; aussi, en septembre 1872, le ministre de la guerre institua à Vincennes une Commission d'examen de la cartouche modèle 1866. Un grand nombre de cartouches combustibles furent proposées, et bon nombre expérimentées ; mais aucune ne donna de résultats satisfaisants. On finit par proposer de substituer à la cartouche combustible une cartouche métallique qui, beaucoup plus solide et n'ayant rien à craindre de l'humidité, devait encore avoir l'avantage de permettre la suppression de la rondelle en caoutchouc, d'assurer l'obturation complète, et d'empêcher tout encrassement du mécanisme aussi bien à l'intérieur qu'à l'extérieur. Enfin l'aiguille pourrait être remplacée par une tige plus forte, moins sujette à se briser ou à se fausser.

Cartouches métalliques. — Depuis l'époque de l'adoption du fusil modèle 1866, la question des cartouches métalliques, qui alors avait été résolue négativement, avait fait de grands progrès ; nous allons la reprendre, en revenant de quelques années en arrière.

Cartouche métallique à percussion périphérique. — C'est à Flobert, l'inventeur des carabines et pistolets de salon, que l'on doit la première cartouche métallique en usage en France (1845-1846). Il avait imaginé de transformer la capsule ordinaire de façon à en faire une cartouche complète. Il l'avait munie d'un bourrelet dans la périphérie duquel était renfermé le fulminate et placé une balle à l'entrée. Le bourrelet devait empêcher la cartouche de pénétrer trop profondément dans la chambre et permettre, une fois le coup parti, de saisir la douille pour la retirer. L'inflammation du fulminate était déterminée par l'écrasement du bourrelet. Cette cartouche, destinée uniquement aux armes de salon et de luxe, ne renfermait qu'une très-faible charge de poudre ; aussi l'obturation était parfaitement assurée, sans que l'on eût à craindre que la douille vînt à crever.

Cartouche Flobert.

Les Américains les premiers ont su confectionner, d'après le même principe, des cartouches métalliques susceptibles d'être employées dans les armes de guerre. Pendant la guerre de la Sécession (1861-1865), ils s'en servirent avec avantage, surtout pour les mousquetons et carabines de cavalerie, qui employaient des charges beaucoup plus faibles que celles des fusils d'infanterie. La bonne qualité du cuivre rouge, qu'ils avaient à leur disposition, rendait, du reste, possible la fabrication de pareilles cartouches, dont les étuis à la fois tenaces et élastiques résistaient sans se fendre à l'explosion de la charge, tandis qu'avec le laiton, seul métal dont on disposât en Europe, il aurait fallu, pour ne pas s'exposer à dépasser la limite d'élasticité du métal, exiger dans la fabrication de la cartouche et le tracé de la chambre du canon une précision à laquelle on ne pouvait encore prétendre.

Cartouche à percussion périphérique.

Cartouches à culot métallique et étui rigide. — C'est pour cette raison que les puissances européennes ont cherché pendant longtemps à résoudre d'une autre façon la question des cartouches à enveloppe rigide. Dès 1832, M. Lefaucheux avait imaginé, pour son fusil se chargeant par la culasse [1], une cartouche dont la douille était en papier fort et le culot seul en laiton; douille et culot étaient solidement réunis par une couche de papier fortement comprimé. La capsule était placée au centre du culot, et l'explosion se produisait par le choc du chien sur une *tige*, qui, traversant le culot perpendiculairement à son axe, dépassait la surface supérieure du canon; cette tige servait en même temps à extraire l'étui vide. Un peu plus tard, la douille en carton fut remplacée par une autre en tôle métallique excessivement mince.

Cartouche Lefaucheux.

Les cartouches Lefaucheux ont été employées avec la carabine des cent-gardes [2]; mais ces cartouches, avec leur tige percutrice saillante, pouvaient être d'un maniement dangereux et occasionner des accidents dans les transports. Aussi un autre inventeur, un Anglais, chercha à les modifier en supprimant la tige et la remplaçant par une petite *enclume* placée au centre en regard du fulminate. Le chien ou percuteur, au lieu de frapper de bas en haut, agissait horizontalement.

1. Voir le fusil Lefaucheux, page 50.
2. Voir la carabine des Cent-gardes, page 52.

La cartouche Lefaucheux transformée a été le point de départ de presque toutes les études sur les cartouches à étui rigide faites depuis lors en Europe. Le colonel anglais Boxer est le premier qui soit réellement parvenu, en 1865, à construire une cartouche de ce genre susceptible de rendre de bons services à la guerre. Le culot en laiton, obtenu par emboutissage, ne présentait pas de grandes difficultés de fabrication; mais il n'en était pas de même de la douille. Comme elle devait présenter une force de résistance suffisante pour ne pas se déchirer sous la pression des gaz, et en même temps une grande élasticité, afin de ne point adhérer trop fortement aux parois de la chambre et pouvoir s'extraire sans difficulté, elle fut formée d'une feuille de clinquant plusieurs fois enroulée sur elle-même. La cartouche Boxer fut adoptée par l'Angleterre lors de la transformation des anciens fusils au chargement par la culasse, et conservée depuis même pour les nouveaux modèles.

Cartouche Boxer

Fusil modèle 1867. — En 1867, lorsqu'il eut été résolu en France que l'on utiliserait les anciens fusils d'infanterie et de dragon, ainsi que les carabines de chasseur, en les transformant en armes se chargeant par la culasse, on se décida, afin de simplifier le mécanisme de fermeture par la suppression de l'obturateur, à faire usage d'une cartouche à étui rigide analogue à la précédente. L'*amorce* et son *enclume* étaient réunies dans un petit *chapeau* porte-amorce introduit à forcement au centre du culot.

Cartouche mod. 1867

Le mécanisme de fermeture de culasse participait à la fois du système Clerville et du système Schneider (armurier à Strasbourg) auquel le fusil Snider, en service en Angleterre, avait emprunté quelques-unes de ses dispositions principales. Ce mécanisme, qui est généralement connu sous le nom de *système à tabatière*, se composait d'un *bloc de fermeture*, mobile autour d'un axe paral-

Fusil mod. 1867.

lèle à celui du canon et placé sur le côté droit de la boîte de culasse. Le *percuteur* était une petite tige qui, traversant obliquement le bloc, venait déboucher au centre du tonnerre; il était chassé en avant par le choc du chien de l'ancienne platine, que l'on avait conservée. Les douilles vides étaient retirées de la chambre à l'aide d'un *tire-cartouche* logé dans une entaille de la tranche du tonnerre et relié au bloc de culasse; celui-ci, pouvant être ramené d'une petite quantité en arrière, l'entraînait avec lui.

La charge, au lieu de s'exécuter en quatre temps comme pour le fusil modèle 1866, exigeait *cinq temps* : armer, ouvrir le tonnerre, enlever l'étui vide avec la main, introduire la cartouche, fermer le tonnerre.

Malgré cela, la rapidité du tir était encore bien suffisante; mais on n'avait pu améliorer les qualités balistiques de l'arme. On avait en effet été forcé, pour ne pas exagérer le recul, de ne pas dépasser le poids de l'ancienne balle et d'adopter une balle de 36 grammes pour les fusils d'infanterie et de 44 pour les carabines. Afin de pouvoir donner à ces nouvelles balles une forme suffisamment allongée, on avait même dû les évider intérieurement, comme les balles expansives; seulement, afin d'empêcher les gaz de pénétrer à l'intérieur et de donner ainsi par expansion un forcement trop énergique, on avait rempli l'évidement avec du papier comprimé.

La charge de poudre n'étant que de 4gr,50 pour le fusil et 5 grammes pour la carabine, la vitesse initiale de la balle était sensiblement la même qu'avec les fusils modèle 1857 ou les carabines 1859; par suite, les effets du tir restaient à peu près identiques. La trajectoire était donc peu tendue, et la justesse laissait beaucoup à désirer.

A tous ces défauts, il faut ajouter les inconvénients inhérents à la cartouche; déjà lourde par elle-même par suite du poids du projectile, elle était encore alourdie par le poids mort de l'enveloppe, qui était de 8 à 10 grammes. Il en résultait une forte surcharge pour le soldat et les voitures de transport, ce qui obligeait à restreindre les approvisionnements en munitions. En outre, cette cartouche était beaucoup plus coûteuse que les cartouches combustibles. Il ne faut donc pas s'étonner si pendant plusieurs années, par suite de ces inconvénients, les cartouches à étui rigide n'ont compté en France que fort peu de partisans.

Mais, depuis lors, la question des cartouches métalliques a

fait de si grands progrès, aussi bien en Europe qu'en Amérique, que les défauts qu'on leur reprochait ont en partie disparu. La grande précision apportée dans la fabrication des cartouches et des armes, par suite de l'introduction des procédés mécaniques, a permis de restreindre dans d'étroites limites les tolérances accordées aux ouvriers armuriers. Il a donc été possible de substituer au cuivre rouge le laiton, métal moins malléable, mais aussi bien moins coûteux. Au lieu de donner à la douille en laiton une forme cylindrique, on lui a donné une forme légèrement tronconique, afin d'en faciliter l'extraction.

Cartouches métalliques à percussion centrale. — Les cartouches à percussion périphérique, les premières en usage en Amérique, présentaient de nombreux avantages. Le fulminate étant logé dans tout le bourrelet, lorsqu'un raté se produisait, il suffisait de tourner la cartouche et de faire agir le percuteur en un autre point du pourtour. De plus, la fabrication des étuis était très-simple, car le métal, devant avoir partout la même épaisseur, les différentes opérations de l'emboutissage et de l'étirage ne présentaient aucune difficulté.

Mais, d'un autre côté, cette épaisseur devait être calculée avec précision, car il fallait que le bourrelet fût assez fort pour ne pas être rompu par l'action des gaz ou déchiré par l'arrache-cartouche et cependant assez mince pour être écrasé par le choc du percuteur. En outre, avec de pareilles cartouches, on obtenait moins de régularité dans les effets balistiques : la quantité notable de fulminate contenue dans le bourrelet avait au moment de l'explosion une influence sensible et essentiellement variable sur la tension des gaz, tandis que, avec une capsule ordinaire, cet effet est négligeable. Enfin, l'organisation d'une arme pour le tir d'une cartouche à percussion périphérique est généralement assez compliquée.

Pour parer à ces divers inconvénients, on songea à appliquer aux cartouches métalliques le mode de percussion déjà en usage avec les cartouches à étui en clinquant. Différentes dispositions furent alors imaginées ; on peut citer entre autres celle qui a été adoptée pour la cartouche du fusil bavarois système Werder et du fusil russe système Berdan. L'étui de la cartouche est en laiton, et au centre du culot, réembouti deux fois en sens inverse, se trouve une petite *cuvette* avec *téton* faisant office d'enclume. La capsule, logée dans cette cuvette, était maintenue en place par un *couvre-amorce* entrant à forcement dans la cuvette ; de petits *trous* ou évents percés dans la cuvette permettaient aux gaz enflammés du fulminate de parvenir jusqu'à la charge. Le bourrelet, formé par le métal replié sur lui-même, restait toujours le point faible, bien qu'il fût devenu possible de lui donner sans inconvénient une plus grande épaisseur depuis que le fulminate n'était plus logé dans son pourtour; on plaça à l'intérieur un *second culot* en laiton pour le renforcer.

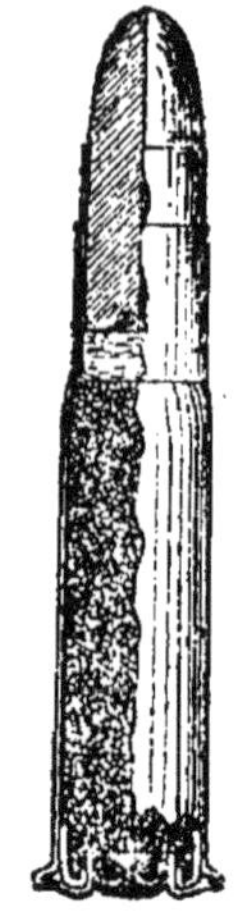

Cartouches du fusil russe Berdan II.

Cette cartouche, bien que constituant un progrès réel, était encore susceptible de perfectionnements. Depuis que le fulminate n'était plus logé dans le bourrelet, il n'y avait plus aucune raison pour que ce dernier restât *creux;* on essaya alors de le faire *plein*. Les essais de ce genre prouvèrent que les nouvelles cartouches à bourrelet plein étaient beaucoup plus solides que les précédentes et que l'on pouvait sans inconvénient supprimer le culot intérieur. Mais en revanche, les étuis par suite de la différence d'épaisseur que l'on devait ménager entre les diverses parties, étaient d'une fabrication beaucoup plus difficile, et d'un prix de revient plus élevé.

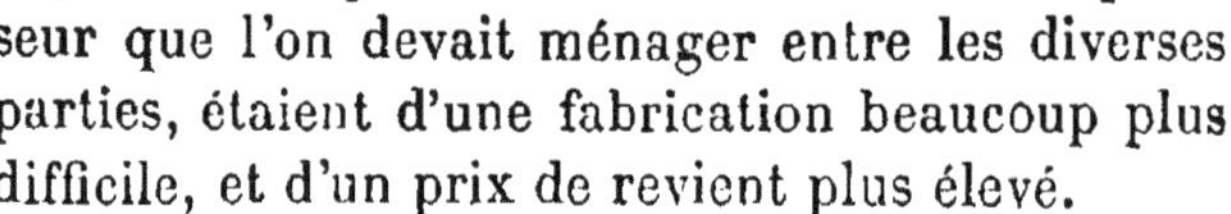

On chercha alors à compenser cet inconvénient en exigeant que les étuis fussent assez solides pour pouvoir resservir un certain nombre de fois, au moins comme cartouche à blanc, sans qu'on eût à craindre le moindre accident. Dans ces conditions, le prix de revient de la fabrication des cartouches métalliques devait se trouver diminué. Il est vrai qu'on ne pouvait songer à ramasser sur le champ de bataille les étuis vides pour les utiliser de nouveau ; mais la consommation des munitions dans une campagne n'est rien, comparée à celle que l'on est obligé de faire chaque année pour les tirs d'instruction ou les manœuvres, et en temps de paix il est facile d'exiger que les corps fassent la remise des étuis de toutes les cartouches qu'ils ont consommées.

Cartouche mod. 1874.

Restait l'objection relative au poids exagéré des munitions. L'expérience avait prouvé que, par suite des ratés ou des détériorations subies par les cartouches du fusil modèle 1866, le nombre des cartouches perdues s'était élevé, pendant la campagne de 1870-71, à 14 0/0 environ. Les cartouches métalliques au contraire étaient assez solides pour ne subir aucune détérioration dans les transports; elles se conservaient beaucoup mieux en magasin et résistaient parfaitement à l'humidité; l'expérience avait même prouvé que des cartouches ayant séjourné quelques jours dans l'eau étaient encore en fort bon état. D'un autre côté la cartouche assurant d'une façon complète l'obturation, l'encrassement du mécanisme de percussion était à peu près nul, son fonctionnement beaucoup plus régulier, les ratés provenant de cette cause fort rares. On était donc en droit d'affirmer que le soldat tout en ne portant qu'un nombre plus restreint de cartouches métalliques afin de ne point être surchargé, aurait encore à sa disposition à peu près le même nombre de coups à tirer.

Telles sont les considérations qui ont amené la Commission de Vincennes, après un grand nombre d'essais infructueux sur les cartouches combustibles, à proposer l'adoption d'une cartouche métallique à *bourrelet plein* dont elle détermina les dimensions.

L'enveloppe de la cartouche n'étant pas combustible, ne devait plus disparaître pendant le tir, mais être retirée à l'aide d'un *arrache-cartouche*. La chambre ardente, n'ayant plus de raison d'être, devait être supprimée; mais alors dans ces nouvelles conditions, la poudre B, qui est une poudre vive, pouvait devenir offensante pour le mécanisme de culasse; après quelques essais, il fut décidé qu'elle serait remplacée par une nouvelle poudre plus lente que l'on appela *poudre* F_1.

Transformation des armes du modèle 1866 *pour le tir de la cartouche métallique.* — Il ne s'agissait plus que de trouver un mode de transformation, à la fois simple et peu coûteux, qui permît d'approprier, dans un bref délai, tous les fusils modèle 1866, déjà en service, au tir de la nouvelle cartouche, et fût en même emps assez complet pour pouvoir s'appliquer à des armes neuves. Cette dernière considération était de la plus grande importance, parce qu'elle devait permettre de conserver à tout notre armement cette unité si précieuse au point de vue des rechanges et des réparations que l'on peut avoir à exécuter en campagne.

Un très-grand nombre de systèmes furent proposés; mais,

après les premiers essais exécutés par la Commission, deux seulement parurent satisfaire plus spécialement aux conditions générales qui avaient été imposées. Pour pouvoir choisir entre les deux en toute connaissance de cause, on résolut de les soumettre dans divers corps de troupes à une série d'épreuves variées équivalant à plusieurs années d'un service courant, et correspondant le mieux possible aux circonstances qui pouvaient se présenter pendant une campagne.

Ces deux systèmes étaient :

Le système de Beaumont, déjà employé depuis plusieurs années en Hollande, mais légèrement modifié dans le but d'en simplifier le démontage.

Le système proposé par M. Gras, capitaine d'artillerie au Dépôt central.

Ces deux systèmes se distinguaient surtout l'un de l'autre par l'emploi de moteurs de percussion différents. Le capitaine Gras avait conservé un *ressort à boudin*, comme dans le fusil modèle 1866, tandis que dans le système de Beaumont ce ressort était remplacé par un *ressort à deux branches*.

On avait souvent attribué la majeure partie des ratés du fusil modèle 1866 au ressort à boudin, qui était en effet un peu faible et surtout trop sujet à s'encrasser, par suite du défaut d'obturation du mécanisme. Aussi le ressort à deux branches, qui avait été d'un excellent usage dans les anciennes platines à percussion, trouva beaucoup de partisans.

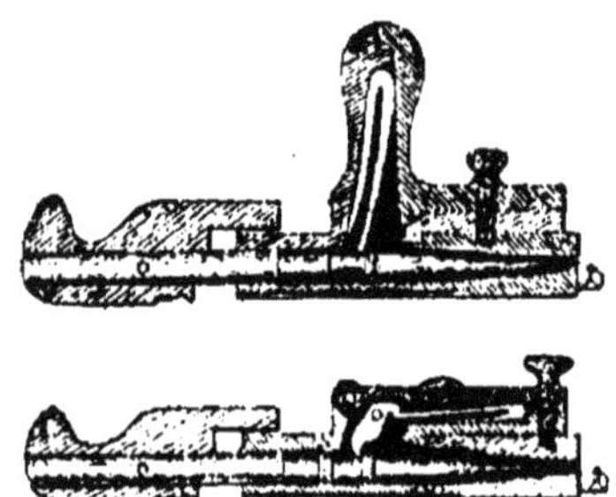

Système de Beaumont.

Mais ce ressort, placé dans le levier de manœuvre, n'était applicable ni aux carabines de cavalerie, ni aux mousquetons d'artillerie, dont le levier devait être recourbé pour des raisons de service. Il avait donc fallu, pour ces deux espèces d'armes, modifier la position et le mode d'action du ressort et créer un mécanisme de culasse mobile différant de celui du fusil d'infanterie.

Le ressort à boudin ne présentait pas les mêmes inconvénients. En outre, dans le nouveau fusil, on avait eu soin d'augmenter sa force, et l'emploi de la cartouche métallique devait le préserver contre tout encrassement. Son bon fonctionnement était donc parfaitement assuré, comme le prouvaient les épreuves déjà subies par des armes du même genre, en service dans presque tous les autres États de l'Europe. En effet,

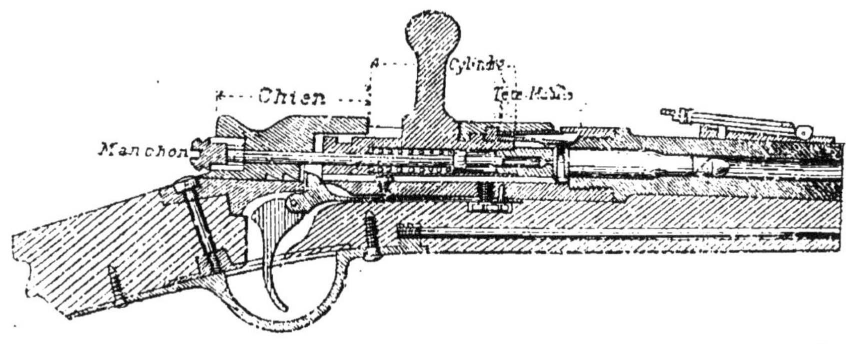

Système Gras.

le ressort à boudin était employé en Allemagne depuis trente ans, dans les fusils Dreyse et Mauser, et depuis 1870-1871 en Angleterre avec le Martini-Henry, en Italie avec le Wetterli, et en Russie avec le Berdan.

Dans les deux systèmes, l'armé se faisait automatiquement, l'emploi de la cartouche métallique exigeait en effet une force de percussion plus considérable et le ressort était trop fort pour qu'on pût le bander avec le pouce; un temps de la charge se trouvait par suite supprimé, ce qui augmentait encore la rapidité du chargement. Enfin un dispositif spécial empêchait que la culasse mobile, lorsqu'on la poussait en avant pour fermer le tonnerre, ne vînt heurter avec trop de brusquerie le culot de la cartouche, inconvénient que l'on avait constaté dans le modèle 1866, et qui avait quelquefois occasionné des départs prématurés.

A la suite des expériences exécutées sur les armes et les cartouches au point de vue du tir, de leur entretien et de leur conservation, chaque corps adressa au ministre de la guerre un rapport d'ensemble, et ces divers rapports, avec les pièces à l'appui, furent soumis d'abord au Comité de l'artillerie, puis à une haute Commission présidée par M. le maréchal Canrobert. Cette Commission donna la préférence au système Gras, qui fut adopté définitivement au mois de juillet 1874.

Il fut décidé que le sabre-baïonnette serait remplacé par une *épée-baïonnette* assez légère, pour qu'on pût la laisser au bout du canon pendant le tir, et en même temps *interchangeable*, c'est-à-dire pouvant s'adapter à n'importe quelle arme. L'expé-

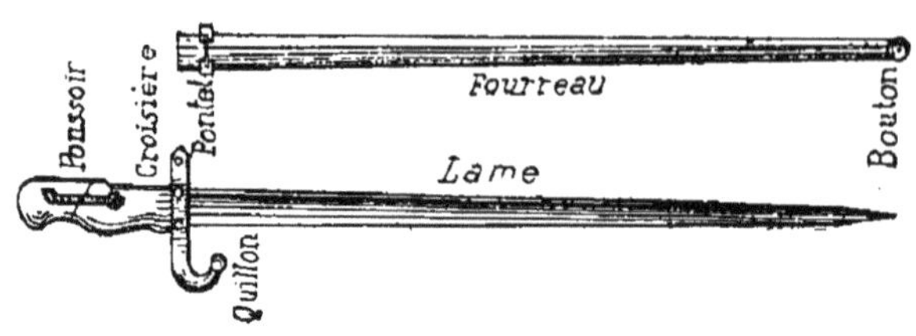

Épée-baïonnette mod. 1874.

rience de la campagne avait, en effet, montré tous les inconvénients qu'il y avait à affecter une baïonnette à chaque arme en particulier, les hommes étant souvent exposés à se tromper de fusil ou de baïonnette.

Les armes neuves faites d'après le système Gras prirent la dénomination officielle de *fusils*, *carabines*, *mousquetons modèle* 1874, et les armes modèle 1866, transformées d'après le même système, celle de *modèle* 1866-1874.

Cette transformation de notre armement a été faite avec une grande rapidité, et actuellement tous les corps d'armée ont entre les mains le nouveau fusil.

Mécanismes de fermeture. — Pour terminer ce qui a rapport à l'historique des armes se chargeant par la culasse, en service en France, comparons leur mécanisme de fermeture avec celui des principaux fusils en service chez les différentes puissances européennes.

Il y a actuellement des mécanismes de culasse de toutes sortes; le nombre de systèmes inventés et expérimentés depuis une vingtaine d'années est considérable. A première vue, il ne semble y avoir entre eux aucun point commun, on peut cependant les ramener tous à deux types principaux, les *armes à verrou* et les *armes à bloc*.

Dans le *système à verrou*, qui est celui des fusils modèle 1866 et 1874, le mécanisme de fermeture ou culasse mobile, dont la pièce principale est un cylindre, doit prendre, lorsqu'on veut ouvrir ou fermer le tonnerre, un mouvement de va-et-vient dans la boite de culasse. C'est le seul qui permette l'emploi d'un obturateur faisant corps avec la culasse mobile, et avec lequel on ait pu faire usage de cartouches combustibles.

Le *système à bloc*, au contraire, exige l'emploi d'une cartouche obturatrice ; la culasse est fermée par un bloc qui ne peut que se mouvoir *à glissière* ou *à bascule.*

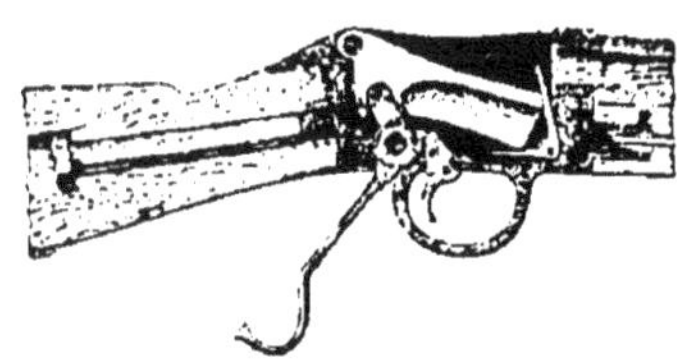

Fusil Martini-Henry.

Mousqueton Comblain.

A la première catégorie appartiennent la carabine des Cent-gardes [1] et le nouveau mousqueton belge du système Comblain.

Dans les mécanismes du second genre, l'axe peut être placé *perpendiculairement* à l'axe, en avant ou en arrière, en dessus ou en dessous; comme dans les fusils belge Albini-Brandlin, américain Springfield, dans les fusils anglais Martini-Henry, américain Peabody, bavarois Werder, et enfin dans le fusil américain Remington. Il peut aussi être disposé *parallèlement* à l'axe du canon, sur le côté ou en dessous, comme dans le fusil à tabatière [2], et le fusil autrichien Werndl.

Fusil Albini-Brandlin.

Fusil Remington.

La manœuvre du bloc, soit à glissière, soit à bascule, est plus simple, plus facile à exécuter et plus rapide que celle du système à verrou, qui exige deux sortes de mouvement : relever le levier et le ramener ensuite en arrière. Le mécanisme de fermeture est en général plus simple, plus solide, composé d'un moins grand nombre de pièces. On n'a point à craindre de voir le bloc projeté en arrière par l'action des gaz, tandis qu'avec un système à verrou mal construit cet accident pourrait se produire.

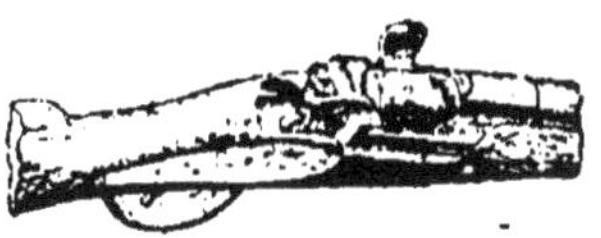

Fusil Werndl.

1. Voir la carabine des Cent-gardes, page 52.
2. Voir le fusil mod. 1867, page 71.

Mais, en revanche, le verrou, par son mouvement de va-et-vient, facilite l'introduction de la cartouche dans la chambre, ainsi que son extraction. Le bloc, au contraire, ne peut se fermer que lorsque la cartouche a été poussée à fond, et le système d'arrache-cartouche est moins facile à organiser; de plus, comme on est forcé de laisser un peu de jeu entre le bloc et la tranche de culasse, il peut en résulter un gonflement de l'étui qui rend encore l'extraction plus difficile. Pour que l'arme à bloc puisse fonctionner, il faut que toutes ces dimensions soient déterminées avec une grande précision, tandis qu'une arme à verrou même médiocre peut fonctionner quand même.

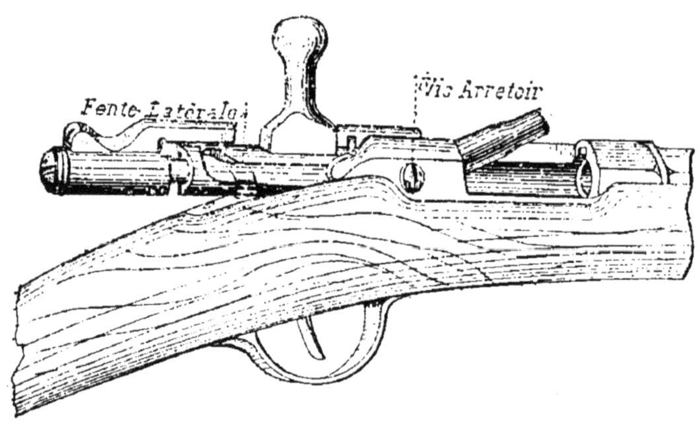

Fusil mod. 1874.

Le système à bloc a été préféré en Autriche, en Angleterre et en Amérique; dans ce dernier pays, on l'a surtout employé pour les armes de cavalerie, parce que, pour une même longueur totale de l'arme, il exige pour la boîte de culasse un moins grand espace empiétant sur la longueur du canon. Presque toutes les autres puissances du continent, l'Allemagne, la Russie, l'Italie, la Hollande, ont, comme la France, donné la préférence aux armes à verrou même depuis l'adoption de la cartouche métallique. Ce système était du reste obligatoire en France, du moment que l'on voulait utiliser les armes du modèle 1866.

Justesse des fusils. — Pour compléter les renseignements sur les armes à feu, qui ont été successivement en service, il faudrait pouvoir les comparer entre elles au point de vue de la justesse. Cette comparaison est malheureusement fort difficile ; les expériences qui ont été faites aux diverses époques ne donnent sur cette question que des renseignements fort incomplets, et, comme le plus généralement elles ont été exécutées dans des conditions différentes, les résultats qu'elles fournissent ne sont pas comparables.

Il est, du reste, à peu près impossible de représenter par des chiffres la justesse d'un fusil, et on ne peut prétendre établir une table de tir donnant, comme pour les canons, la valeur des écarts tant en portée qu'en hauteur et direction. Les nombreuses causes déviatrices ont beaucoup trop d'influence sur un projectile aussi léger que la balle du fusil d'infanterie, et le tir des armes à feu portatives est, lui-même, sujet à de trop nombreuses irrégularités pour que de pareils renseignements puissent avoir quelque valeur et être de quelque utilité en campagne.

Ce qui peut être vrai sur le champ de tir d'une commission ne l'est déjà plus sur le champ d'exercice de la troupe, et l'est encore moins sur les champs de bataille. Il n'est donc pas étonnant que dans les manuels réglementaires on n'ait jamais donné que fort peu de renseignements sur la justesse du tir des armes en service.

Le général Didion, dans son *Cours élémentaire de balistique* [1], donne, dans un tableau, les rayons des cercles qui renferment la moitié des balles aux différentes distances pour le fusil d'infanterie lisse et les premières carabines rayées :

MODÈLES	100	200	300	400	500	600	700	800
	m.	m.	m.	m.	m.	m.	m.	m.
Fusil d'infanterie lisse (balle sphérique)	0,38	1,48	4,30	9,40				
Carabine modèle 1842 (balle aplatie)	0,30	0,60	0,90	1,54	2,78	4,35		
Carabine à tige modèle 1846 (balle oblongue)....	0,10	0,15	0,26	0,40	0,60	0,91	1,40	2,00

Le colonel Capdevielle [2], dans son ouvrage sur *l'Armement et le Tir de l'infanterie*, cite les nombres suivants comme pouvant à

1. *Cours élémentaire de balistique*, par le général Didion, adopté par le Ministre de la guerre pour l'enseignement des élèves de l'École spéciale militaire de Saint-Cyr. 1859.

2. *L'Armement et le Tir de l'infanterie*, par le colonel d'infanterie Capdevielle. 1872.

peu près représenter aux différentes distances les écarts absolus moyens, par rapport au point visé, pour le fusil modèle 1866 et les modèles antérieurs, et donner, en les comparant entre eux, une idée approximative du tir de ces armes.

MODÈLES	100	200	300	400	500	600	700	800	900	1000	1100
	m.	m.	m.	m.	m.	m.	m.	m.	m.	m.	m.
Fusil d'infanterie lisse (balle sphérique).........	0,25	1,00	2,50	6,50							
Fusil rayé modèle 1857 (balle modèle 1857)	0,12	0,38	0,73	1,20	1,80	2,50					
Fusil rayé modèle 1857 (balle modèle 1863)......	0,08	0,22	0,40	0,62	0,91	1,26	1,75	2,50			
Carabine modèle 1859 (balle modèle 1859)......	0,07	0,17	0,28	0,41	0,56	0,75	1,01	1,35	1,84	2,50	
Fusil modèle 1866	0,06	0,13	0,23	0,34	0,40	0,60	0,81	1,07	1,41	1,87	2,50

Enfin, le capitaine Bert, dans son *Cours théorique de tir* [1], donne, comme valeur des écarts absolus moyens pour le fusil modèle 1866 et le fusil modèle 1874, les nombres suivants :

MODÈLES	100	200	300	400	500	600	700	800	900	1000	1100	1200	1300
	m.	m.	m.	m.	m.	m.	m.	m.	m.	m.	m.	m.	m.
Fusil modèle 1866..........	0,13	0,23	0,34	0,46	0,60	0,81	1,07	1,41					
Fusil modèle 1874..........	0,08	0,16	0,25	0,34	0,43	0,52	0,64	0,78	0,94	1,10	1,30	1,60	2,00

Consommation des munitions. — La plupart des perfectionnements, qui ont été successivement apportés aux armes à feu portatives, ont eu pour résultat immédiat d'en faciliter le chargement et par suite d'augmenter la rapidité du tir. Chaque fois les adversaires des idées nouvelles ont crié au gaspillage des munitions, mais quand même, il a bien fallu, un peu plus tôt ou un peu plus tard, passer outre, et jusqu'ici l'expérience a donné raison aux partisans du progrès.

Depuis les guerres du commencement du siècle la consommation des munitions, un jour de bataille, ou pendant le cours d'une campagne, n'a point augmenté autant qu'on pouvait le craindre, même depuis que, grâce aux derniers perfectionnements apportés aux armes se chargeant par la culasse, la vitesse

1. *Cours théorique de tir*, à l'usage des officiers élèves des Écoles régionales de tir, par M. Bert, capitaine d'artillerie. 1876.

du tir peut être de 7 à 8 coups à la minute et même aller dans les circonstances exceptionnelles jusqu'à 11 et 12 coups. Si l'on calcule le nombre de cartouches qui ont été brûlées dans les nombreuses campagnes qui ont eu lieu jusqu'ici et qu'on y ajoute le nombre des cartouches gaspillées ou avariées par la faute des troupes, ainsi que celles perdues par suite de la mort ou de la disparition des hommes, on trouve que l'effet produit est bien peu de chose comparé à la consommation des munitions.

Le général d'artillerie Gassendi [1] estimait qu'il fallait environ 3 000 cartouches pour mettre un homme hors de combat ; les écrivains militaires allemands de la même époque admettaient même qu'on devait compter 10 000 cartouches par homme tué ou blessé [2].

D'après cela, on pourrait être amené à s'exagérer la consommation de munitions et préparer des approvisionnements considérables qui seraient un grave embarras et pourraient gêner beaucoup les mouvements des armées. Cette consommation a pourtant toujours été beaucoup plus faible qu'on ne serait porté à le croire.

Si l'on se reporte aux guerres du commencement du siècle, on voit que l'une des plus fortes consommations connues jusqu'alors, fut celle de la Moskowa, qui a été d'environ 20 cartouches par fusil [3]. Depuis, en Crimée, à la bataille de l'Alma, il a été brûlé 2 cartouches seulement par arme et 4 ou 5 à Inkermann. A Magenta, à Solférino, le nombre des cartouches consommées ne fut, pour les troupes les plus engagées, que de 5 cartouches par combattant.

Aussi, avec les anciennes armes se chargeant par la bouche, un approvisionnement de 100 à 150 cartouches avait paru devoir satisfaire aux besoins réels, pourvu toutefois que l'on n'eût point affaire à des troupes indisciplinées ou épuisées qui gaspil-

1. *Aide-mémoire à l'usage des officiers d'artillerie de France*. 1re édition 1789 ; 5e, 1819.

2. Piobert, *Traité d'artillerie théorique et pratique*. — Thiroux, *Instruction théorique et pratique d'artillerie*, à l'usage des élèves de l'École militaire de Saint-Cyr.

3. Tous les renseignements qui suivent sont extraits d'un travail du lieutenant-colonel baron Berge (aujourd'hui général), sur les approvisionnements et le service des munitions d'infanterie dans les parcs ; ce travail a été publié dans le *Journal des sciences militaires*, mai 1872.

laient leurs munitions ou les jetaient sur les routes, comme cela s'était présenté sous le premier Empire.

Dès 1866, on put constater, d'après le témoignage des officiers prussiens, que l'adoption du chargement par la culasse ne contribuait pas à augmenter la consommation moyenne. Pour les deux armées de Bohême la moyenne fut de 6 cartouches, et pour celle du Mein de 11 cartouches par arme. Les bataillons qui furent le plus longtemps au feu ne brûlèrent pas plus de 23 cartouches à Nachod, 27 à 28 à Skalitz et Trautenau.

L'armée de Metz, à la date du 2 septembre 1870, c'est-à-dire après les batailles de Forbach, Borny, Gravelotte, Saint-Privat, Servigny et Noisseville, avait consommé 3 500 000 cartouches; son effectif était d'environ 120 000 hommes d'infanterie. Elle avait donc brûlé, gaspillé ou perdu un peu moins de 30 cartouches par homme. Du côté des Prussiens, la consommation avait été à peu près la même. Pour les bataillons même les plus engagés, la moyenne a toujours été de part et d'autre inférieure à 20 cartouches [1].

« Ainsi nos rapports, comme ceux des Prussiens, semblent « indiquer que la mousqueterie consomme beaucoup moins de « munitions qu'on ne le pense généralement. Malgré la faculté « de pousser à l'extrême la rapidité du tir, le nombre des car- « touches brûlées reste très-inférieur en moyenne aux anciens « approvisionnements. Il serait cependant peu circonspect de « prendre trop au pied de la lettre cette conclusion. Le chiffre « de la consommation moyenne est un chiffre fictif et sans « grande valeur, quand on fait entrer en ligne de compte des « divisions qui n'ont pas brûlé une amorce. Or, en serrant la « question de plus près, on voit que la consommation, après s'être « élevée à 25 ou 30 cartouches pour certains bataillons forte- « ment engagés, atteint quelquefois, pour certaines compagnies « ou fractions de compagnies, un chiffre beaucoup plus élevé. « C'est ainsi que les têtes de colonnes prussiennes compromises, « en 1866, dans les affaires de Skalitz et de Trautenau, ont tiré « de 80 à 100 cartouches par homme.

1. D'après les statistiques russes, la consommation de munitions, pendant la dernière campagne (1877-78) en Europe, aurait été un peu plus forte, 45,75 pour les fusils de petit calibre se chargeant par la culasse, et 26 seulement pour les anciens fusils transformés au chargement par la culasse.

« Les chiffres de 60, 80 et même 100 cartouches brûlées par « homme doivent donc être considérés comme des maximums « tout à fait exceptionnels. Sans aucun doute, il est nécessaire « que les hommes obligés de soutenir un feu très-prolongé et « d'employer un supplément de munitions puissent se les pro- « curer dans les circonstances difficiles qui motivent un feu aussi « nourri.

« Mais il est essentiel de bien établir que ces consommations « anormales et tout à fait partielles sont sans aucun rapport « avec la consommation moyenne, et par suite avec l'approvi- « sionnement moyen qu'il est nécessaire de traîner. »

On peut donc affirmer d'une façon générale que si, dans les dernières campagnes, quelques fractions de troupes ont parfois manqué de munitions, ce n'a jamais été qu'après avoir posé leurs sacs et laissé, par conséquent, en arrière une partie de leurs cartouches.

Pour compléter l'historique, et rendre plus facile la comparaison des armes entre elles, on a réuni dans un même tableau les principales données relatives à toutes les armes à feu (fusils et carabines) de modèle réglementaire qui ont été successivement en service dans l'infanterie française à partir du XVIIe siècle.

Un tableau du même genre n'offrirait pas grand intérêt en ce qui concerne les armes à feu autres que celles de l'infanterie. En effet, jusqu'à ces dernières années on a attaché peu d'importance aux feux dans la cavalerie ; ne voulant point avoir un système d'arme différent de celui adopté pour l'infanterie, on a toujours sacrifié les qualités balistiques de l'arme aux conditions de service. Il en a été de même, à fortiori, pour l'armement des troupes spéciales, comme l'artillerie et la gendarmerie, qui n'ont jamais occasion de faire usage de leur arme à feu que pour leur défense personnelle et non pour le combat de mousqueterie.

Un second tableau donne, pour les principales campagnes de ce siècle, les bases de l'approvisionnement en cartouches qui devait être, en partie porté par les fantassins dans le sac ou la giberne, et en partie transporté à la suite des troupes par les soins de l'artillerie.

MODÈLES	Longueur totale de l'arme avec baïonnette.	FUSIL			BAÏONNETTE		BALLE			
		Calibre.	Longueur du canon.	Poids.	Longueur.	Poids.	Forme.	Calibre.	Diamètre.	Poids.
	m.	mm.	m.	k.	m.	k.			mm.	gr.
Mousquet en 1691.	1,62	18,0	1,191	6,000	»	»	Sphérique.	21 à la liv.	16,0	23,1
										Fusils lisses
Fusil modèle 1777.	1,90	17,5	1,137	4,400	0,379	0,300	Sphérique.	18 à la liv.	16,7	26,6
Fusil modèle 1777, corrigé an IX...	1,93	id.	id.	id.	0,406	0,320	id.	20 id.	16,1	25,0
Fusil mod. 1816 (6).	id.	id.	id.	id.	id.	id.	id.	19 id.	16,3	25,6
— 1822 (6).	id.	id.	1,083	4,330	0,460	0,340	id.	» (7)	id.	id.
										Fusils lisses à
Fusil mod. 1840 (6).	1,93	17,5	1,083	4,300	0,460	0,340	Sphérique.	»	16,3	25,6
— 1842 (6).	id.	18,0	id.	id.	id.	id.	id.	»	17,0	29,0
Décision ministérielle de 1848...	id.	id.	id.	id.	id.	id.	id.	»	16,7	27,0
Fusil mod. 1853 (6).	id.	17,8	id.	4,390	id.	id.	id.	»	id.	id.
										Carabines rayées se
Carabine à chambre modèle 1840.....	1,74	17,0	0,840	4,500	0,510	(11) 1,050	Balle aplatie avec sabot.	»	16,3	25,6
Carabine à chambre modèle 1842.....	id.	17,5	id.	id.	id.	id.	id.	»	16,7	27,0
Carabine à tige modèle 1846 et 1853.	1,819	17,8	0,868	4,475	0,575	(11) 0,815	Balle allongée avec cannelures.	»	17,2	47,5
Carabine mod. 1859.	id.	id.	id.	id.	id.	id.	Balle allongée expansive, évidement triangulaire, gorge.	»	id.	48,0
										Fusils rayés se
Fusil mod. 1854 (6) (de la garde)....	1,93	17,8	1,083	4,310	0,460	0,340	Balle allongée expansive, évidement conique.	»	17,2	36,0
Fusil modèle 1857.	1,87	id.	1,029	4,330	0,510	id.	Id., évidement triangulaire.	»	id.	32,0
Décision ministérielle de 1863...	id.	id.	id.	id.	id.	id.	Id., évidement quadrangulaire.	»	id.	36,0
										Fusils rayés se
Fusil modèle 1866.	1,88	11,0	0,820	4,200	0,580	(11) 0,655	Balle cylindro-ogivale avec bourrelet.	»	(12) 11,7	(13) 25,0
Fusil modèle 1874.	1,83	id.	id.	id.	0,530	(15) 0,560	Balle cylindro-ogivale légèrement tronconique.	»	(16) 11,0	25,0

POUDRE		VITESSE initiale.	Portée de l'arme.		RAYURES			OBSERVATIONS
Espèce.	Poids de la charge.		Limite d'emploi.	But en blanc.	Pas.	Nombre.	Profondeur.	
Mousquets.								
	gr.	m.	m.	m.	mm.	.	mm.	
Poudre à canon.	19 (1)	»	234 (2)	»	»	»	»	(1) 1/2 once 1 gros. (2) 120 toises.
à silex (3)								(3) Les modèles antérieurs à 1777 se rapprochent les uns du mousquet, les autres du fusil; à l'origine, ils avaient même dimension que le mousquet, et n'en différaient que par la baïonnette et la platine. Les derniers sont peu différents du fusil modèle 1777.
Poudre à canon.	11,20 (4)	»	»	»	»	»	»	
id.	12,26 (4)	»	260	117 (5)	»	»	»	(4) Y compris la poudre d'amorce.
Poudre à mousquet.	10,50 (4)	»	»	»	»	»		(5) 60 toises (180 pas).
id.	id.	»	200	60 (8)	»	»		(6) Il y a eu des fusils de voltigeurs des mod. 1816, 1822, 1840, 1842, 1853 et 1854. Le canon plus court que celui du fusil d'infanterie n'avait que 1^m,029.
percussion.								(7) Il fut décidé, en 1819, qu'à l'avenir les balles seraient désignées par leur diamètre et non plus par leur poids.
Poudre à mousquet.	9,00	»	220	150 (9)	»	»	»	(8) Avec baïonnette, 100 mèt. sans baïonnette.
id.	8,00	»	»	»	»	»	»	
id.	9,00	»	200	100	»	»	»	(9) Avec baïonnette, 175 mèt. sans baïonnette.
id.	id.	440,0	200	»	»	»	»	
chargeant par la bouche (10)								(10) Armement des chasseurs.
Poudre à mousquet.	7,00	»	550	150	6,22	4	0,5	(11) Sabre-baïonnette.
id.	6,25	»	600	200	id.	id.	id.	
id.	4,50	300,0	1000	»	2,00	id.	0,5 0,3	Au tonnerre. A la bouche.
id.	5,25	310,0	»	»	id.	id.	id.	
chargeant par la bouche.								
Poudre à mousquet.	4,50	345,0	»	»	2,00	4	0,5 0,1	Au tonnerre. A la bouche.
id.	id.	355,0	600	200	id.	id.	0,2	
id.	id.	324,0	»	»	id.	id.	id.	(12) Au bourrelet seulement. (13) Primitivement le poids de la balle n'avait été réglé qu'à 24^g 50.
chargeant par la culasse.								(14) Graduation limite de la hausse.
Poudre B.	5,50	420,0	1200 (14)	200	0,55	4	0,3	(15) Epée-baïonnette.
Poudre F$_1$.	5,25	150,0	1800 (14)	200	id.	id.	0,25	(16) A la base seulement 10^{mm},8 à l'origine de la partie ogivale.

APPROVISIONNEMENTS EN MUNITIONS EN CAMPAGNE.

DÉSIGNATION DES CAMPAGNES	AU CORPS D'ARMÉE — CORPS DE TROUPES — Dans le sac ou la giberne	Dans les caissons de bataillon	EN PREMIÈRE LIGNE		EN DEUXIÈME LIGNE		TOTAL	AU GRAND PARC OU EN DÉPOT	TOTAL DU PREMIER APPROVISIONNEMENT
Guerres de la République.	36	»	30	transportées par l'artillerie.			66	30 en dépôt dans les places fortes.	96
Campagne de 1805.	45	»	20	dans les batteries divisionnaires.	40	au parc de corps d'armée.	105	40 au grand parc, partie attelée. 100 au grand parc, partie non attelée.	245
En 1806.	50	»	20	id.	40	id.	105	40 au grand parc, partie attelée. 100 au grand parc, partie non attelée.	250 (1)
Réorganisation de l'armée en 1815.	40	»	12	id.	17	id.	69	21 au grand parc attelé, 10 en dépôt.	100
Guerre d'Espagne, 1823.	50	»	40	id.	25	id.	115	15 au grand parc.	130
Expédition d'Alger, 1830.	30	»	16	id.	»	»	46	154 embarillées à fond de cale.	200
Guerre de Crimée, 1854.	60	»	40	dans les coffres des caissons de l'artillerie.			100	50 embarillées à fond de cale.	150 (2)
Aide-mémoire de 1856 (3)	40	»	30	dans les batteries divisionnaires.	10	au parc de corps d'armée.	80	20 au grand parc.	100
Aide-mémoire de 1864 (fusils mod. 1857, balle mod. 1863).	54	»	24	id.	10	id.	88	20 au grand parc.	108
En 1867 (fusil mod. 1866)	90	»	30	dans les réserves divisionnaires.	23	id.	143	22 au grand parc, partie roulante. 115 au grand parc, partie non attelée.	280
En 1872 (fusil mod. 1866)	83	»	40	dans les sections de munitions d'infanterie.	30	id.	153	»	»
En 1877 (fusil mod. 1874)	74 (4)	18,1	46,4	id.	31,5	id.	170	les parcs d'armée et les établissements complètent cet approvisionnement à	500

NOTA. — Voir, pour les notes de ce tableau, à la page suivante.

Armes à répétition. — Ici se termine l'historique des armes à feu portatives qui ont été en service en France ; il nous reste cependant à dire encore quelques mots des armes à répétition, qui sont de deux sortes : les *armes à magasin* et les *revolvers*. Ces derniers seuls font partie depuis quelques années de notre armement ; quant aux armes à magasin, leurs avantages sont encore contestés en France dans l'armée de terre, la marine seule vient de les adopter pour l'armement de la flotte.

Ce n'est pas d'aujourd'hui qu'on a eu l'idée d'augmenter la puissance meurtrière des armes à feu portatives, soit en leur faisant lancer à la fois un grand nombre de petites balles ou chevrotines, produisant un effet analogue à celui que l'on obtient avec la mitraille des canons, soit en imaginant une disposition quelconque permettant de tirer plusieurs coups de suite sans avoir à recharger l'arme.

Tromblons. — Dans la première catégorie, on ne trouve que les *tromblons*, *espingoles* ou *mortiers à main*, sortes de mousquetons ou pistolets dont l'âme conique était évasée à la bouche. Les Turcs, les Arabes et surtout les Espagnols, dans leurs guerres civiles, ont fait un assez fréquent usage de ces armes. Les mamelucks de la garde de Napoléon Ier

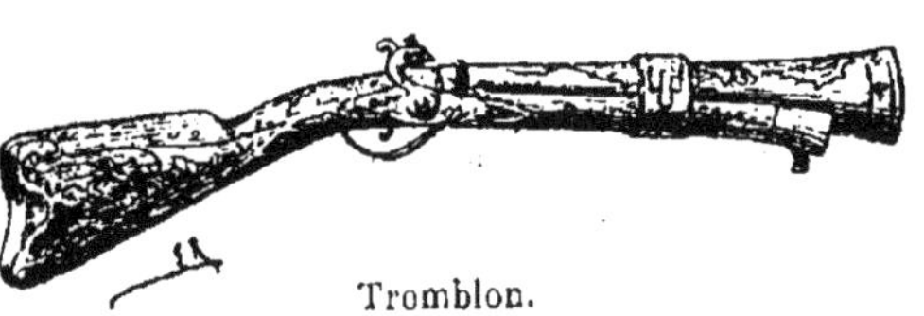

Tromblon.

1. Par suite du manque de surveillance et du désordre qui existait alors, l'approvisionnement (roulant ou en dépôt) de 200 cartouches par homme n'étant plus jugé suffisant, on voulut en échelonner, sur la ligne d'opérations, un second et même un troisième.

2. On établit en outre des dépôts à Gallipoli, à Varna, puis dans les parcs de Crimée. Ces dépôts renfermaient, au 1er mai 1854, 360 cartouches par homme ; le 15 novembre 1855, 650, et au moment de l'évacuation, en 1856, 1,000. Pour la campagne du Mexique, au départ les approvisionnements furent calculés comme ceux de l'armée d'Orient, en 1854, à 360 cartouches par homme.

3. Pour la campagne d'Italie, en 1859, on fixa, d'après les bases de l'aide-mémoire de 1856, les approvisionnements que devaient porter les batteries et les parcs ; mais, comme ceux-ci, retardés par leur formation, ne pouvaient pas suivre leur corps d'armée à leur descente en Piémont, on distribua 80 cartouches par homme. Les soldats ayant souffert de cette surcharge, les corps de troupes furent autorisés à verser 20 cartouches par homme à l'arsenal d'Alexandrie.

4. Par suite de la suppression probable des deux cartouches libres, ce nombre se trouvera réduit à 72.

en étaient armés. La cavalerie autrichienne avait aussi pendant quelque temps (1760) fait usage d'armes de ce genre, mais elle y avait renoncé par suite de l'incertitude du tir, qui au delà de 15 à 20 pas n'avait plus aucune efficacité, la dispersion des balles étant trop grande. En outre, le recul de ces armes était beaucoup plus fatigant que celui des mousquets et fusils ordinaires, et sa violence était d'autant plus grande que les balles étaient plus nombreuses et plus lourdes.

La marine n'en a pas moins conservé pendant longtemps des tromblons ou espingoles pour le service à bord; placées dans les hunes des grands mâts ou sur des embarcations légères, ces armes pouvaient rendre quelques services en cas d'abordage.

Armes à plusieurs coups. — Il a été quelquefois question de donner aux tirailleurs des fusils à deux coups, analogues à ceux qui sont d'un usage général pour la chasse; mais on y a de tout temps renoncé, par suite des dangers que ces armes peuvent présenter à la guerre. En effet, sur le champ de bataille, le tireur, qui n'a pas toujours son sang-froid, peut ne pas s'apercevoir d'un raté et recharger plusieurs fois le même canon, ou bien encore, en agissant sur la détente, se tromper de côté. Ces inconvénients disparaîtraient, il est vrai, en partie avec le chargement par la culasse; mais, dans ces conditions, les armes à magasin sont bien préférables.

On a cependant adopté en France : en 1840, un *fusil double* pour l'armement du bataillon des voltigeurs corses; ce fusil perfectionné, connu sous le nom de *fusil double modèle* 1850, fut ensuite donné aux gendarmes détachés dans l'île, il était armé d'une baïonnette. En 1855, on adopta un *pistolet à deux coups*, dont durent être armés les officiers d'état-major, ainsi que ceux de l'artillerie.

Armes à magasin. — Les armes à magasin sont d'invention américaine; on s'en est servi pour la première fois pendant la guerre de la Sécession; les deux partis cherchaient alors, en perfectionnant leur armement et augmentant surtout la rapidité du tir, à compenser la faiblesse de leurs effectifs.

La première arme de ce genre qui ait été construite est le pistolet américain à répétition, dont l'invention remonte au commencement de l'année 1854. Sous le canon était placé un second tube ou *magasin* contenant un certain nombre de cartouches; un ressort à boudin, placé au fond du tube, tendait à les en faire sortir; elles étaient reçues successivement l'une après l'autre dans un *distributeur* qui, obligé de suivre les mouvements du mécanisme de fermeture, les conduisait à l'entrée de la chambre.

Comme pistolet, cette arme était bien moins commode que les revolvers, dont l'usage, nous le verrons tout à l'heure, commençait alors à se répandre. Elle avait, en effet, l'inconvénient d'exiger pour son maniement l'emploi des deux mains. Elle n'a eu qu'un seul mérite : c'est d'avoir été le précurseur des mousquetons, carabines et fusils à répétition, qui ne sont devenus d'un usage réellement pratique que le jour où l'on a pu se servir pour leur tir des cartouches métalliques.

Les fusils et carabines à répétition Henry et Spencer, qui parurent en 1860, rendirent de bons services pendant la guerre de la Sécession, surtout dans les corps de cavalerie qui, opérant au loin et sans soutien d'infanterie, exécutèrent ces raids qui sont restés si célèbres.

Dans la première de ces armes, le mécanisme de répétition offrait beaucoup de ressemblance avec celui que nous venons de décrire; le magasin, logé dans le fût sous le canon, contenait quinze cartouches; le système de fermeture à verrou se manœuvrait à l'aide d'un levier placé sous la poignée.

Dans la carabine Spencer, au contraire, le magasin, placé dans le fût, contenait un bien moins grand nombre de cartouches, sept seulement; la fermeture de la culasse était assurée par un bloc au lieu d'un verrou.

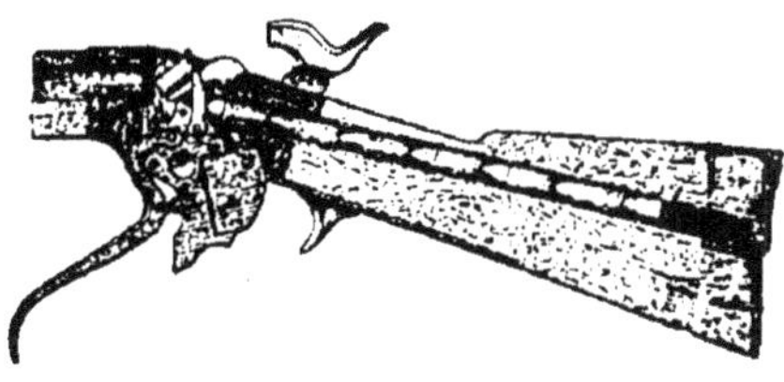

Carabine Spencer.

Mais ces nouvelles armes n'avaient point encore atteint le degré de perfection auquel elles devaient parvenir bientôt; elles avaient alors le grave inconvénient de laisser le soldat désarmé pendant tout le temps nécessaire pour recharger le magasin lorsqu'il était épuisé, opération généralement mal commode et beaucoup trop longue. Depuis lors, le fusil Henry perfectionné a été présenté de nouveau en 1865, sous le nom de fusil à répétition Henry-Winchester. Dans ce second modèle, les cartouches pouvaient être introduites, par une ouverture pratiquée dans la boîte de culasse, directement dans le distributeur, de telle sorte que le tireur pouvait à volonté soit les pousser dans le magasin, soit les conduire de suite dans la chambre. Dans ces conditions, l'arme réunissait aux avantages de l'arme à magasin ceux des armes ordinaires à chargement rapide; une fois son magasin épuisé, le tireur n'était plus exposé à se trouver désarmé; il pouvait aussi à volonté conserver en réserve la provision de cartouches du magasin pour les cas extrêmes.

Ce n'est que grâce à ce dernier perfectionnement que les armes à magasin sont devenues d'un usage à peu près pratique comme armes de guerre.

La Suisse est encore la seule puissance européenne qui ait adopté depuis lors, en 1867, un fusil à magasin pour l'armement régulier de toutes ses troupes. Dans les autres pays, bien que ces armes y aient été ou soient encore l'objet d'études plus ou moins suivies, on s'est refusé jusqu'ici à donner une arme de ce genre à l'infanterie, et on l'a tout au plus adoptée pour l'armement de quelques corps spéciaux : la *gendarmerie* en Autriche (1871), la *marine* en Norwége (1876). Pendant la dernière guerre, une partie de la cavalerie turque était armée de carabines Henry-Winchester.

Actuellement, toutes les armes à magasin essayées par les commissions ou seulement proposées par leur inventeur peuvent être classées en trois groupes différents, suivant l'emplacement occupé par le magasin.

Armes à magasin dans la crosse. — Le Spencer a été pendant longtemps la seule arme à magasin dans la crosse. Le chargement du magasin n'est pas commode; afin de le rendre plus rapide, les cartouches sont enfermées par sept dans des tubes en carton; on n'a par suite qu'à ouvrir un de ces tubes et verser dans la crosse les cartouches qu'il contient. Essayée en France par la Commission de Vincennes, cette arme a donné lieu à quelques accidents, qui ont montré qu'elle n'offrait pas une sécurité suffisante comme arme de guerre.

Un autre fusil, aussi à magasin dans la crosse, établi par M. Hotchkiss pour le tir de la cartouche modèle 1874, vient d'être expérimenté à Cherbourg par une Commission de la marine chargée de présenter un fusil à magasin pour l'armement des matelots.

Les cartouches ne s'introduisant plus dans le magasin par une ouverture ménagée dans la crosse mais directement par la boîte de culasse, son chargement ne présente plus les mêmes inconvénients que celui de la carabine Spencer. On peut, en outre, à volonté se servir de l'arme comme d'une arme simple, ou comme d'une arme à magasin. Mais la cartouche modèle 1874 renfermant une plus forte charge de poudre et ayant par suite de plus grandes dimensions que celle du Spencer, le magasin contient encore un moins grand nombre de coups, cinq seulement.

Armes à magasin dans le fût. — Lorsque le magasin est sous le fût au lieu d'être dans la crosse, on peut lui donner beaucoup plus de longueur et par suite en augmenter la contenance; aussi les inventeurs ont-ils adopté en général cette disposition de préférence à la précédente bien que forcément le mécanisme de répétition destiné à faire passer les cartouches du magasin dans le canon puisse être beaucoup moins compliqué lorsque le magasin est dans le fût. En outre, le poids de l'arme est beaucoup plus mal réparti, la mise en joue plus fatigante; la position du centre de gravité du système se déplaçant à chaque coup, la justesse du tir peut en souffrir.

Le Henry-Winchester est, comme nous l'avons vu, le premier en date; le magasin renferme 13 cartouches pour le fusil et 12 seulement pour le mousqueton. Le mécanisme de fermeture, bien qu'à verrou, se manœuvrant à l'aide d'un levier placé sous la sous-garde, le tireur peut tirer de suite toutes les cartouches du magasin en conservant l'arme à l'épaule. Le Henry-Winchester est la seule arme avec laquelle on puisse exécuter un pareil tir continu; il est vrai que si cette manœuvre est assez facile avec le mousqueton, elle devient très-pénible avec le fusil, dont le poids est plus considérable.

Dans toutes les autres armes dont nous aurons occasion de parler, nous verrons qu'à chaque coup on est obligé de descendre l'arme à la hanche, ce qui diminue beaucoup la rapidité du tir. Avec le fusil Henry-Winchester, on peut tirer 15 cartouches dans une seconde (les 13 du magasin, 1 dans le distributeur, 1 dans la chambre), tandis qu'avec les autres armes à magasin on ne peut guère tirer plus de 12 coups à la minute. La différence avec le fusil ordinaire n'est donc pas bien grande, puisque la vitesse du tir, qui avec le fusil modèle 1866 n'était que de six coups, est habituellement avec le fusil 1874 de sept à huit. Il est vrai que l'on pourrait, renonçant à viser, conserver l'arme à la hanche et la tirer dans cette position; la manœuvre serait moins fatigante, mais le tir perdrait une grande partie de sa justesse. Ajoutons encore, ce qui est tout au désavantage des armes à répétition, que cette grande vitesse de tir ne s'applique qu'à l'arme dont le magasin est chargé, et lorsqu'on a tiré toutes les cartouches qu'il contenait, il n'y a plus aucun avantage à recharger le magasin pour continuer le tir; les Commissions de Vincennes et de Cherbourg ont reconnu que dans ce cas il valait mieux, laissant de côté le système à répétition, se servir de l'arme comme d'un fusil ordinaire et faire feu coup par coup.

Le Henry-Winchester, plusieurs fois essayé à Vincennes, n'a pas paru offrir toutes les garanties de sécurité que l'on est en droit d'exiger d'une arme de guerre.

Après le Henry-Winchester viennent, par ordre de date, les armes suisses à répétition, du système Wetterli, qui sont : le fusil dont le magasin renferme onze cartouches, la carabine dix et le mousqueton huit; il y a en plus deux autres cartouches, une dans le distributeur et la seconde dans la chambre, lorsque l'arme est complétement chargée. Le système Wetterli, expérimenté en France en 1873, n'a pas paru satisfaire aux conditions que l'on exigeait d'une arme destinée au service de toute l'infanterie.

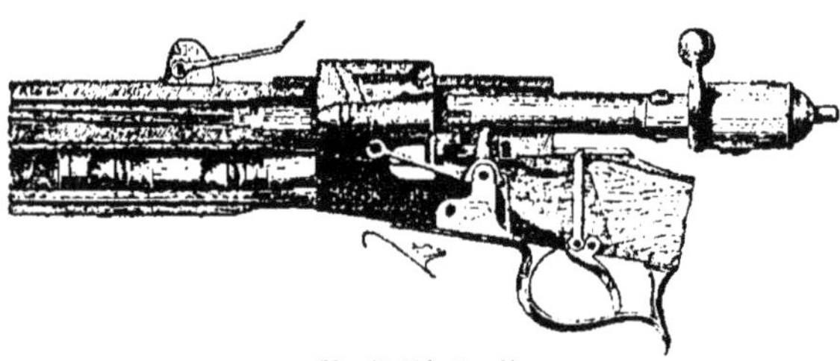

Fusil Wetterli.

Il en est de même du Früwirth (magasin à six coups), dont est armée la gendarmerie autrichienne, et du fusil Kropatschek (magasin à six coups), essayé en Prusse à Spandau en 1875, en France à Vincennes en 1877, et à Cherbourg l'année dernière.

Ces systèmes d'armes, tous à verrou, fonctionnent bien; comme mécanisme, ils sont à la fois simples et solides. Mais ils présentent un grave inconvénient, inhérent à toutes les armes à magasin en forme de tube. Par suite des chocs répétés produits sur l'ensemble des cartouches, par le petit cylindre ou piston qui termine le ressort à boudin, soit au départ de chaque coup, soit surtout au moment où une cartouche quitte brusquement le magasin pour passer dans le distributeur, les balles s'enfoncent de quantités très-notables dans l'étui à poudre, se déforment à l'extrémité de l'ogive et, si les cartouches sont à percussion centrale, prennent l'empreinte de l'amorce de la cartouche, située immédiatement au-dessus. Il arrive quelquefois même que l'amorce est enfoncée, ce qui pourrait à la longue occasionner l'inflammation du fulminate. Pour éviter toute chance d'accident, on avait jusqu'ici employé de préférence, avec les armes à répétition, des cartouches à percussion périphérique ; mais, aujourd'hui que la supériorité des cartouches à percussion centrale est bien constatée, on cherche à remplacer les anciennes cartouches à percussion périphérique par de nouvelles cartouches à percussion centrale, offrant la même sécurité. La question est à l'étude en Suisse. On a proposé de placer l'amorce dans une cuvette assez profonde pour que la pointe de la balle ne pût l'atteindre ; mais alors l'espace réservé pour la charge de poudre se trouverait réduit, ce qui obligerait à allonger la cartouche, à diminuer le nombre de cartouches contenues dans le magasin et à changer complétement le mécanisme. Autant que possible, on doit chercher à employer avec les armes à magasin les mêmes cartouches qu'avec le fusil ordinaire, ce qui a l'avantage d'augmenter la puissance balistique de l'arme et surtout de simplifier les approvisionnements.

L'enfoncement de la balle peut aussi être un grave inconvénient, car il entraîne une diminution de longueur des cartouches, et par conséquent, lorsqu'une d'elles arrive dans le distributeur, la suivante s'y engage aussi en partie et enraye le mécanisme. Les Suisses ont adopté une balle à cannelures [1], de manière à fixer l'extrémité de l'étui contre la saillie du cordon et à éviter ainsi autant que possible le raccourcissement des cartouches. Pendant le cours des expériences faites à Cherbourg avec le fusil Kropatschek, l'inventeur a réussi en ajoutant au mécanisme de répétition une pièce, dite arrêt de cartouche, à éviter tout arrêt provenant de la différence de longueur des cartouches. A la suite de ce dernier perfectionnement, ce fusil modifié vient d'être adopté par la Marine pour l'armement de la flotte seulement.

Une quatrième arme à magasin dans le fût a encore été expérimentée à Vincennes en 1877 et est actuellement en essai à Cherbourg, comparativement avec le Hotchkiss et le Kropatschek :

1. Voir la cartouche à percussion périphérique, page 70.

c'est le Krag-Peterson, déjà en service dans la marine norvégienne. C'est une arme à bloc ; le mécanisme est très-simple et très-solide ; mais, par contre, la cartouche ne pouvant être conduite à fond par le bloc lui-même, comme elle l'est par le cylindre des armes à verrou, il faut la pousser à la main, ce qui enlève à l'arme une partie de ses avantages au point de vue de la rapidité de chargement ; le magasin renferme 6 cartouches.

En résumé, les armes à magasin dans la crosse ou dans le fût présentent de nombreux inconvénients : 1° nécessité d'avoir recours à un mécanisme encore plus compliqué, plus délicat et plus difficile à entretenir que celui des armes ordinaires ; 2° augmentation sensible du poids de l'arme, 3 à 500 grammes, le magasin vide ; 3° déformation des cartouches, qui sont disposées en colonne à l'intérieur du magasin, voire même leur éclatement possible, principalement lorsqu'elles sont à percussion centrale ; 4° nécessité, pour éviter une partie de ces inconvénients, d'employer des cartouches spéciales, de dimensions aussi petites que possible, afin d'en renfermer un plus grand nombre dans le magasin, puisque, comme nous l'avons déjà dit, une fois le magasin vide on ne peut songer à le remplir de nouveau pendant la lutte.

Dans de pareilles conditions, les armes à magasin ne peuvent convenir que pour l'armement de quelques troupes spéciales et non pour l'armement de toute l'infanterie.

Armes à magasin séparé. — Les percussions sur les cartouches renfermées dans le magasin devenant trop fortes, lorsque l'on emploie avec les armes à magasin la cartouche actuelle du fusil d'infanterie, on s'est demandé s'il ne serait pas possible de placer ces cartouches dans un magasin indépendant, dans lequel, au lieu d'être disposées bout à bout, elles seraient placées côte à côte. Ce magasin ne s'ajusterait sur l'arme qu'au moment même du besoin.

Jusqu'ici, une seule arme de ce genre, proposée par M. Sandborg, docteur à Christiania, a été expérimentée à Versailles en 1873. La pièce de fermeture est un barillet en bronze qui porte trois cannelures : l'une en regard d'une portière latérale ménagée sur la gauche de la boîte de culasse et par laquelle passent les cartouches venant du magasin, la deuxième dans le prolongement de la chambre, et la troisième vis-à-vis d'une deuxième portière ménagée à droite dans la boîte de culasse.

Le barillet tourne d'un tiers, sous l'action d'une manivelle qui produit en même temps le mouvement de la culasse mobile; une cartouche sort du magasin et est amenée en regard de la chambre par la cannelure de gauche, tandis que l'étui retiré, entraîné à droite, tombe en dehors et ainsi de suite jusqu'à épuisement complet du magasin. Le magasin est une sorte de tambour, avec cloisons en spirale et ressort qui tend à chasser les cartouches qui sont juxtaposées; il y a deux magasins, l'un pour 6 cartouches, l'autre pour 25. L'arme peut aussi être employée comme une arme ordinaire sans le magasin; il suffit, pour cela, d'introduire les cartouches directement dans la cannelure du barillet qui se trouve en face de la chambre.

Un autre fusil du même genre a été proposé par le général Greene's, mais a mal fonctionné; il avait de plus le grave inconvénient de ne pouvoir passer à volonté du fonctionnement à répétition au tir coup par coup.

Les nombreuses expériences faites pour comparer la rapidité du tir du fusil modèle 1874 avec celle des fusils à répétition ont prouvé que le résultat était de peu d'importance en comparaison des chances possibles d'accidents et des autres inconvénients inhérents aux armes à répétition. Leur supériorité rèside exclusivement dans la possibilité de réserver quelques cartouches pour l'instant critique. En admettant que l'on obtienne des hommes d'attendre ce moment sans vider leur magasin, le tir à répétition des armes à magasin dans le fût ou dans la crosse ne produirait qu'un avantage trop restreint en raison du petit nombre de cartouches qu'elle peut contenir. A ce point de vue, l'idée des armes à magasin séparé a plus d'avenir, mais a encore été peu étudiée; elle offrirait de grands avantages non-seulement au point de vue de la rapidité, mais aussi de la sécurité, et en même temps une sérieuse garantie contre une consommation exagérée des munitions, puisqu'il est possible de ne faire monter le magasin qu'au moment même de s'en servir.

Il est cependant certains cas, comme la défense d'une brèche, le flanquement des fossés, dans lesquels les armes à répétition, actuellement existantes, bien qu'inférieures aux armes à un coup comme légèreté, simplicité et solidité du mécanisme, peuvent leur être préférées. Dans ces cas particuliers, leurs défauts n'ont plus la même importance, puisqu'elles ne sont plus destinées à être portées par le soldat dans les marches, ni à être exposées aux intempéries; leur puissance balistique pourrait même être plus faible, puisque dans de pareilles conditions elles ne doivent tirer qu'aux petites distances [1].

Depuis longtemps, la Marine française [2] avait reconnu l'avantage qu'il y aurait à armer les détachements de mousqueterie du bord d'un fusil à tir rapide; aussi avait-elle adopté sans hésiter en 1867 le nouveau fusil de l'armée (modèle 1866) se chargeant par la culasse. En même temps, des carabines à répétition système Lamson et système Winchester étaient mises en essai; ces expériences, continuées jusqu'en 1870, n'avaient point encore conduit à une solution définitive, lorsqu'elles furent interrompues par la guerre. Lors de l'adoption par le département de la guerre du fusil modèle 1874, la marine, n'ayant point encore eu le temps de reprendre ses études sur les fusils à répétition, avait réservé la question et conservé provisoirement pour l'armement du bord le fusil modèle 1866.

En principe, la question était résolue; « en effet, en dehors « du service des hunes ou des gaillards, où leur emploi était « demandé depuis longtemps, les armes à répétition ont leur « place indiquée dans toutes les circonstances de la vie maritime, « où la supériorité de l'armement peut seule remédier à la fai- « blesse numérique, telles que :

« L'armement des embarcations envoyées en exploration ou « pour protéger un débarquement; la mise de détachements à « terre soit pour un coup de main, soit pour une expédition; « l'occupation d'un poste à terre; l'envoi d'un détachement à « bord d'une prise.

« Dans tous ces cas, le nombre des hommes est nécessaire- « ment limité, et leur force matérielle et morale sera augmentée « par la valeur de l'arme mise entre leurs mains.

« Enfin la garde d'un navire au mouillage a pris une telle im- « portance qu'on ne saurait trop perfectionner l'armement des « factionnaires et des canots de ronde et de grand'garde. »

1. Lors de la défense de Plewna, pendant la dernière guerre russo-turque, les soldats turcs placés dans les retranchements étaient armés chacun d'un fusil Martini-Henry pour le tir à grandes distances, et d'un fusil à répétition Henry-Winchester pour le tir aux distances rapprochées; chaque homme avait à côté de lui une caisse pleine de cartouches Winchester.

2. *Expériences exécutées par la marine sur des fusils à répétition.* Paris, Tanera, 1878.

Du reste, pour le service de la marine, l'adoption d'un fusil à magasin ne devait pas présenter les mêmes inconvénients que pour l'infanterie. La question du poids a peu d'importance pour des troupes qui n'ont que rarement à faire de longues étapes. La complication du mécanisme était aussi pour la marine une considération tout à fait secondaire, puisque à bord c'est aux armuriers et non aux matelots qu'incombe l'entretien des armes.

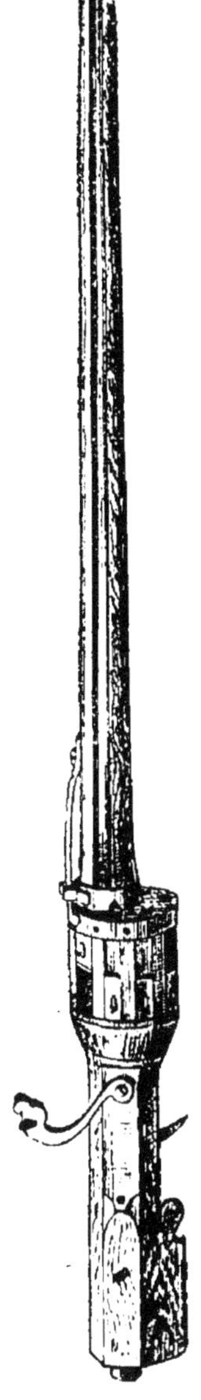
Fusil-revolver.

Les expériences sur les armes à répétition n'ont été reprises qu'en 1877; on a alors imposé comme conditions aux divers modèles mis en essai : de tirer la cartouche métallique modèle 1874; d'avoir la même tension de trajectoire et la même justesse que le fusil modèle 1874; d'avoir la faculté de pouvoir être utilisé comme une arme ordinaire, c'est-à-dire de permettre très-simplement et très-rapidement de passer du tir à répétition au tir coup par coup, et réciproquement; enfin d'être solide, ne pas exiger de soins trop délicats, n'être exposé à aucune avarie du mécanisme à répétition susceptible d'immobiliser l'arme dans le tir coup par coup; pouvoir être démonté, nettoyé et remonté sans difficulté.

Comme nous l'avons vu, trois modèles furent soumis aux épreuves : dans l'un, le magasin était dans la crosse; pour les deux autres, il était dans le fût. La marine avait, avec intention, laissé de côté les armes à répétition dont le magasin, indépendant de l'arme, vient s'accrocher à la boîte de culasse lorsqu'on veut tirer à répétition. En effet, pour des matelots obligés de monter aux échelles, de passer du bord dans les embarcations, et réciproquement, il importait d'éviter le plus possible les saillies de l'arme, et il était sage de proscrire tous les objets d'armement qui pouvaient être facilement égarés.

Revolvers. — Les revolvers sont des armes à répétition qui diffèrent des précédentes en ce que les munitions, au lieu d'être renfermées dans un magasin, sont placées dans des chambres, ordinairement au nombre de 6, ménagées dans un *barillet,* sorte de cylindre mobile autour d'un axe parallèle à celui du canon, mais placé au-dessous. Un mécanisme, plus ou moins ingénieux, permet de le faire tourner et d'amener successivement chacune des chambres dans le prolongement de l'âme du canon. Quelquefois, au lieu d'un seul canon, il y en a autant que de chambres ; le tout tourne autour d'un axe, le mécanisme d'inflammation seul est immobile.

Les revolvers ne tiennent aux inventions modernes que par certains perfectionnements, et surtout par leur nom, emprunté à la langue anglaise; mais le principe sur lequel repose leur construction était connu et appliqué dès le XVIe siècle, non-seulement aux pistolets, mais aussi à des fusils et carabines.

Les pistolets tournants étaient tombés complètement dans l'oubli, lorsque, grâce à l'invention des platines à percussion, le colonel américain Colt réussit à simplifier leur mécanisme et en fit des armes qui rendirent de grands services à l'Union pendant l'expédition de la Floride en 1837, et depuis aux pionniers américains dans leurs luttes continuelles contre les peuplades sauvages.

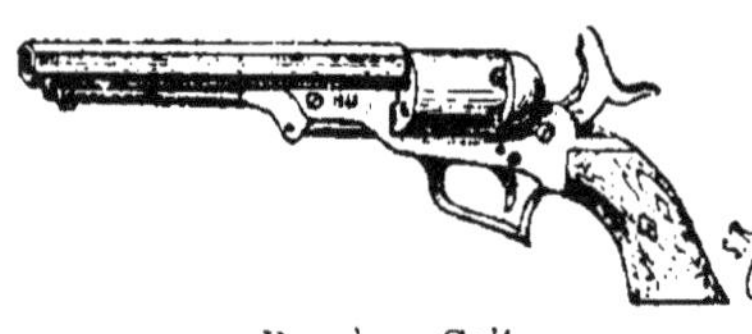
Revolver Colt.

Bien que de 1837 jusqu'en 1851 le système Colt ait subi des améliorations successives, il fallait encore, après chaque coup, armer le chien avec le pouce pour pouvoir faire feu; il était à *effet intermittent.* En 1851, Adams et Deane, arquebusiers américains, construisirent un nouveau revolver, dans lequel il suffisait de presser sur la détente pour obtenir à la fois la rotation du barillet et la percussion du chien, sans qu'il fût nécessaire d'armer. On pouvait ainsi tirer de suite, sans lâcher la détente, les six coups : c'était une arme à *mouvement continu.*

Malgré ce nouveau perfectionnement, le revolver n'était point encore une arme parfaite. Le chargement était assez long, car il fallait introduire dans chaque chambre, par l'avant, la poudre et la balle. Le tir n'était pas exempt de tout danger, car, par suite du rapprochement des cheminées, le jet de flamme engendré par l'explosion de la capsule pouvait enflammer non-seulement la charge correspondante, mais encore les charges voisines, si par accident le canal de lumière se trouvait à découvert.

D'Amérique, la mode des revolvers se répandit en Europe, et bientôt un grand nombre d'armuriers proposèrent de nouveaux modèles. C'est alors que M. Lefaucheux eut l'idée de construire un revolver tirant sa cartouche à culot métallique et à broche.

La cartouche, au lieu de s'introduire par l'avant, était mise en place par l'arrière de la chambre; la cheminée était supprimée, et la tête du chien, en venant frapper contre la broche, déterminait le départ du coup. Avec le revolver Lefaucheux, le chargement était ainsi plus rapide, et les chances d'accidents beaucoup plus rares qu'avec les premières armes dont nous venons de parler. Cependant la sécurité n'était point encore complète, parce que les broches, maintenues dans les rainures extérieures du barillet, le débordaient assez pour heurter violemment le sol et faire partir le coup si l'arme venait à tomber.

Dès 1855, le département de la marine s'était préoccupé de l'utilité que présenterait pour les matelots, particulièrement dans un abordage, une arme à tir rapide permettant de faire feu plusieurs fois de suite, sans qu'il fût nécessaire de recharger, et même sans quitter de l'œil le but à battre, qui souvent ne reste qu'un temps très-court dans les limites pratiques du champ de tir. Après plusieurs essais, le revolver présenté par M. Lefaucheux fut adopté en 1858, sous le nom de *pistolet-revolver modèle* 1858; ce fut la première arme de ce genre mise en service régulier dans un corps de troupes, et sa cartouche, la première cartouche métallique employée comme munition d'une arme de guerre.

Ce pistolet-revolver figurait à l'Exposition universelle de 1867. Parmi les nombreux modèles d'armes analogues qui s'y trouvaient, systèmes Colt, Remington, Savage, Adams-Deane, etc., il fut considéré comme le seul réalisant les conditions nécessaires pour faire disparaître les inconvénients des premiers types et particulièrement ceux inhérents à la cartouche et au chargement.

En 1868, sur l'ordre du ministre de la guerre, des revolvers du système Lefaucheux, ainsi que d'autres du système Perrin avec cartouche métallique à percussion centrale, furent mis en essai dans quelques légions de gendarmerie. Les épreuves subies par ces armes firent condamner le système de cartouches à broche et montrèrent que, pour être d'un usage réellement pratique, une arme de ce genre devait être non pas à *simple*, mais à *double mouvement*, c'est-à-dire qu'elle devait permettre à volonté le *tir intermittent* et le *tir continu*. Il y avait en effet un avantage incontestable à ce que l'on pût armer le chien et faire tourner le barillet, soit en agissant avec le pouce directement sur le chien lui-même, soit par la seule pression du doigt sur la détente. Dans ces conditions, le tireur pourrait à volonté, dans un cas pressant, tirer ses six balles d'un mouvement continu, ou bien avoir recours au tir intermittent, en armant à chaque coup, afin d'obtenir une plus grande précision, l'action du doigt sur la détente étant alors moins énergique et ayant moins de tendance à déplacer l'arme.

Les deux inventeurs présentèrent alors de nouveaux revolvers à double mouvement; de plus, M. Lefaucheux remplaça sa cartouche à broche par une autre à percussion centrale. Ces revolvers, ainsi que ceux des systèmes Delvigne, Lepage, Galand, furent soumis à de nouvelles expériences par la Commission de Vincennes, et, au moment où la guerre éclata, le Comité d'artillerie venait de proposer au ministre l'adoption du système Perrin pour l'armement des troupes à cheval.

De son côté, dès 1869, la Marine, reconnaissant que les progrès accomplis, depuis 1858, dans la fabrication des pistolets-revolvers, présentaient dans leur ensemble assez d'importance pour qu'il fût nécessaire d'adopter un nouveau modèle, entreprit de nouvelles expériences, à la suite desquelles elle accepta le revolver à double effet et à percussion centrale présenté par M. Lefaucheux. Cette arme, désignée sous le nom de *pistolet-revolver modèle* 1870, était déjà en service dans les troupes de la marine pendant la guerre. Comme on n'avait pas eu le temps au ministère de la guerre de donner suite à l'adoption du revolver Perrin, vers la fin de la campagne et surtout pendant la Commune, on distribua des revolvers Lefaucheux aux officiers et sous-officiers des troupes à cheval.

Après la guerre, on se préoccupa de nouveau de la question des revolvers, surtout au point de vue de l'armement de la gendarmerie. Un grand nombre de modèles furent expérimentés; on donna la préférence au système Chamelot-Delvigne, qui, après plusieurs modifications importantes, a été adopté, sous le nom de *pistolet-revolver modèle* 1873, pour l'armement de la gendarmerie. Depuis, il fut décidé, au mois d'août 1874, qu'il serait distribué à tous les hommes montés de la cavalerie, de l'artillerie et des trains, non pourvus d'une carabine, et servirait aussi pour l'armement en campagne des adjudants et sergents-majors d'infanterie.

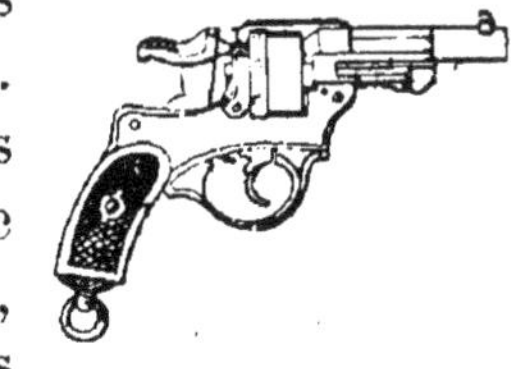
Pistolet-revolver mod. 1873.

Un modèle un peu plus léger et plus soigné, mais ayant exactement le même mécanisme et tirant la même cartouche, a été adopté en 1874 pour l'armement des officiers de toutes armes.

A tous les revolvers dont nous venons de parler, on peut reprocher la nécessité dans laquelle se trouve le tireur, après avoir épuisé les six cartouches contenues dans les chambres du barillet, de suspendre son tir pour recharger son arme. Cette opération est incommode et fort longue, car il faut d'abord extraire un à un les étuis vides à l'aide d'une baguette, en faisant tourner le barillet avec la main pour amener successivement chaque chambre en face de l'ouverture ménagée sur le côté droit du rempart, ouverture qui est fermée pendant le tir par une portière; de même, pour charger, il faut introduire les cartouches de la même manière, l'une après l'autre.

Dès 1865, MM. Drivon et Biron, de Saint-Étienne, firent breveter un modèle de revolver dans lequel un arrache-cartouche enlevait à la fois toutes les douilles vides. Des dispositions analogues ont été depuis adoptées dans les revolvers Smith et Wesson, Galand, Schmidt, Spirlet et autres. Dans ces différents modèles, par un mouvement de bascule soit du canon, soit du pontet, la tranche postérieure du barillet est mise à découvert; une portion mobile de cette tranche, se reportant alors en

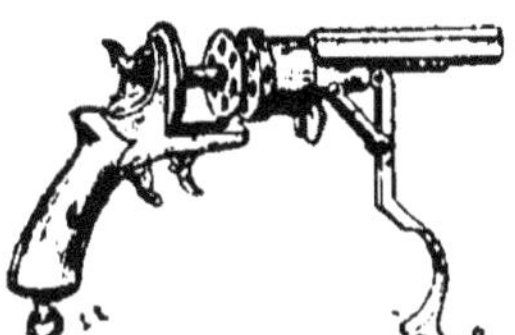
Revolver Galand.

Revolver Spirlet.

arrière, rejette d'un seul coup tous les étuis vides; on remet ensuite de nouvelles cartouches dans les chambres sans avoir besoin de faire tourner le barillet. La rapidité et la commodité du chargement sont ainsi beaucoup plus grandes; mais le mécanisme se trouve encore plus compliqué, défaut sans grande importance pour une arme de luxe, mais capital pour une arme de guerre; aussi les armes de ce genre ont-elles été rejetées.

Dans tous les revolvers, quel que soit leur système, pour prévenir les crachements et la déperdition des gaz, il faut rendre aussi parfaite que possible la juxtaposition de la tranche postérieure du canon et de la tranche antérieure du barillet. Ces deux pièces frottent donc l'une contre l'autre; ce frottement devient très-dur, par suite de l'encrassement qui ne tarde pas à tapisser les parois en contact. On doit diminuer le plus possible le forcement de la balle et disposer les rayures de telle sorte qu'elles n'opposent pas une trop grande résistance au mouvement du projectile, quand, quittant le barillet, il passe dans le canon. Leur tension étant alors plus faible, les gaz ont moins de tendance à s'échapper par la fente qui existe entre le barillet et le canon.

Quoi qu'il en soit, cette solution de continuité entre la chambre et le canon fera toujours que les armes revolvers n'auront qu'une justesse médiocre; cela nous explique pourquoi, de nos jours, on n'a pas songé à appliquer ce système aux fusils et carabines à répétition. Du reste, avec de fortes charges, on aurait des crachements considérables, et le barillet, de trop fortes dimensions, exigerait pour sa manœuvre un levier indépendant de la détente, ce qui compliquerait encore le mécanisme, lui enlèverait une partie de ses avantages et rendrait la manœuvre beaucoup plus lente.

Fusils de rempart. — De tout temps on a utilisé pour la défense des remparts des armes ressemblant beaucoup aux armes à feu en usage dans l'infanterie, mais d'un calibre plus fort. Les balles, plus lourdes, avaient une plus grande portée et en même temps une plus grande force de pénétration ; on réussissait ainsi à augmenter la portée efficace de la mousqueterie et à gêner les travaux d'approche de l'ennemi, en l'obligeant à se couvrir à l'aide de gabions farcis ou remplis de terre. Ces armes à feu portatives, trop pesantes pour être tirées à bras franc, ne se tiraient que sur appui et étaient quelquefois pourvues, comme nous avons déjà eu occasion de le faire remarquer, d'un appendice ou croc destiné à faire supporter une partie du recul par un obstacle fixe, afin de soulager l'épaule du tireur.

Telles étaient les *arquebuses à croc*, qui pesaient de 30 à 50 livres et lançaient des balles en plomb dont le poids était d'environ 1/10 de livre ou 50 grammes ; leur portée était de 120 toises.

Ces arquebuses à croc ont été en usage pendant tout le XVIe siècle ; au XVIIe, elles furent remplacées par des *mousquets de rempart*, qui ne différaient des mousquets ordinaires que par leur calibre et lançaient des balles de 12 à 16 à la livre, tandis que celles du mousquet ordinaire n'étaient alors que de 20 à 22.

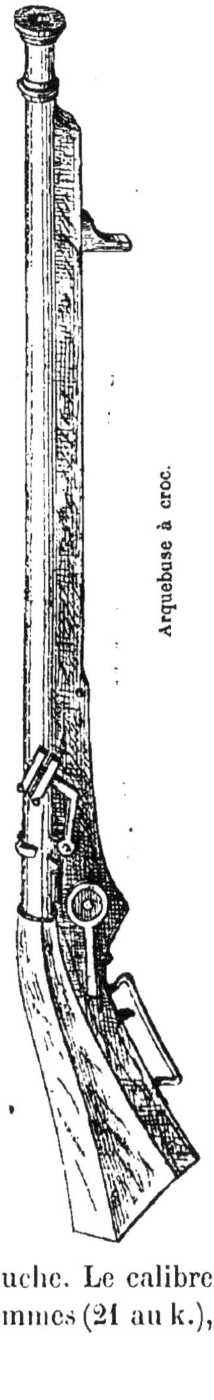

Vinrent ensuite les *fusils de rempart*, gros fusils de différents modèles, ordinairement munis d'une fourche à pivot. Le modèle le plus ancien que l'on connaisse est le *fusil de rempart* ou *demi-citadelle de* 1717, du calibre de 19^{mm},7, qui lançait la balle de 16 à la livre.

Le *fusil de rempart modèle* 1831, dont nous avons déjà décrit le mécanisme de fermeture [1], était du calibre de 21^{mm},8 ; les rayures paraboliques, au nombre de 12, faisaient un tour et demi sur la longueur du canon, qui était de 1^{m},30. Le poids de l'arme était d'environ 8^{k},620. La balle, de 8 à la livre, pesait 62^{gr},50 ; la charge de poudre était de 9 grammes ; le but en blanc de l'arme correspondait à une distance de 145 mètres. La pièce de culasse était munie d'un pivot, mobile dans le sens du canon, pour appuyer l'arme sur un chevalet et le pointer. Les épreuves faites en 1833 sur des fusils de ce modèle ayant démontré l'insuffisance de la portée et de la justesse, et l'impossibilité d'améliorer ces armes, on en fit cesser la fabrication.

Arquebuse à croc.

En même temps que l'on mettait en essai, en 1839, la carabine de tirailleurs dite *à la Pontcharra*, on expérimenta un fusil de rempart du même modèle que la carabine, c'est-à-dire rayé, à chambre, se chargeant par la bouche. Le calibre était de 20^{mm},5 ; la balle, sphérique, pesait 48 grammes (21 au k.),

1. Voir page 51.

la charge de poudre 6 grammes. Le canon portait une hausse mobile qui permettait de viser jusqu'à 600 mètres. Ce fusil, établi d'abord pour être tiré sur piquet, put l'être à bras francs, car son poids (5^{k},82) n'était pas plus fort que celui de quelques carabines étrangères. Pour faciliter l'épaulement de l'arme, on donna à la plaque de couche une forme concave, et on la termina par un *bec* en fer qui emboîtait l'épaule du tireur. Cette arme, alors désignée sous le nom de *grosse carabine*, fut donnée aux compagnies d'élite du bataillon de chasseurs chargé d'expérimenter la carabine.

La transformation de ce modèle peu portatif aboutit : 1° au *fusil de rempart allégé*, qui prit plus tard, après de très-légères modifications, le nom de *fusil de rempart modèle* 1842 (poids 4^{k},250) ; 2° au *fusil de rempart modèle* 1840, qui ne devait servir que dans les places et ne portait ni baïonnette-sabre ni sabre-baïonnette. Pour ces deux armes, le calibre était de 20^{mm},5, le poids de la balle de 48 grammes, celui de la charge de poudre de 6 grammes environ.

Lors de l'adoption de la carabine à tige, dont la balle allongée pesait le même poids que la balle sphérique du fusil de rempart modèle 1842 et lui était supérieure par sa justesse et sa portée, on renonça à l'emploi des fusils de rempart.

Mais, depuis, les études sur les armes de petit et de gros calibre ont montré combien ces dernières, bien que n'étant plus admissibles pour l'armement de l'infanterie, étaient supérieures aux autres au point de vue de la portée, de la justesse et des effets de pénétration. Aussi la question des fusils de rempart a été de nouveau remise à l'étude dans ces dernières années.

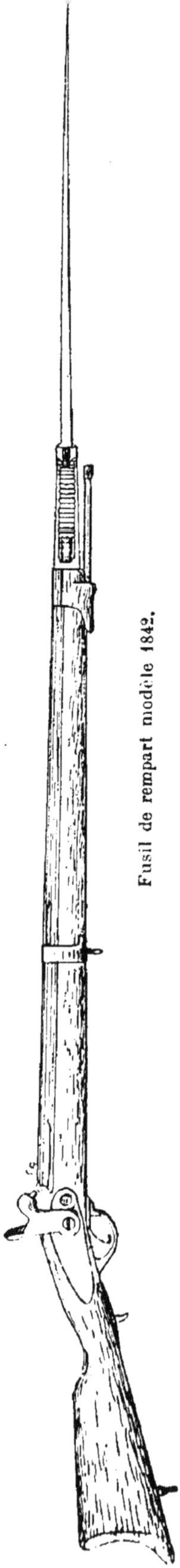

Fusil de rempart modèle 1842.

DESCRIPTION

DES

ARMES EN SERVICE

Les *modèles d'armes réglementaires*, actuellement en service dans l'armée de terre pour l'*armement des troupes*, sont :

Les fusils d'infanterie modèle 1874 et 1866-74, avec épée-baïonnette modèle 1874 ;

Les carabines de cavalerie modèle 1874 et 1866-74 ;

Les carabines de gendarmerie à cheval modèle 1874 et 1866-74, avec baïonnette modèle 1866 ;

Les carabines de gendarmerie à pied modèle 1874 et 1866-74, avec sabre-baïonnette modèle 1866 ;

Les mousquetons d'artillerie modèle 1874 et 1866-74, avec sabre-baïonnette modèle 1866 ;

Le revolver modèle 1873 ;

Le sabre d'adjudant et de sergent-major d'infanterie modèle 1845 ;

Le sabre de cavalerie de réserve modèle 1854 ;

Le sabre de dragon modèle 1854 ;

Le sabre de cavalerie légère modèle 1822 ;

L'épée de sous-officier modèle 1857 ;

L'épée de sous-officier de gendarmerie modèle 1853 ;

La cuirasse modèle 1855.

Il existe encore d'autres armes soit de modèles anciens, soit de modèles irréguliers achetés pendant la dernière guerre, qui sont en service ou en magasin. On les utilise, suivant les besoins, pour l'armement de quelques corps spéciaux de l'armée active ou de l'armée territoriale.

Les *armes d'officiers* sont un peu différentes de celles de la troupe ; ce n'est qu'en 1854 que le Ministre, voulant faire cesser les irrégularités qui existaient dans l'armement des officiers de quelques corps de l'armée et assurer d'une manière positive l'établissement des modèles d'armes destinés aux officiers, décida que dorénavant la description en serait donnée au *Journal militaire*. Ces armes sont :

Le revolver d'officier modèle 1874;

Le sabre d'officier d'infanterie modèle 1855;

Le sabre d'officier supérieur d'infanterie modèle 1855;

Le sabre d'officier de cavalerie de réserve et de dragon modèle 1854;

Le sabre d'officier de cavalerie légère modèle 1822;

Le sabre d'officier d'état-major modèle 1855;

L'épée d'officier d'état-major modèle 1855;

L'épée d'officier de génie modèle 1855;

L'épée d'officier supérieur de gendarmerie modèle 1855;

L'épée d'officier de gendarmerie modèle 1855;

L'épée d'intendant militaire modèle 1852;

L'épée d'officier de santé modèle 1852;

La cuirasse d'officier de cuirassiers.

ARMES A FEU.

Fusil modèle 1874 [1].

Le fusil modèle 1874 diffère peu, par sa forme extérieure et ses dimensions, du fusil modèle 1866. Le canon est bronzé; primitivement, toutes les garnitures étaient aussi mises en couleur; mais comme, par le frottement, certaines de ces pièces blanchissaient très-vite et entraînaient des réparations continuelles, on s'est décidé à ne plus mettre en couleur la baguette, la plaque de couche, le battant de crosse, la sous-garde et les têtes des vis à bois.

Le mécanisme de fermeture rappelle dans son ensemble celui

1. Consulter : 1° *les Armes portatives en France*, *Revue d'Artillerie*, février 1873; 2° *Manuel de l'instructeur de tir*, approuvé par le ministre de la guerre le 12 février 1877; 3° *Règlement du 12 juin 1877 sur les manœuvres de l'infanterie;* titre II : *École du soldat*, chap. II, article 1er : *Démontage et Remontage de l'arme;* article 3 : *Charge;* article 4 : *Exercices préparatoires de tir.*

du système Chassepot; il est, comme lui, à verrou; mais les détails des différentes pièces ne sont plus les mêmes. La cartouche métallique assure l'obturation. Une épée-baïonnette peut être fixée à l'extrémité du fusil.

Poids moyen du fusil sans baïonnette	4k,200
Poids moyen de l'épée-baïonnette sans fourreau	0 ,560
Poids du fusil avec épée-baïonnette	4 ,760
Poids de l'épée-baïonnette avec son fourreau	0 ,800
Longueur du fusil sans baïonnette	1m,305
Longueur de la lame de l'épée-baïonnette	0 ,530
Longueur totale du fusil avec épée-baïonnette	1 ,835

Epée-baïonnette. — Plus légère que le sabre-baïonnette mo-

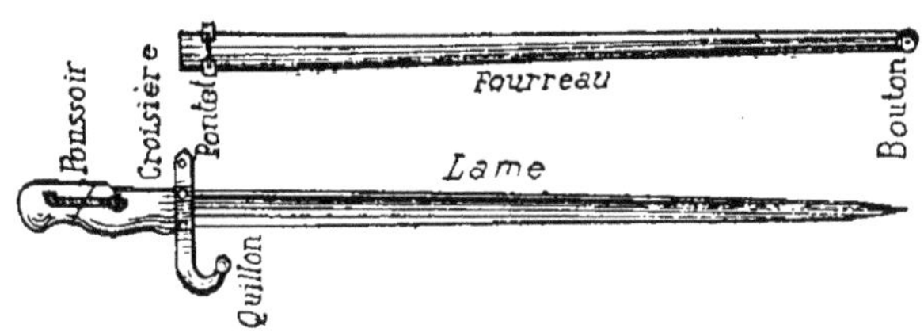

Epée-baïonnette mod. 1874.

dèle 1866, l'épée-baïonnette peut, à la rigueur, être laissée au bout du canon, même pendant le tir.

Elle est interchangeable, c'est-à-dire s'adapte indifféremment à n'importe quel fusil.

La *lame*, mince et effilée, est renforcée par un *dos* très-large; elle se termine par une *soie* plate qui affecte la forme de la poignée.

La *poignée* est formée de deux *plaquettes* de bois fixées sur la soie par des rivets; le *pommeau* est garanti contre les chocs par une garniture en laiton.

Un *poussoir* et son *ressort*, logés dans la poignée, servent à maintenir l'épée-baïonnette au bout du canon. La *croisière* porte d'un côté la *douille* et de l'autre le *quillon* pour former les faisceaux.

Le *fourreau*, en tôle d'acier, est bronzé; deux *battes*, rivées à l'entrée, maintiennent la lame. Un *pontet* permet de fixer le fourreau au ceinturon.

Cartouche. — La *douille* ou enveloppe métallique est formée d'une seule pièce de laiton; c'est un disque découpé dans une plaque de métal et amené à sa forme définitive par des emboutissages et étirages successifs.

Le *bourrelet* est massif; le centre du *culot*, réembouti deux fois en sens inverse, forme une *cuvette* qui sert de logement à l'amorce, avec une saillie ou *enclume* contre laquelle est écrasé le fulminate de l'amorce par le choc du percuteur; deux *évents* percés de chaque côté de l'enclume permettent aux gaz enflammés de transmettre le feu à la charge de poudre.

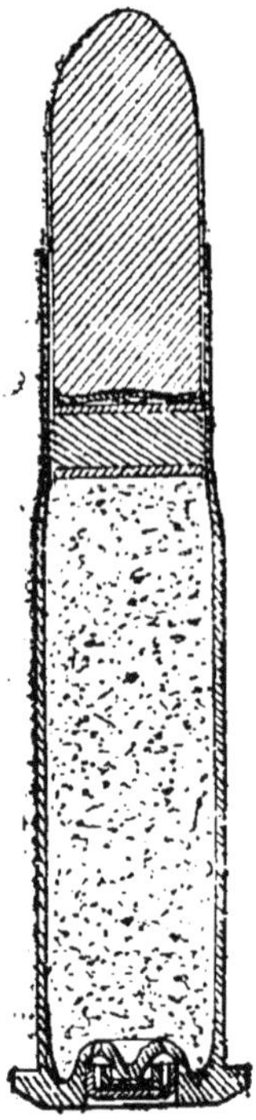

La capsule est maintenue dans son logement par un *couvre-amorce* en laiton, qui entre à forcement dans la cuvette.

L'étui à poudre, de forme légèrement tronconique, a un diamètre un peu supérieur à celui de la balle; on a pu ainsi lui donner une capacité suffisante pour contenir la charge de poudre sans exagérer sa longueur. Il se rétrécit à la partie antérieure, afin de maintenir la balle par simple serrage et non par sertissage. Cette disposition a pour but de ne pas rendre trop difficile la séparation de l'étui et de la balle au moment du départ du coup, et d'éviter que cette dernière, lorsqu'elle s'engage dans les rayures, n'entraîne la douille dans sa rotation, ce qui pourrait rendre son mouvement irrégulier. Depuis le mois de décembre 1877, tous les étuis sont vernis à l'intérieur afin d'éviter le contact de la poudre avec le métal, contact qui pourrait donner naissance à une action chimique aboutissant à la décomposition de la poudre.

Cartouche mod. 1874.

On emploie pour le chargement des cartouches modèle 1874 la *poudre* F_1, qui est une poudre lente; on peut cependant, sans grand inconvénient, utiliser aussi la poudre B, poudre vive, qui servait autrefois pour la confection des cartouches modèle 1866.

Un *lubrificateur*, composé d'une rondelle de *feutre gras* comprise entre deux rondelles de *carton mince glacé*, sépare la balle de la poudre.

La *balle*, en plomb pur comprimé, a une forme légèrement tronconique (11^{mm} à la base, 10^{mm},8 à l'origine de la partie ogivale); à la base, elle est entourée d'un *losange de papier* qui a pour but d'isoler la balle des parois du canon pendant son trajet dans l'âme, et, par suite, d'éviter le plombage des rayures. La partie de la balle qui est en dehors de l'étui est *graissée*.

Sur le culot sont inscrits le *nom de l'atelier* où a été fabriqué l'étui, le *numéro du trimestre* ainsi que le *millésime de l'année* de la fabrication. Les étuis ayant déjà servi, après avoir été nettoyés à la potasse par les soins des chefs armuriers des corps aussitôt après le tir, sont renvoyés dans les ateliers de chargement, où ils sont remandrinés, puis chargés à nouveau comme des étuis neufs. Chaque *réfection* est indiquée sur le culot par un *coup de pointeau*. Lorsque l'on reconnaît que l'étui n'est plus assez solide pour pouvoir servir dans le tir à balle, on l'indique par une *croix de Saint-André*. On ne doit plus alors l'employer que pour la confection des cartouches à blanc; les nouvelles réfections qu'il peut subir dans ces conditions sont indiquées avec le pointeau, non plus par un *point*, mais par un *trait*.

Etui neuf.

Etui réfectionné.

Dans les cartouches à blanc, l'étui est fermé par un *anneau en carton*, que l'on met à la place de la balle et qui occupe la partie rétrécie; il est séparé de la poudre par une *rondelle de carton* et recouvert à sa partie supérieure par une seconde *rondelle de papier fort*.

Longueur de la balle..................	27mm
Longueur totale de la cartouche.......	76
Poids de la balle	25gr
Poids de la charge de poudre F_1.......	5 ,25
Poids moyen de l'étui................	12 ,90
Poids moyen d'une cartouche à balle..	43 ,8
Poids moyen d'une cartouche sans balle.	18 ,0

Les cartouches empaquetées par *paquets de* 6, les balles alternant avec les bourrelets, sont isolées les unes des autres par une *feuille de papier* qui les contourne successivement et dont on a calculé la largeur de telle façon que, dans les transports, le bourrelet de l'une ne puisse venir porter sur les balles des autres. Autant que possible, on ne doit défaire les paquets qu'au moment de se servir des cartouches, ou sinon les refaire avec beaucoup de soin.

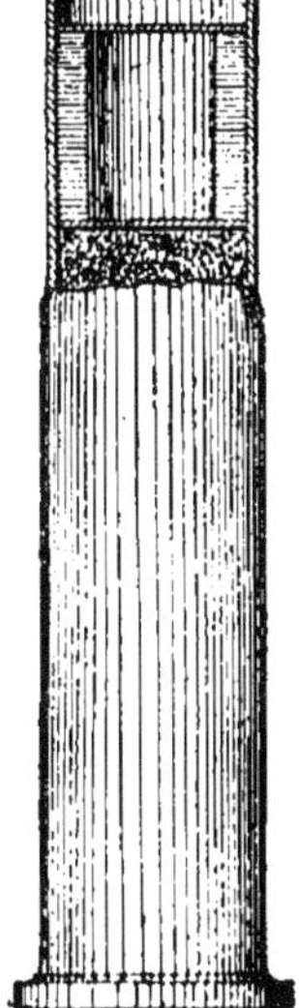
Cartouche à blanc.

L'enveloppe, en papier fort, est liée avec une ficelle. L'inscription marquée dessus indique le *lieu*, l'*année*, le *mois* de la fabrication et le *modèle des cartouches;* elle porte aussi les *initiales* de l'officier chargé du service.

	A balle.	Sans balle.
Poids moyen des paquets de cartouches.	272gr	115gr
Longueur...........................	85mm	65mm
Largeur...........................	41	41
Épaisseur...........................	28	28

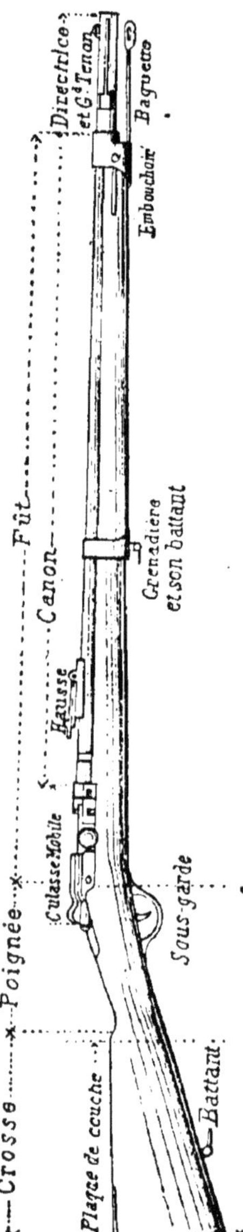

Fusil mod. 1874.

Fusil. — Les parties principales du fusil sont :

Le *canon*, ou arme à feu proprement dite;

La *culasse mobile*, ou pièce de fermeture;

La *monture*, ou bois destiné à faciliter le maniement de l'arme ;

Les *garnitures*, pièces qui servent soit à fixer le canon sur la monture, soit à préserver le bois contre les chocs, ou bien encore peuvent être nécessaires pour le service de l'arme.

La *monture*, en bois de noyer, relie entre elles les différentes pièces de l'arme et sert en même temps à lui donner une solidité suffisante pour en faire une arme de main lorsque l'épée-baïonnette est au bout du canon; elle comprend trois parties :

Le *fût*, dans lequel sont creusés le logement du canon et le canal de baguette;

La *poignée*, qui permet de saisir l'arme facilement, soit pour le tir, soit pour l'escrime à la baïonnette et le maniement de l'arme;

La *crosse*, qui sert à épauler, se raccorde avec la poignée par une partie intermédiaire appelée *busc*; elle va en s'élargissant, afin de répartir le recul sur la plus grande surface possible de l'épaule et de le rendre moins pénible pour le tireur. Grâce à la courbure de la crosse, la ligne de visée de l'arme se trouve à hauteur de l'œil.

L'extrémité de la crosse est préservée par la *plaque de couche*, recourbée à angle droit de façon à contourner le *talon* de la crosse qui pose à terre, lorsque le soldat met l'arme au pied.

Les *garnitures* sont : la *plaque de couche*, l'*embouchoir*, la *grenadière*, le *battant de crosse*, la *sous-garde*, la *vis de culasse* et enfin la *baguette*.

L'*embouchoir* et la *grenadière*, maintenus en place chacun par un *ressort*, lient ensemble le canon et le fût.

Le *battant de crosse* ainsi que celui de la *grenadière* servent à attacher la bretelle.

La *sous-garde* est composée de la *pièce de détente* et du *pontet*. Ce dernier protège la détente contre les chocs accidentels; il porte le *taquet-écrou* dans lequel se visse l'extrémité de la baguette. La pièce de détente garantit le bois contre les chocs de la détente; elle porte une *bouterolle* servant d'écrou à une vis dite *vis de culasse*, qui traverse la queue de culasse et la monture, et achève d'assurer la liaison du canon avec le fût.

La *baguette* sert à laver le canon et à décharger l'arme dans certains cas. Elle est vissée au fond de son canal, afin de ne pas être projetée au moment du départ du coup par suite du contre-coup; une *fente* pratiquée dans la tête permet l'introduction d'une lame de tournevis pour faciliter le vissage ou le dévissage s'il y a lieu.

Le *canon* se compose de deux parties vissées l'une dans l'autre : le *canon* proprement dit et la *boîte de culasse*, destinée à loger le mécanisme de fermeture de la culasse.

Le *canon*, en acier puddlé fondu, est un tube ouvert à ses deux extrémités, sa longueur est de 820^{mm},5.

Extérieurement, il a une forme légèrement tronconique, l'épaisseur maximum des parois correspondant à la position de la chambre à poudre, c'est-à-dire au *tonnerre*. Il se termine à l'arrière par un *bouton fileté* qui se visse dans un écrou correspondant, ménagé à la partie antérieure de la boîte de culasse. Les *pans* du tonnerre et de la boîte de culasse n'ont d'autre utilité que de faciliter le vissage ou le dévissage de ces deux pièces en permettant de les fixer plus aisément dans un étau.

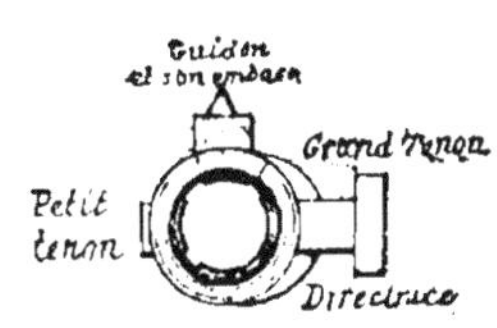

Près de la bouche, on remarque à droite le *grand tenon* et la *directrice* et à gauche le *petit tenon*, qui servent à fixer l'épée-baïonnette. Sur le dessus se trouve en avant le *guidon* et en arrière la *hausse*.

Le tube intérieur se divise en deux parties, la *chambre* et l'*âme*.

La *chambre*, destinée à recevoir la cartouche, est placée à l'arrière; elle est composée de troncs de cône successifs qui reproduisent la forme extérieure de la cartouche; lorsque celle-ci est dans le canon, la balle se trouve placée à l'origine des rayures.

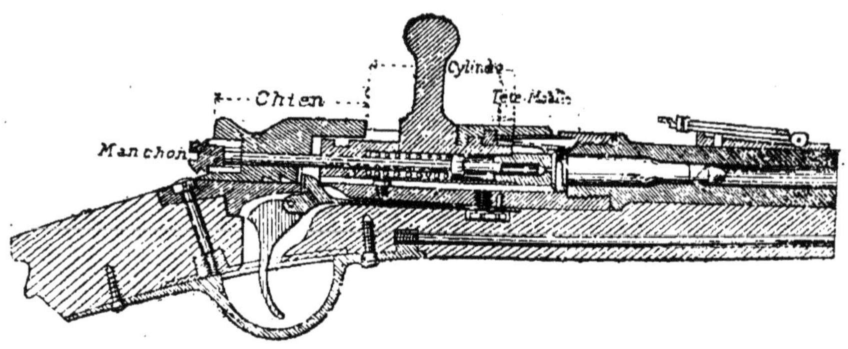

Fusil mod. 1874 (coupe du mécanisme).

Le bourrelet de la cartouche s'engage en partie dans un *chanfrein* ménagé à l'entrée de la chambre. Afin que, à la partie supérieure, il déborde la tranche du canon et puisse être saisi par l'extracteur, le bouton fileté a été taillé en biseau; ce biseau porte le nom d'*aminci*.

L'*âme*, beaucoup plus longue que la chambre (760^{mm}), est cylindrique et rayée.

Les *rayures*, au nombre de 4, tournent de *droite à gauche*; leur profondeur est uniforme et égale à $0^{mm},25$; les pleins, égaux aux vides, sont raccordés avec ceux-ci par des arcs de cercle. Le pas est constant et égal à $0^{m},55$. Le *calibre* est de 11^{mm} mesuré sur le plein des rayures.

La *boîte de culasse* est une sorte de tube dans lequel la culasse mobile peut prendre un mouvement de va-et-vient dans le prolongement de l'axe du canon.

Elle se termine en avant par l'*écrou* et en arrière par une *queue* traversée par la *vis de culasse*. En dessous, on remarque un *tenon* de recul, qui a pour but de répartir le recul sur une plus grande partie de bois.

La boîte de culasse présente à sa partie supérieure une *fente* pour servir de passage au levier de manœuvre de la culasse mobile. Sur le côté droit, on remarque une *échancrure* pour faciliter l'introduction de la cartouche dans la chambre, le *rempart* contre lequel vient buter le levier de manœuvre lorsqu'il est rabattu, et enfin une *vis-arrêtoir*, destinée à limiter la course de la culasse-mobile et l'empêcher de sortir de son logement.

Sous la boîte de culasse est fixé l'*appareil de détente*, composé d'un *ressort-gâchette* et d'une *détente*. Grâce à l'action de son ressort, la *tête de gâchette* fait saillie dans l'intérieur de la boîte de culasse; on peut la faire rentrer à volonté en agissant avec le doigt sur la détente, qui n'est qu'une sorte de levier coudé.

La *culasse mobile* se compose de quatre parties principales : *tête mobile*, le *mécanisme de percussion*, le *cylindre* et l'*extracteur*.

La *tête mobile* est un cylindre qui sert à fermer le tonnerre et donne au culot de la cartouche un point d'appui, pour l'empêcher d'être projeté en arrière par l'effet du recul. Dans le fusil modèle 1874, la tête mobile n'est qu'une pièce de fermeture, l'obturation étant assurée par la douille de la cartouche; il n'en était pas de même dans le fusil modèle 1866, parce qu'alors la cartouche étant combustible, l'obturation était produite par la rondelle de caoutchouc montée sur la tête mobile.

Tête mobile.

Le *mécanisme de percussion* est composé du *percuteur* et du

Percuteur. Manchon. Chien.

chien qui sont intimement liés l'un à l'autre à l'aide d'une pièce intermédiaire, le *manchon*. C'est toute cette masse qui, projetée avec force par l'action du *ressort à boudin*, vient frapper par sa pointe le couvre-amorce et pousse la capsule contre l'enclume.

Dans le *cylindre*, qui sert à relier entre eux la tête mobile et le mécanisme de percussion, est ménagé le *logement du ressort à boudin;* le cylindre porte à l'extérieur un *renfort* avec le *levier de manœuvre*.

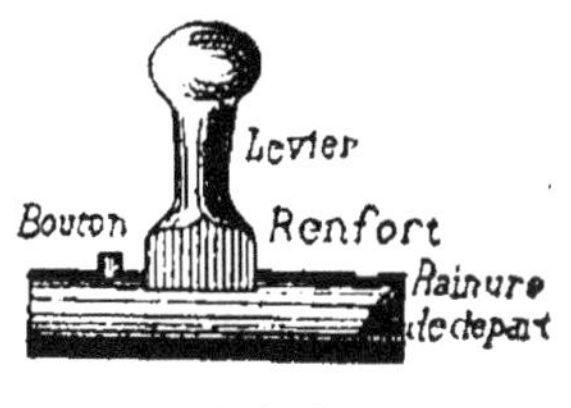

Cylindre.

Dans la tête mobile est logé l'*extracteur*, nécessaire pour retirer après chaque coup la douille vide.

La *griffe* de l'extracteur devant se placer en avant du bourrelet de la cartouche, on a dû lui ménager un logement dans la tranche antérieure de la culasse. Afin que l'extracteur reste toujours en face de son logement, on a été forcé de rendre la tête mobile indépendante du mouvement de rotation imprimé au cylindre, lorsqu'on rabat le levier à droite pour l'arc-bouter contre le rempart et empêcher la culasse mobile d'être projetée en arrière par l'effet du recul.

Fonctionnement du mécanisme. — Supposons qu'un coup vienne de partir et que le tonnerre soit fermé; pour l'ouvrir, il faut tourner franchement le levier de droite à gauche et retirer sans

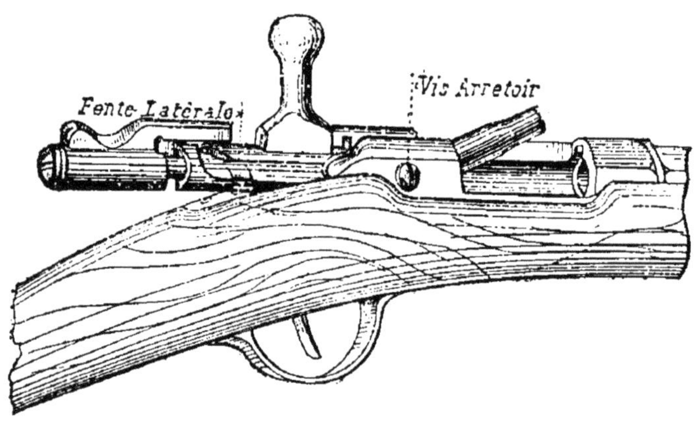

Fusil mod. 1874. (Vue extérieure du mécanisme.)

brusquerie la culasse mobile en arrière, jusqu'à ce que la tête mobile soit arrêtée par la vis-arrêtoir, qui se déplace dans une *rainure latérale* creusée sur la partie droite du cylindre et prolongée jusque dans la tête mobile, où elle se termine par un ressaut.

L'extracteur, entraîné dans ce mouvement en arrière, ramène l'étui vide, qui, venant buter contre une petite vis ou *éjecteur* fixé au fond de la boîte de culasse, bascule et est projeté au dehors sans que le soldat ait à s'en occuper.

Le mouvement de rotation du cylindre, en même temps qu'il sert à dégager le levier, produit l'armé automatique du chien. En effet, le chien, dont le *coude* est engagé dans la fente supérieure de la boîte de culasse, ne peut suivre le cylindre dans son mouvement de rotation, et comme son *coin d'arrêt*, s'engageant dans une *entaille* ménagée à la partie postérieure du cylindre, s'appuie contre la *rampe héliçoïdale* de cette entaille, il en résulte une pression oblique, analogue à celle d'un filet de vis contre son écrou, qui oblige le chien à se reporter en arrière. Dans son mouvement, le chien entraîne avec lui le percuteur. Le ressort à boudin est alors comprimé entre *l'épaulement* ou embase du percuteur d'une part, et le fond de son logement dans le cylindre de l'autre.

Le coin d'arrêt du chien, ne se trouvant plus en face de l'entaille, tombe dans le *cran de l'arme* ménagé sur la tranche postérieure du cylindre et met le chien et, par suite, le percuteur dans l'impossibilité de céder à l'action du ressort et de se porter en avant. Le tonnerre étant découvert et la chambre libre, on introduit par l'échancrure une nouvelle cartouche.

Pour fermer le tonnerre, il faut pousser la culasse mobile en avant et tourner franchement le levier pour le rabattre complétement à droite. Pendant le mouvement en avant de la culasse mobile, le devant de la griffe de l'extracteur pousse la cartouche dans la chambre, si elle n'y est déjà complétement introduite. Mais, avant qu'elle soit à fond, la culasse mobile est arrêtée par la vis-arrêtoir, qui vient buter contre l'un des bords de la rainure latérale, recourbée suivant une direction héliçoïdale. A partir de ce moment, le cylindre ne peut plus avancer qu'en tournant, le *renfort du cylindre* glissant le long du rempart qui, au lieu d'être taillé à angle droit, présente lui aussi la forme d'une rampe héliçoïdale.

Ces différentes dispositions ont pour but d'éviter que la tête mobile, venant frapper trop brusquement contre le culot de la cartouche placée dans la chambre, ne détermine l'inflammation de l'amorce et occasionne le départ avant que le cylindre soit rabattu et par conséquent la culasse fermée. Inversement, lorsqu'on relève le levier, la vis-arrêtoir, forcée encore une fois de suivre la rainure héliçoïdale, oblige le cylindre et, par suite, la tête mobile à se reporter un peu en arrière, ce qui donne beaucoup plus de force pour vaincre l'adhérence de la douille contre les parois de la chambre.

Quand on pousse la culasse mobile pour fermer le tonnerre, le percuteur et le chien, reliés au cylindre par le ressort qui est bandé, suivent le mouvement jusqu'à ce que la tranche antérieure du chien vienne buter contre la saillie de la tête de gâchette; chien et percuteur sont alors arrêtés. Lorsque le cylindre tourne par suite du rabattement du levier, son entaille vient se placer de nouveau en face du cran d'arrêt du chien, prête à le recevoir. Pour faire feu, il suffit alors de presser sur la détente : le chien, rendu libre, est entraîné avec le percuteur, qui cède alors à l'action du ressort et dont la pointe, dépassant à l'abattu la tranche de la tête mobile, vient atteindre l'amorce de la cartouche.

En résumé, la charge proprement dite s'exécute en trois temps :

1° *Ouvrir le tonnerre;*

2° *Introduire la cartouche dans le canon;*

3° *Fermer le tonnerre.*

Dans le maniement de l'arme, il faut, à ces trois temps, en ajouter un quatrième, pour placer l'arme dans la position convenable pour *charger* et un cinquième pour *faire feu.*

La vitesse du tir rapide est, le plus habituellement, de 5 coups par minute; elle peut aller jusqu'à 7 coups et même exceptionnellement jusqu'à 9 ou 10 coups, lorsque le tireur a sous la main une provision de cartouches.

En arrière de la tranche antérieure du chien, qui, fortement trempée, remplit les fonctions de noix, on remarque deux crans, le premier dit *cran de sûreté* et le second *cran de l'abattu.*

Le *cran de l'abattu* permet au soldat de conserver son arme chargée sans cependant laisser le chien à la position du bandé. Il sert aussi, et c'est son usage le plus fréquent, de cran de repos pour le ressort-gâchette.

La position du *cran de sûreté* est déterminée de telle sorte que, l'arme étant chargée et le chien mis au cran de sûreté au lieu d'être à l'armé, on n'a rien à craindre d'un coup parti accidentellement; la force du ressort serait trop faible et la course du percuteur insuffisante pour que le choc pût faire détoner la capsule.

Il y a deux manières de mettre le chien au cran de sûreté, selon qu'il est préalablement à l'abattu ou au bandé.

Dans le premier cas, il suffit de relever le levier comme si on voulait ouvrir le tonnerre et d'arrêter son mouvement à l'instant où l'on entend la gâchette tomber dans le cran de sûreté.

Dans le cas où l'arme est chargée et le chien au bandé, il faut amener le renfort du cylindre dans le prolongement du pan intermédiaire de la boîte de culasse, c'est-à-dire l'incliner à 45° environ, puis placer la main gauche sous la boîte de culasse, les doigts dans l'échancrure pour empêcher le levier de se rabattre complètement à droite ; appuyer légèrement sur la détente avec le premier doigt de la main droite, et accompagner le chien en le soutenant avec le pouce, de manière que, en abandonnant la détente, la tête de gâchette tombe dans le cran de sûreté, et y soit arrêtée.

Le chien étant au cran de sûreté, il faut, pour faire feu, le mettre au cran du bandé, en relevant franchement le levier, quelquefois même en le ramenant un peu en arrière pour faire passer le chien derrière la tête de gâchette, et le rabattre ensuite à droite [1].

Démontage et remontage de l'arme. — Il ne sera question que du démontage de la culasse mobile, ce qui permettra, en examinant les pièces une à une, d'en achever la description ; pour tout le reste, on renverra le lecteur au titre II de l'*Ecole du soldat* (page 149).

Pour retirer la culasse mobile de la boîte de culasse, il suffit de desserrer de trois filets la vis-arrêtoir ; pour cela, un tournevis n'est pas indispensable : une pièce de monnaie, l'ongle même peuvent suffire à la rigueur. Il faut ramener ensuite la culasse mobile en arrière, comme si on voulait ouvrir le tonnerre, et presser en même temps sur la détente, de façon à abaisser la tête de gâchette et l'empêcher de venir buter contre l'extrémité de la *rainure inférieure*, ménagée sous le cylindre et la tête mobile, et servant de passage à la fois à la tête de gâchette et à la vis éjecteur. Dans la tête mobile cette rainure communique avec une *rigole* placée à droite et destinée à servir à l'occasion d'issue aux gaz qui, provenant de la rupture d'un culot, se seraient engagés dans la rainure inférieure.

Une fois la culasse mobile enlevée, on met le chien à l'abattu, on enlève la tête mobile en la faisant tourner de façon à dégager de la *mortaise* dans laquelle il est engagé le *bouton* du cylindre, qui sert à rendre les deux pièces solidaires l'une de l'autre dans le mouvement de va-et-vient, mais laisse la tête mobile indé-

1. Il est bon de remarquer que si par hasard le levier n'était pas complètement rabattu, la pression du coin d'arrêt sur la rampe hélicoïdale suffirait pour achever de le rabattre, assurer la fermeture complète et éviter ainsi toute chance d'accident.

pendante du mouvement de rotation du cylindre. Une *nervure* qui règne entre le renfort et le bouton et se prolonge un peu en avant sur le cylindre a pour objet d'empêcher tout déversement du cylindre lorsqu'on le ramène en arrière.

Pour retirer l'extracteur de son logement creusé, dans le *renfort* de la tête mobile, il faut presser sur les deux branches qui forment ressort et tirer à soi en faisant sortir le *pivot* de son trou.

La *branche inférieure* de l'*extracteur* porte la *griffe* qui saisit le bourrelet de la cartouche ; le devant de la griffe est incliné, afin de passer plus aisément par-dessus le bourrelet quand on ferme le tonnerre. La *branche supérieure* se termine par un plan incliné, qui, dans le mouvement de fermeture du tonnerre, vient glisser sur le plan incliné ménagé dans son logement dans la boîte de culasse. Grâce à cette disposition, la branche supérieure se comprime de plus en plus, et, réagissant sur la branche inférieure, appuie la griffe contre le bourrelet ; en même temps, tout ballottement de la tête mobile est supprimé.

Extracteur.

Le chien et le percuteur sont réunis entre eux par le *manchon*, qui est logé dans la partie postérieure du chien et dont la tête molletée déborde en arrière. Pour les dégager, faire tourner la *fente de repère* du manchon exactement dans le prolongement de la *fente de repère* du chien, appuyer la pointe du percuteur contre un morceau de bois dur, ou mieux encore contre la tête de la baguette, sur laquelle on a ménagé à cet effet un *trou* pour empêcher le percuteur de glisser; faire ensuite effort sur le cylindre pour comprimer le ressort jusqu'à ce que le manchon soit entièrement sorti de son logement ; dégager le T du percuteur du T du manchon. On n'a plus alors qu'à enlever le chien par l'arrière, le percuteur et e ressort à boudin par l'avant du cylindre.

Le remontage s'opère dans un ordre inverse; une fois le manchon introduit dans son logement dans le chien, il faut avoir soin de le tourner de façon que la fente de repère soit perpendiculaire au trait de repère, car c'est dans cette position seulement que les *ailettes* du manchon, venant buter contre les *cloisons* de leur logement dans le chien, rendent impossible la séparation du chien et du percuteur.

Du reste, une fois la culasse mobile engagée dans la boîte de culasse, il est impossible que pareil accident se produise; en effet le chien, maintenu par son coude, ne peut tourner; il en est de même du percuteur, grâce à la disposition particulière de son extrémité antérieure, qui a la forme d'un *méplat* à section ovale. Le logement de ce méplat dans la tête mobile a même section, de telle sorte que le percuteur ne pourrait tourner que s'il était entraîné par la tête mobile. Mais que l'on ouvre ou qu'on ferme le tonnerre, il est impossible que la tête mobile suive le mouvement du cylindre, car dans le premier cas son renfort vient buter contre la face gauche de la fente de la boîte de culasse, et dans le second l'extracteur, engagé dans son logement dans la boîte de culasse, la maintient immobile.

Accessoires. — Bien que le démontage et le remontage de la culasse mobile puissent se faire sans le secours d'aucun outil, néanmoins chaque soldat est pourvu d'un jeu d'accessoires comprenant un *nécessaire d'armes* et un *lavoir* en laiton [1].

Le *nécessaire d'armes* se compose d'une *boîte* en tôle de fer dans laquelle on renferme les différents ustensiles nécessaires à

NÉCESSAIRE D'ARMES.

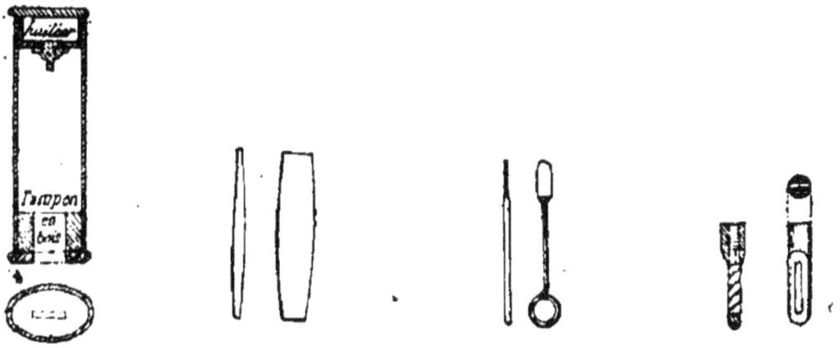

Boite. Lame de tournevis. Spatule-curette. Lavoir.

l'entretien de l'arme; cette boîte sert en même temps de *manche de tournevis;* à cet effet, son fond est percé d'une *fente rectangulaire* qui se prolonge dans un tampon en bois dur. Le couvercle forme *huilier;* il est fermé par une petite vis avec rondelle de cuir.

1. Chaque homme est en outre pourvu de deux *fausses cartouches*, composées d'un étui modèle 1874 et d'une balle en bois. Ces fausses cartouches sont placées, à l'exclusion de toute autre, dans la cartouchière pour les exercices de détail. Les hommes doivent les employer dans toutes les charges et pour tous les feux simulés. Le modèle de la balle en bois n'étant pas encore arrêté, les hommes doivent se servir, en attendant, d'étuis vides sans balle.

La boîte contient : une *lame de tournevis* double dont les bouts ont des dimensions différentes et une *spatule-curette* pour enlever les crasses qui peuvent se loger dans les différentes pièces de la culasse mobile. Ces deux objets sont réunis dans une petite *trousse en drap*.

Le *lavoir*, qui porte un trou taraudé se visse sur la baguette. Il est percé d'une *fente* dans laquelle on engage un chiffon pour laver l'arme et essuyer ou graisser l'intérieur du canon.

A défaut de lavoir, mais seulement dans le cas de nécessité absolue, on pourrait utiliser dans le même but la fente pratiquée à la tête de la baguette. Mais cette tête étant en acier et non en laiton comme le lavoir, il faut alors avoir bien soin de ne pas dégrader l'arme ; la moindre éraflure ou bavure sur les parois de la chambre et surtout sur sa tranche pourrait rendre l'introduction d'une nouvelle cartouche impossible, et en tout cas augmenterait les difficultés d'extraction des étuis. Cet inconvénient n'est pas particulier au fusil modèle 1874 ; il est inhérent à toutes les armes se chargeant par la culasse et tirant une cartouche métallique en *laiton*. En effet, le laiton étant un métal un peu aigre, pour ne point être exposé à voir les étuis crever, on a dû réduire au minimum les limites de tolérance accordées pour les dimensions de la chambre et des étuis. L'emploi d'étuis en cuivre rouge permettrait d'élargir un peu ces limites ; mais le cuivre rouge est très-coûteux, et notre pays n'en produit que fort peu, et encore de qualité inférieure.

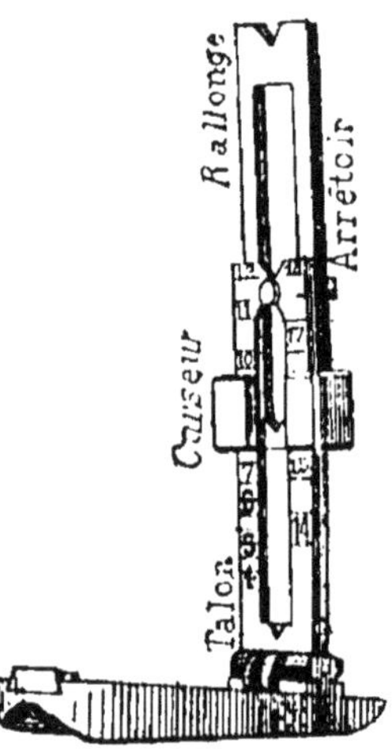

Hausse du fusil modèle 1874.

Hausse du fusil modèle 1874. — L'appareil de hausse du fusil d'infanterie modèle 1874 se compose d'un *pied* brasé sur le canon et d'une *planche* de hausse, graduée, sur laquelle glisse, à frottement doux, un *curseur à rallonge*.

La planche, fixée à charnière sur le pied, peut être à volonté soit levée, soit rabattue en avant ou en arrière ; un *ressort*, encastré dans le pied, assure sa fixité dans l'une quelconque de ces trois positions.

Sur la planche, on remarque quatre crans de mire fixes :

Le premier, sur le *talon*, correspond à la distance de 200 mètres, la planche étant rabattue en avant; on s'en sert jusqu'à 250 mètres;

Le second, dans la *pièce-arrêtoir* qui termine la planche à sa partie supérieure, correspond à la distance de 300 mètres, lorsque la planche mobile est rabattue en arrière; il sert pour viser aux distances comprises entre 250 et 350 mètres;

Le troisième, pratiqué au fond de la *fenêtre* et marqué 350 mètres, sert pour les distances comprises entre 350 mètres et 400 mètres, la planche étant relevée;

Le quatrième, à la partie supérieure, sert dans les mêmes conditions pour le tir à 1 300 mètres.

Pour les distances comprises entre 400 et 1,200 mètres, on se sert du cran du *curseur*, en réglant sa hauteur d'après les indications fournies par la graduation du côté gauche de la planche.

De 1 400 à 1 800 mètres, on vise par le cran supérieur de la *rallonge*, et on se règle sur la graduation du côté droit. Cette hausse permet donc le tir jusqu'à 1 800 mètres en nombre rond, ou plus exactement jusqu'à 1 775 mètres.

Les trois crans de mire fixes ainsi que celui du curseur ont été légèrement déplacés vers la gauche afin de corriger, en partie du moins, la déviation constante de la balle vers la droite occasionnée par les vibrations du canon [1]. Le cran de la ral-

1. Ces vibrations du canon, analogues à celles que l'on constate en physique dans les verges élastiques et rigides, ont été étudiées pour la première fois à la manufacture d'armes de Mutzig, en 1835. Elles étaient d'autant plus sensibles que l'épaisseur des parois du canon étaient moindres, avaient lieu tant dans le sens horizontal que dans le sens vertical, et donnaient naissance à des écarts initiaux aussi bien en portée qu'en direction. Avec les anciens fusils lisses, cette nouvelle cause d'irrégularité du tir, ajoutée à tant d'autres, n'avait pas grande importance, on n'y fit point attention; avec ces mêmes fusils, transformés en armes rayées, l'emploi de faibles charges fit que ces vibrations étaient très-peu sensibles. Mais il ne devait plus en être de même avec des armes de petit calibre tirant à plus forte charge, surtout avec des fusils se chargeant par la culasse, dont le mécanisme de fermeture n'était pas symétrique, comme dans les armes du modèle 1866 et du modèle 1874. La grande justesse des nouvelles armes devait en outre rendre d'autant plus sensibles les écarts qui en étaient la conséquence.

Il se produit en général une déviation angulaire initiale, dont l'étendue et le sens dépendent de plusieurs éléments, notamment de la vitesse initiale de la balle et de la longueur d'âme. Aussi cette déviation varie-t-elle avec les divers modèles d'armes d'un même système.

Avec le fusil modèle 1866, les coups se groupaient au-dessous du point visé et très-sensiblement dans le plan de tir. Le groupement se faisait

longe a été maintenu dans le plan de tir, parce que, lorsque la distance augmente, la dérivation, qui par suite du sens des rayures tend à rejeter la balle à gauche, croît très-rapidement et l'emporte bientôt sur la déviation initiale.

Tir du fusil d'infanterie modèle 1874. — Le *règlement* du 12 juin 1875 *sur les manœuvres de l'infanterie* [1] donne sur le tir du fusil d'infanterie les indications suivantes :

« Il n'est pas avantageux de tirer à plus de :

« 250 mètres sur des tirailleurs isolés et abrités;

« 300 à 400 mètres sur une chaine de tirailleurs à découvert ou des cavaliers isolés ;

« 500 à 600 mètres sur des soutiens massés;

« 800 mètres sur des réserves;

« 1 000 mètres sur des masses ou une batterie d'artillerie.

« Ces indications s'adressent tout particulièrement aux soldats. Les officiers restent seuls juges des circonstances où l'on devra s'en écarter. Ils indiquent alors le but et la hausse.

« Les feux rapides s'exécutent toujours avec la hausse de 200 mètres. »

Le règlement ne parle pas du tir au delà de 1,000 mètres; il ajoute cependant que « des feux de salves peuvent être exécutés aux grandes distances contre des troupes massées » [2].

En effet, pour un tireur isolé, les chances d'atteindre au delà

plus bas et un peu à gauche avec la carabine; enfin, pour le mousqueton, les coups se groupaient encore plus bas et sensiblement à gauche : aussi, pour corriger cet écart, on avait rayé le canon du mousqueton de gauche à droite, en sens inverse de celui du fusil et de la carabine.

Avec les armes du modèle 1874, c'est le contraire qui arrive: pour le fusil, les coups vont se grouper en haut et à droite du point visé; pour la carabine, ils se groupent sensiblement moins haut et moins à droite; enfin, pour le mousqueton, le groupement se fait un peu au-dessous et très-sensiblement dans le plan de tir, mais plutôt à gauche qu'à droite.

Des fusils du modèle 1874, dans lesquels on avait pratiqué une deuxième échancrure à la boite de culasse, ont donné deux groupements des coups parfaitement distincts et symétriquement placés par rapport au plan de tir, le premier à droite, lorsqu'on rabattait le levier à droite, le second à gauche, lorsqu'au contraire on le rabattait à gauche. En tirant avec des charges différentes, on a aussi constaté que la distance de ces deux groupements était d'autant moindre que la charge employée était plus faible; avec une charge de $3^{gr},50$, les deux groupements se confondaient sensiblement.

1. *École du soldat*, deuxième partie, chapitre II, article 5 (*Feux*).
2. *École de compagnie*, deuxième partie, chapitre I, article 5 (*Feux*).

de 1 000 mètres un but, même de grandes dimensions, sont trop faibles; il ne ferait que gaspiller inutilement des munitions qu'il ne pourrait peut-être pas remplacer et qui lui feraient défaut au moment décisif. Aussi un certain nombre d'officiers regrettent que l'on ait mis entre les mains de tous les hommes une hausse graduée jusqu'à 1 800 mètres [1] et réclament la suppression de la rallonge du curseur. On s'est demandé cependant s'il ne fallait pas chercher à utiliser toute la puissance de l'arme, et s'il était possible de régler son tir jusqu'à la limite de sa portée et de l'effet destructif qu'elle peut produire, limite qui est bien supérieure à 1 000 mètres.

La question des *feux à grande distance* a été fort étudiée dans ces dernières années, en Allemagne, Autriche-Hongrie, Italie; elle est aussi à l'étude en France, où une Commission d'étude des feux de guerre a été instituée au camp de Châlons.

Les nouveaux règlements sur le tir de l'infanterie déjà parus en Allemagne et Autriche-Hongrie étendent l'emploi des feux de salves jusqu'aux distances de 1 600 mètres.

Ce qu'en effet on ne peut plus obtenir avec des *tireurs isolés*, on peut espérer l'obtenir par des *feux de salves* bien dirigés. Mais pour cela il faut que l'officier qui commande sache régler son tir rapidement, et qu'il soit parfaitement maître de sa troupe. Il faut en outre qu'il puisse se rendre bien compte si l'effet produit répond à la dépense des munitions, car il ne doit pas oublier que ce n'est, le plus souvent, qu'au prix des plus grandes peines et des plus grandes fatigues que l'artillerie parvient à assurer le réapprovisionnement en munitions des troupes de première ligne.

Du reste, les occasions dans lesquelles il sera possible d'utiliser avec avantage, sur les champs de bataille, les feux de salves aux grandes distances ne se présenteront guère que dans la défensive et exceptionnellement dans l'offensive. Elles se rencontreront plutôt dans la guerre de siége, tant du côté de l'attaque que du côté de la défense; on aura alors, comme sur un polygone, tout le temps nécessaire pour régler le tir; quant au réapprovisionnement en munitions, il ne présentera plus lui aussi les mêmes difficultés.

1. La hausse du fusil prussien modèle 1871 avait été graduée jusqu'à 1600 mètres.

En pareilles circonstances, on peut quelquefois vouloir atteindre un ennemi invisible, qu'il soit masqué à la vue par un obstacle, ou qu'il soit à l'abri derrière une masse couvrante; à partir de 900 mètres, la courbure de la trajectoire du fusil modèle 1874 est assez prononcée pour que la chose soit possible. La Commission d'étude des feux de guerre s'est aussi occupée de la question des *feux plongeants par salves* de 50 à 60 tireurs, pour les distances variant de 900 à 1 800 mètres. Il faut alors substituer au pointage direct un *pointage sur un but auxiliaire*, qui peut être un des points de l'obstacle ou de la masse couvrante, et déterminer la *hausse auxiliaire* à employer, en tenant compte de la distance du but et de celle du point de visée auxiliaire, des cotes de ces deux points et de l'intervalle qui les sépare.

On a proposé un *carnet du tir plongeant*, qui renferme les formules usuelles et des tables à double entrée; on peut ainsi résoudre tous les problèmes rapidement, par une simple addition ou soustraction. On a aussi imaginé une *planchette de tir*, tableau graphique sur lequel sont tracées les courbes des hausses, des angles de chute et des flèches de la trajectoire, à l'aide duquel on résoud les mêmes problèmes sans faire aucun calcul.

On a même proposé pour le tir aux grandes distances une *hausse auxiliaire à dérives*, qui pourrait se placer sur la hausse de l'arme. Elle se compose d'une tige verticale graduée et d'une réglette horizontale permettant de donner la dérive pour corriger la dérivation, qui négligeable aux distances ordinaires du tir ne l'est plus lorsque l'on dépasse certaines limites. Il y a trois crans de mire : le cran inférieur, pour le tir de 700 à 1 350 mètres; le cran intermédiaire, de 1 350 à 1 800 mètres; le cran supérieur, pour les distances supérieures à 1 800 mètres.

Les hausses destinées aux sous-officiers porteraient en outre une graduation spéciale qui leur permettrait de lire directement la dérive à prendre, étant connue la distance, et de l'indiquer aux hommes.

Quelques perfectionnements que l'on puisse réaliser dans le pointage du fusil et quelque soin que l'on apporte dans l'instruction des hommes et des cadres, on ne peut cependant espérer obtenir avec une arme portative, lors même qu'on la tirerait non plus à bras francs, mais sur appui, des résultats analogues à ceux que donne le canon, machine fixe, dont le pointage peut

RENSEIGNEMENTS SUR LE TIR DU FUSIL D'INFANTERIE MODÈLE 1874.

DISTANCES	ANGLES DE TIR	ANGLES DE CHUTE	ZONES DANGEREUSES POUR L'INFANTERIE HAUTEUR 1m,60			ZONES DANGEREUSES POUR LA CAVALERIE HAUTEUR 2m,50			DURÉE DU TRAJET	VITESSES TANGENTIELLES RESTANTES (1)	POUR CENT DES BALLES DANS UNE CIBLE RECTANGULAIRE DE HAUTEUR 2 MÈTRES ET DE LARGEUR $=\frac{D}{200}$	PÉNÉTRATION DANS LE BOIS EN ÉPAISSEURS DE PANNEAUX (2)
			AVANT	ARRIÈRE	TOTALES	AVANT	ARRIÈRE	TOTALES				
mètres	degrés	degrés	mètres	mètres	mètres	mètres	mètres	mètres	secondes	mètres		
100	0°10′ 56″	0°11′ 4″	»	»	»	»	»	»	0,24	391	100	8,1
200	0 23 24	0 26 34	200	73	273	200	103	303	0,51	346	100	7,1
300	0 37 33	0 45 6	92	52	144	300	74	374	0,81	310	100	6,2
400	0 53 31	1 7 37	48	35	83	85	54	139	1,15	281	97,8	5,5
500	1 11 25	1 34 29	31	26	57	50	40	90	1,52	257	92,2	4,9
600	1 31 23	2 6 4	23	20	43	38	32	70	1,92	237	85,3	4,4
700	1 53 32	2 42 46	18	16	34	29	26	55	2,36	220	78,3	4,0
800	2 18 1	3 24 51	15	13	28	23	21	44	2,83	205	70,9	3,7
900	2 44 56	4 12 38	13	11	23	18	17	35	3,33	192	64,0	3,5
1000	3 14 26	5 6 24	9,5	9,5	19	14	13,75	27,75	3,87	181	54,2	3,4
1100	3 46 37	6 6 6	»	»	16	»	»	23	4,44	171	45,0	3,3
1200	4 21 35	7 12 3	»	»	13	»	»	20	5,04	162	35,7	3,2
1300	4 59 28	8 24 17	»	»	11	»	»	17	5,68	154	26,3	3,0
1400	5 40 22	9 42 40	»	»	10	»	»	14	6,35	147	18,4	2,9
1500	6 24 23	11 7 2	»	»	9	»	»	13	7,05	141	17,2	2,9
1600	7 11 37	12 36 44	»	»	8	»	»	11	7,79	136	10,1	2,8
1700	8 2 7	14 11 24	»	»	7	»	»	10	8,56	131	8,0	»
1800	8 55 59	15 50 32	»	»	6	»	»	8	9,36	126	6,8	»
2000	10	17	»	»	»	»	»	»	»	»	»	»
2500	18 10	41	»	»	»	»	»	»	»	»	»	»
2800	30	67	»	»	»	»	»	»	»	»	»	»

OBSERVATIONS

(1) La vitesse restante mesurée à 25 mètres de la bouche est égale à 430 mètres; on en déduit par le calcul la vitesse initiale qui est égale à 450 mètres.

(2) Panneaux en sapin de qualité médiocre de 28 millimètres d'épaisseur.

non-seulement être exécuté commodément, mais encore vérifié et corrigé à loisir. Aussi, tandis que l'on peut admettre que pour les canons le tir de polygone donne une idée assez précise de ce que l'on obtiendrait en guerre, cela n'est plus vrai pour le tir de l'infanterie. La balle du fusil est en outre soumise pendant son trajet dans l'air à l'influence de causes perturbatrices de tout genre, qui, étant donné son faible poids, ont sur elle beaucoup plus d'influence que sur les gros projectiles de l'artillerie.

En général, tous les renseignements que l'on trouve sur le tir du fusil modèle 1874 correspondent à une température de 20 degrés et à une hauteur barométrique de 760 millimètres, qui sont les conditions normales qu'on a le plus de chance de rencontrer sur les champs de bataille de l'Europe. Le *Manuel de l'instructeur de tir* donne des tableaux dans lesquels on trouve les données nécessaires pour tenir compte dans l'évaluation de la hausse des variations de température et d'altitude et corriger par le pointage le déplacement latéral du groupement des coups occasionné par le vent suivant son intensité. Le tir à l'épaule, difficile lorsque la vitesse latérale du vent est de 12 mètres, devient à peu près impossible lorsque cette vitesse atteint 20 mètres.

Sur un terrain favorable les balles ricochent, et leur dernier point de chute est :

Dans le tir à 200 mètres, à 1 000 ou 1 200 mètres en arrière du but ;

Dans le tir à 1 000 mètres, à 600 mètres environ ;

Dans le tir à 1 800 mètres à 140 mètres seulement.

On a donc, en plus de la zone dangereuse battue de plein fouet, une deuxième zone dangereuse battue par les ricochets ; pour les distances comprises entre 400 et 1 100 mètres, ces deux zones sont séparées par une troisième non battue ou angle mort, dont la grandeur varie de 200 à 100 mètres ; au-delà de 1 100 mètres, l'angle mort disparaît, et la zone battue par les ricochets diminue de plus en plus.

Toutes les données précédentes se rapportent au tir en terrain horizontal ; pour les pentes inférieures à 1/16, le tir est sensiblement le même qu'en terrain horizontal ; mais lorsque la pente est supérieure à 1/16, le tir de haut en bas devient moins dangereux ; si la position de laquelle on tire a un relief de 50 à 60 mètres au-dessus du but, la zone dangereuse à 200 mètres n'est plus que de 20 mètres, à 300 mètres de 25 et à 400 de 35. Il n'est donc pas avantageux de rechercher des positions trop dominantes ; il ne faudrait cependant pas en conclure qu'il vaut mieux tirer de bas en haut que de haut en bas, car, si théoriquement il est possible de démontrer que, dans certains cas particuliers, la trajectoire de la balle, épousant à peu près la forme du terrain, donne une zone dangereuse pour ainsi dire indéfinie, il n'en est pas moins vrai que l'ennemi, qui découvre tous vos mouvements, peut beaucoup mieux régler son tir et conserve quand même une supériorité incontestable.

Jusqu'ici, il n'a été question que des données relatives à la trajectoire moyenne, et les zones dangereuses inscrites dans le tableau précédent ne font que renseigner sur la plus ou moins grande tension de cette trajectoire aux différentes distances. Dans la réalité, les balles forment une gerbe ou *cône de dispersion* qui enveloppe la trajectoire théorique et est fonction de la justesse de l'arme. Grâce à cette dispersion des balles, les zones réellement battues se trouvent agrandies, mais en revanche les chances d'atteindre un point particulier situé dans ces zones se trouvent diminuées.

Le commandant Ortus, de l'infanterie de marine, a cherché, en combinant entre elles les données relatives à la tension et à la justesse, à donner une idée du tir réel du fusil modèle 1874 [1].

Il a pris dans le *Manuel de l'instructeur de tir* tous les éléments de la trajectoire moyenne et s'est servi pour représenter la justesse de l'arme des nombres suivants, qu'il admet être sensiblement exacts :

DISTANCES	100	200	300	400	500	600	700	800	900	1 000	1 100	1 200
Écarts probables (2) en centimètres...	8	16	24	34	41	52	65	82	96	123	150	190

1. *Le tir réel du fusil modèle* 1874. *Journal des sciences militaires*, septembre 1878.

2. Pour les armes portatives, dont le projectile décrit en général une trajectoire fort tendue, du moins aux distances petites et moyennes, l'écart vertical probable et l'écart horizontal probable diffèrent assez peu l'un de l'autre, pour qu'on puisse les remplacer par un nombre unique égal à leur demi-somme, et admettre que ce nombre représente le rayon du cercle contenant 50 0/0 des coups.

Avec ces données, il a calculé pour chaque distance la grandeur de ce qu'il appelle les zones dangereuses normales de l'arme et les chances d'atteindre dans chacune de ces zones. De ces résultats, correspondant à un tir normal ou d'expérience, il a ensuite déduit ceux que l'on obtiendrait avec une troupe dans laquelle tous les hommes n'épaulent pas, ne visent pas et ne lâchent pas la détente de la même manière. On observe alors, même aux petites distances, des ricochets et des coups trop haut, qui augmentent encore la zone dangereuse, mais diminuent aussi les chances d'atteindre.

Le tableau suivant donnerait, d'après le commandant Ortus, les zones pratiques du fusil modèle 1874 entre les mains d'une troupe suffisamment exercée :

HAUSSES	200	300	400	500	600	700	800	900	1 000	1 100	1 200	1 600
Zone centrale (A).	de 0 à 500 mèt.	de 0 à 600 mèt.	de 200 à 600 mèt.	de 300 à 650 mèt.	de 425 à 750 mèt.	de 550 à 825 mèt.	de 675 à 925 mèt.	de 800 à 1 025 mèt.	de 900 à 1 100 mèt.	de 1 000 à 1 200 mèt.	de 1 100 à 1 300 mèt.	de 1 550 à 1 650 mèt.
	500	**600**	**400**	**350**	**325**	**275**	**250**	**225**	**200**	**200**	**200**	**100**
Chance maximum d'atteindre le but visé en pour cent (B).	de 25 à 33	de 25 à 33	de 25 à 33	de 24 à 32	de 21 à 28	de 19 à 26	de 17 à 22	de 14 à 18	de 11 à 14	de 8 à 11	de 5 à 7	1 en moy. et au plus 1,25

(A) L'auteur a calculé les zones en nombre rond, en multiples de 25^{m} en forçant ou en diminuant selon le cas. Cela fait une erreur maximum de 12^{m},50, négligeable dans la pratique.

(B) Les pour cent varient dans chaque zone suivant le degré d'instruction de la troupe. D'après l'auteur, une troupe ne doit pas être réputée instruite quand son pour cent tombe au-dessous du quart du pour cent théorique.

Fusil modèle 1866-1874. — En transformant les armes du modèle 1866 au modèle 1874, on a cherché à faire disparaître autant que possible les différences qui auraient pu distinguer les armes transformées des armes neuves. En agissant ainsi, on voulait éviter que les troupes armées du fusil transformé pussent se croire, au point de vue de l'armement, inférieures à celles qui auraient reçu des armes neuves. On avait en même temps l'avantage de diminuer le nombre des pièces de rechange.

Le sabre-baïonnette modèle 1866 a été remplacé par l'épée-baïonnette modèle 1874.

Le canon a été bronzé, et les garnitures mises en couleur; l'ancienne baguette a été remplacée par une autre à tête fendue qui est vissée dans son canal, au lieu d'être maintenue par un épaulement butant contre l'embouchoir.

Baguette mod. 1866.

A la culasse mobile du modèle 1866, on en a substitué une autre complétement neuve, du modèle 1874. Afin de permettre l'introduction et le jeu de cette nouvelle culasse, on a dû apporter à la boîte de culasse elle-même quelques modifications de détail.

Tubage. — Enfin, il a fallu approprier le canon au tir de la cartouche métallique modèle 1874. Dans ce but, on a fait disparaître l'ancienne chambre par un nouvel alésage, et l'on a pratiqué un logement destiné à recevoir un *tube* en acier.

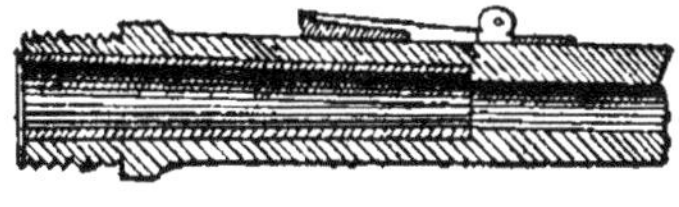

Canon tubé.

Ce tube a des dimensions telles, que, une fois en place, il éprouve un léger serrage. Son extrémité antérieure vient buter contre le fond du logement; deux *ailettes* diamétralement opposées, qui s'engagent dans deux entailles pratiquées à la partie postérieure du bouton fileté, l'empêchent de tourner. De plus, lorsque le canon est vissé à fond sur sa boîte de culasse, le tube s'applique contre la tranche antérieure de l'écrou de boîte de culasse et se trouve ainsi emprisonné et complétement immobilisé.

On pratique dans le canon ainsi tubé la chambre et l'aminci, comme sur une arme neuve. Comme on aurait éprouvé quelque difficulté à prolonger les rayures de l'âme dans le tube, pour les raccorder avec la chambre, on y a renoncé. L'expérience a d'ailleurs montré qu'il suffisait de faire un raccordement cylindrique, et que dans ces conditions le tir du fusil transformé n'était inférieur ni en portée ni en justesse à celui des fusils neufs.

La hausse du fusil modèle 1866 ayant été déjà pourvue d'un curseur à rallonge, il a suffi d'en modifier la graduation pour l'approprier au tir de la nouvelle cartouche.

Les gradins, qui n'avaient plus de raison d'être, ont été supprimés, comme gênants. Au lieu de reporter les crans de mire vers la gauche, pour corriger la déviation constante à droite dont nous avons déjà parlé, on a préféré, à cause du peu de largeur de la planche de hausse, déplacer légèrement le guidon vers la droite.

La hauteur de la planche et celle de la rallonge étant un peu plus faibles que dans la hausse du fusil neuf, le cran de mire du sommet de la planche, lorsqu'elle est relevée, ne correspond qu'à la distance de 1 200 mètres au lieu de 1 300. De même, le cran de la rallonge ne peut servir que pour le tir aux distances comprises entre 1 300 et 1 700 mètres, tandis que la graduation de la hausse du fusil neuf permet le tir jusqu'à 1 800 mètres.

Carabines de cavalerie.

La carabine de cavalerie modèle 1874 est moins longue et plus légère que le fusil d'infanterie.

La longueur du canon et par suite celle du fût ont seules été diminuées. La longueur totale du canon n'est que de $0^m,71$, celle de la partie rayée de $0^m,65$.

Poids moyen de la carabine............. $3^k,600$
Longueur............................. $1^m,17$

Elle tire la même cartouche que le fusil d'infanterie ; mais, par suite de la réduction de longueur du canon, la vitesse initiale, qui est de 450 mètres environ pour le fusil, n'est que de 435 mètres pour la carabine (vitesse restante à 25 mètres de la bouche 421 mètres).

Cette arme n'étant pourvue ni d'épée-baïonnette, ni de sabre-baïonnette, les tenons et la directrice ont été supprimés.

Presque toutes les garnitures sont en laiton.

Les seules autres modifications apportées à l'arme ont été nécessitées par les conditions particulières qu'entraîne le port de la carabine de cavalerie, soit à la botte, soit à la grenadière. Le *levier droit* du cylindre pouvant être dangereux pour le voisin du cavalier, lorsqu'il porte son arme à la botte et que les chevaux se serrent dans le rang, on l'a remplacé par un *levier coudé* qui s'applique contre la monture lorsque le tonnerre est fermé. Toutes les autres pièces de la culasse mobile, à l'exception du cylindre, sont les mêmes que pour le fusil.

Le port à la grenadière a nécessité le déplacement des battants de crosse et de grenadière : le premier a été reporté en avant, contre le pontet, et a pris le nom de *battant de sous-garde;* le second a été aussi remonté, ainsi que la grenadière qui le porte. Il a été alors nécessaire, afin d'assurer la fixité du canon dans son logement, d'avoir recours, comme dans les anciens fusils, à une troisième boucle, la *capucine.*

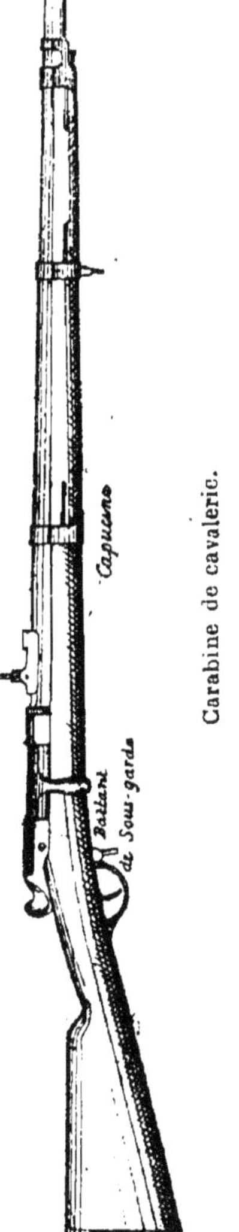

Carabine de cavalerie.

Pour éviter que les rênes de la bride ne se prennent entre la baguette et le canon, dans le maniement de l'arme à cheval, on a engagé cette baguette dans la monture assez profondément pour qu'elle ne soit pas en saillie sur l'embouchoir. De plus, l'embouchoir a été pourvu extérieurement d'un rebord qui forme arrêt et contre lequel vient buter la tête de la baguette. Comme avec la carabine la vitesse initiale est un peu moindre, et le poids de la baguette un peu plus faible que dans le fusil, on a jugé inutile de visser la baguette dans son canal.

La bande supérieure de l'embouchoir a été coupée afin de donner passage au guidon que l'on a été forcé de surélever pour des raisons de tir. Tous les angles saillants et les arêtes vives de la hausse, qui par frottement pourraient couper les vêtements du cavalier, ont été abattus. La planche, rabattue, est enchâssée entre deux *rebords* qui la préservent contre les chocs : elle se relève d'avant en arrière, mais non d'arrière en avant, comme celle du fusil. Le curseur n'a pas de rallonge.

Il y a trois crans fixes :

Un sur le pied, marqué 150, qui sert jusqu'à 250 mètres lorsque la planche est rabattue ;

Un second, au fond de la fenêtre, marqué 300, qui sert lorsque la planche est relevée pour les distances comprises entre 250 et 350 mètres ;

Le troisième est le cran supérieur de la planchette, correspondant à la distance maximum de 1 100 mètres (exactement 1 085 mètres).

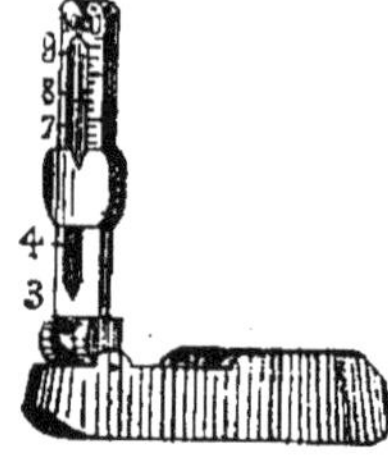

Hausse de la carabine.

De 350 à 1 000 mètres, on vise par le cran du curseur amené à la hauteur indiquée à l'aide d'une graduation en distance gravée sur le côté gauche, tandis que sur le côté droit il y a une graduation en millimètres.

Les carabines de cavalerie modèle 1866 sont transformées au modèle 1874 d'après le même principe que les fusils.

A part le tubage du canon, il n'y a aucune différence apparente entre l'arme neuve et l'arme transformée. Quelques-unes des armes transformées sont rayées de gauche à droite.

Carabines de gendarmerie à cheval.

Les carabines de gendarmerie à cheval modèle 1874 et modèle 1866-1874 ne sont autres que les carabines de cavalerie des mêmes modèles qui ont été munies de la baïonnette à douille et à lame quadrangulaire modèle 1866, qui a été donnée en 1871 aux gendarmes à cheval. L'embase du guidon sert de tenon à la baïonnette.

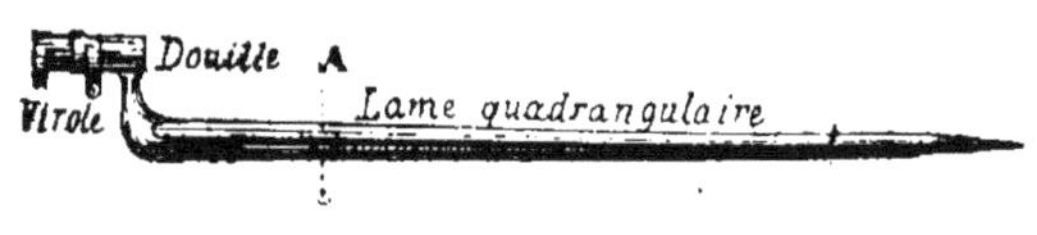

Baïonnette modèle 1866.

Poids de la baïonnette.....................	0k,335.
Poids total de la carabine avec baïonnette..........	3 ,935.
Longueur de la baïonnette.........................	0m,52.
Longueur totale de la carabine avec baïonnette.....	1 ,69.

Carabines de gendarmerie à pied.

Les carabines de gendarmerie à pied modèle 1874 et 1866-1874 diffèrent des carabines des gendarmes à cheval en ce que, au lieu d'une baïonnette, elles sont munies du sabre-baïonnette modèle 1866. Un grand tenon

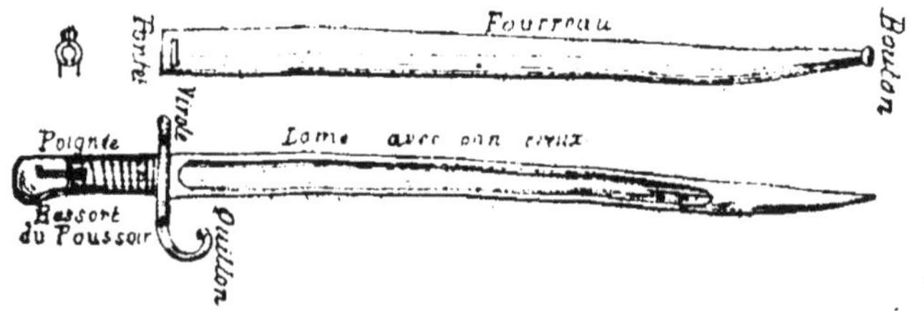

Sabre-baïonnette modèle 1866.

et un petit ainsi qu'une directrice sont brasés à l'extrémité du canon comme pour le fusil.

Le fourreau du sabre-baïonnette a été bronzé comme celui de l'épée-baïonnette; sa croisière a été aussi modifiée afin de le rendre interchangeable.

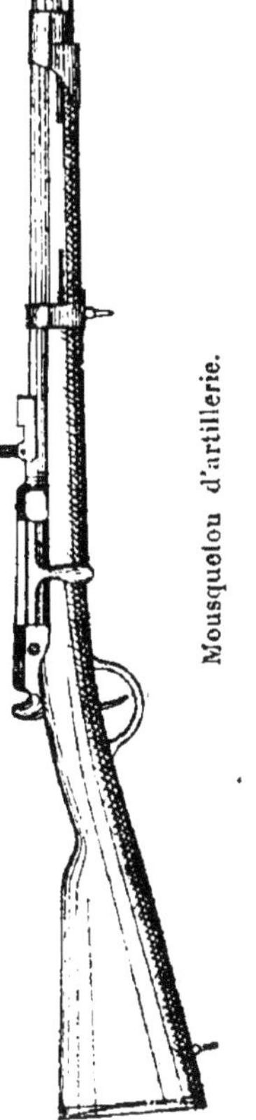
Mousqueton d'artillerie.

Ces armes étant destinées au service à pied, les garnitures sont les mêmes que celles du fusil d'infanterie, seulement elles sont en laiton; le mode d'attache de la bretelle est aussi le même; la capucine a été supprimée.

La baguette n'est pas vissée dans son canal; elle est munie d'un épaulement qui vient buter contre un ressaut ménagé sur l'embouchoir.

Poids total de la carabine avec sabre-baïonnette	4k,255
Longueur totale de la carabine avec sabre-baïonnette	1m,75

Mousquetons d'artillerie.

Les mousquetons d'artillerie modèles 1874 et 1866-1874 sont en tout semblables aux carabines de gendarmerie à pied des mêmes modèles; seulement la longueur totale du canon a été réduite à 0m,51, celle de la partie rayée à 0m,45; il en résulte que le poids de l'arme est plus faible.

Pour le mousqueton, comme pour la carabine de gendarme à pied, on a conservé le sabre-baïonnette modèle 1866.

Poids moyen du mousqueton sans baïonnette	3k,300
Poids moyen du sabre-baïonnette sans fourreau	0 ,655
Poids total du mousqueton avec sabre-baïonnette	3 ,955
Poids du sabre baïonnette avec son fourreau	1 ,033
Longueur du mousqueton sans sabre-baïonnette	0m,99
Longueur de la lame du sabre-baïonnette	0 ,58
Longueur totale du mousqueton avec sabre-baïonnette	1 ,57

Cette arme tire la même cartouche que le fusil et la carabine; mais, par suite du peu de longueur du canon, la vitesse initiale n'est que de 415 mètres (vitesse restante à 25 mètres de la bouche 400 mètres).

Les rayures, au lieu d'être dirigées *de droite à gauche*, sont en sens inverse, c'est-à-dire de gauche à droite. La hausse est semblable à celle de la carabine; mais la graduation de la planche est un peu différente; le cran supérieur de la planche correspond à la distance de 1 250 mètres, en nombre rond 1 300, au lieu de 1 100.

Revolver modèle 1873.

Le revolver modèle 1873 est à *double mouvement*, c'est-à-dire qu'il permet soit le tir intermittent, dans lequel on arme après chaque coup en agissant directement sur la crête du chien avec le pouce de la main droite, soit le tir continu, dans lequel on arme et on détermine le départ successif de tous les coups uniquement par la pression du premier doigt sur la détente; il est à six coups. La cartouche, métallique, assure l'obturation ; elle est à percussion centrale.

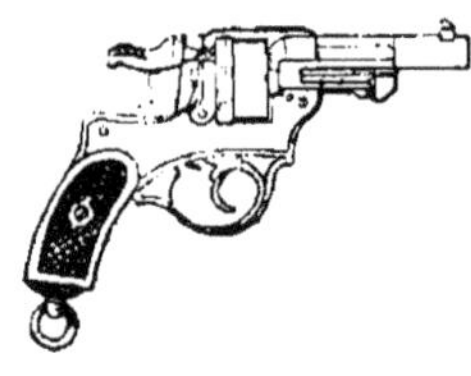

Revolver modèle 1873.

Poids moyen du revolver non chargé	1^k,195
Poids moyen du revolver chargé	1 ,296
Longueur totale de l'arme (parallèment à l'axe du canon).	0^m,242

Cartouche. — La *douille* est en laiton rougi par immersion dans un bain de sulfate de cuivre acide; son *bourrelet* est formé par un repli du métal sur lui-même. Le *culot* est percé d'un *trou central* pour recevoir l'*alvéole porte-capsule*. Cette alvéole, qui tient la place de la cuvette dans la cartouche modèle 1874, est en laiton; elle est percée au fond d'un *trou* pour la communication du feu à la charge. Contre son fond vient s'appliquer une *enclume* en laiton, en forme de fer de lance qui prend appui, à sa partie inférieure, sur les rebords de la capsule.

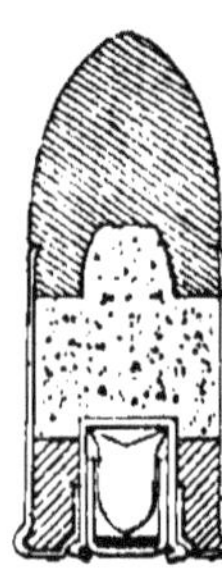

Cartouche de revolver.

La *capsule* et l'*enclume* sont logées dans l'alvéole, dont le rebord est rabattu pour empêcher la capsule de tomber. Un *tampon* en carton comprimé, disposé intérieurement entre le tube et la cuvette, assure la liaison des deux pièces.

La charge de poudre se compose de *poudre de chasse superfine*.

La *balle* en plomb, évidée intérieurement, et de forme cylindro-ogivale, repose directement sur la poudre. Elle est solidement reliée à la douille par un très-fort *sertissage*, car, pour les revolvers, la solidité de l'union de la balle avec l'enveloppe de la cartouche a une importance capitale : d'une part, l'arme se porte chargée dans les fontes ; de l'autre, la balle tend à se séparer dans toutes les cartouches en place dans le barillet, au moment du tir de l'une d'elles. Aussi n'a-t-on pas hésité à sertir la balle, contrairement à ce qui est recommandé pour la fabrication des cartouches modèle 1874, quitte à sacrifier, dans une certaine mesure, la régularité du tir à la certitude du fonctionnement régulier de l'arme.

La partie de la balle qui est en dehors de l'étui est graissée.

Poids de la charge (poudre de chasse superfine).......	0gr,65
Poids de la balle.......................................	11 ,70
Poids total de la cartouche............................	16 ,80

De même que les douilles des cartouches pour fusil modèle 1874, les douilles des cartouches de revolver peuvent servir plusieurs fois. Pour remettre en état de servir celles qui ont été tirées, il suffit de chasser l'alvéole porte-amorce et après avoir remis l'étui en état de la remplacer par une autre, contenant une nouvelle amorce.

L'empaquetage se fait de la même façon que pour les cartouches modèle 1874. On commence par isoler les cartouches les unes des autres au moyen d'une bande de papier qui les contourne successivement. On forme ainsi des paquets ficelés. Ces paquets de 6 sont eux-mêmes empaquetés par 3 ; on obtient ainsi des paquets de 18, qui reçoivent les mêmes inscriptions que les paquets de cartouches modèle 1874.

Le poids d'un paquet de 18 cartouches est d'environ 305gr. Une cartouche sans balle a été aussi adoptée.

Revolver. — Dans le revolver, on distingue :

Le *canon* ;

Le *barillet*, qui contient les six chambres ;

La *platine*, mécanisme destiné à la fois à faire mouvoir le barillet et à enflammer l'amorce ;

La *carcasse*, qui sert à assembler entre elles les différentes pièces de l'arme ;

La *monture*, qui permet de manier l'arme commodément;
Enfin les *garnitures*.

Le *canon*, en acier puddlé fondu, est un tube ouvert à ses deux extrémités. L'*âme*, forée, au calibre de 11mm, comme celle des fusils, carabines et mousquetons, se termine à l'arrière par

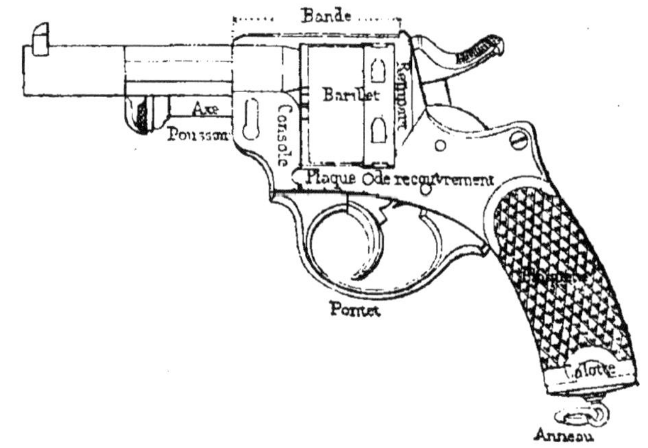

Revolver modèle 1873 (vue extérieure).

une *chambre tronconique*, non rayée, afin de pouvoir parer à un défaut possible de correspondance dans les axes des chambres du barillet et du canon, et de faciliter, par suite, l'arrivée des balles dans le canon. Les *rayures*, au nombre de 4, sont inclinées *de gauche à droite*, comme dans les mousquetons, et font un tour sur 0m,35.

A l'extérieur, le canon se compose de trois parties de forme différente : la partie antérieure est *tronconique* et porte le *guidon;* la partie médiane est à *huit pans;* enfin la partie postérieure est le *bouton fileté*, qui se visse dans la carcasse; il est terminé par un petit *tronc de cône* qui déborde la cage du barillet.

Le *barillet* est un cylindre en acier, assez court et de fort diamètre, percé de 6 trous formant 6 *chambres* disposées symétriquement autour d'un *canal cylindrique central* qui donne passage à l'axe autour duquel il doit tourner. Chaque *chambre* se compose d'une partie tronconique, avec *feuillure*, pour loger la cartouche et son bourrelet, et d'une partie cylindrique vers l'avant qui permet à la balle de se dégager complète-

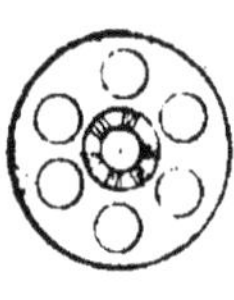

Barillet.

ment de l'étui avant de s'engager dans le canon. Les *cloisons* qui séparent les chambres ont été supprimées dans la partie correspondant aux feuillures, afin d'éviter les dégradations dans la manœuvre de l'arme à vide.

Le barillet est logé dans une *cage* formée par la partie antérieure de la *carcasse;* c'est, du reste, sur cette carcasse que sont assemblées les diverses pièces de l'arme. On l'a d'abord faite en fonte blanche, afin d'en diminuer le prix de revient; mais depuis on a reconnu qu'il y avait plus d'avantage à employer l'acier puddlé fondu très-doux.

La partie antérieure de la carcasse a reçu le nom de *console;* c'est elle qui forme la paroi antérieure de la cage du barillet et reçoit dans une partie taraudée le bouton fileté du canon.

La *cage du barillet* est un espace vide, de forme rectangulaire, limité en avant par la console et en arrière par le *rempart*. Le rempart est destiné à donner un point d'appui au culot des cartouches, à résister à leur pression au moment du tir et à communiquer le recul à l'arme. Dans ce rempart est ménagé un *évidement* qui permet, soit l'introduction dans le barillet des cartouches chargées, soit l'expulsion des étuis vides; il est fermé par une *porte*, mobile autour d'un axe et s'ouvrant d'avant en arrière; un ressort sert à maintenir la porte dans les deux positions extrêmes, ouverte ou fermée.

L'*axe du barillet* traverse la console, passe à travers le barillet, et son extrémité vient se loger dans un trou central ménagé dans le rempart. Un petit *ressort*, logé dans une *rainure* pratiquée dans l'axe même, déborde légèrement; il est destiné, en appuyant constamment contre la surface intérieure du canal du barillet, à empêcher le barillet de ballotter pendant son mouvement de rotation.

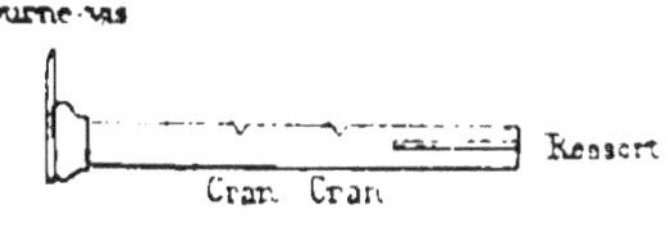

Axe du barillet.

L'axe est maintenu en place par un *poussoir* logé dans la console. Ce poussoir est muni d'un *crochet avec griffe* qui, s'engageant dans un *cran* ou *entaille* pratiquée dans l'axe du barillet, l'empêche de glisser en avant et de sortir de son canal. Un petit *ressort à boudin* maintient le poussoir en place. Si l'on appuie sur un *bouton* placé sur le côté droit de la console, de manière à vaincre la résistance du ressort, on dégage la griffe de son entaille, et l'on peut retirer l'axe devenu libre.

Une *bande*, qui unit à leur partie supérieure la console et le rempart, ainsi que le *corps de platine* achèvent de limiter l'espace vide formant la cage du barillet. A l'arrière de la bande est ménagée une légère saillie dans laquelle on a placé le *cran de mire;* en avant de ce cran, on a creusé, pour la facilité du pointage, une *cannelure longitudinale* légèrement en contre-bas du cran de mire.

Sur le corps de *platine* sont fixées les différentes pièces de la platine; ce corps de platine se prolonge en arrière par une partie recourbée que l'on appelle la *poignée*. Le logement de la platine est fermé sur le côté gauche par une *plaque de recouvrement* maintenue en place par une *vis*.

La *platine* se compose, comme les platines à percussion, de trois organes principaux, le *chien*, la *gâchette* et la *détente*.

Le *chien* étant placé dans l'intérieur du corps de platine, et non à l'extérieur, comme dans les platines des anciens fusils, sa partie inférieure forme elle-même la noix et porte les *crans du bandé* et *de sûreté*. Sa partie supérieure déborde le corps de platine : elle comprend la *tête*, le *percuteur* et la *crête quadrillée* qui sert à armer directement avec le pouce.

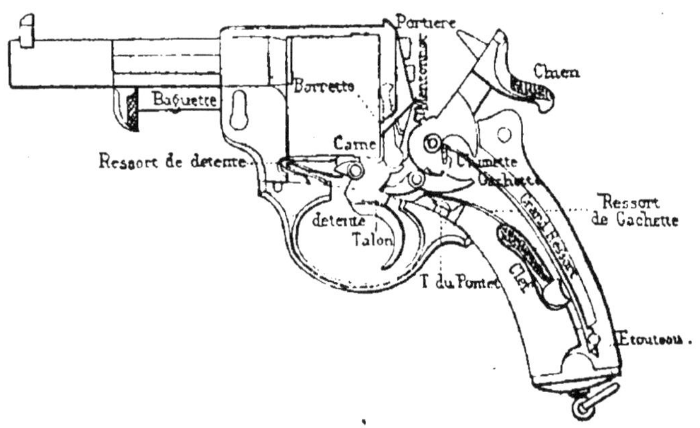

Revolver modèle 1873 (vue intérieure de la platine).

Le *percuteur*, de forme conique, doit, pour atteindre l'amorce de la cartouche, passer à travers un trou de même forme, percé dans le rempart.

Le *chien* est monté sur un axe vissé dans le corps de platine; il est mis en mouvement par un *grand ressort* à une seule branche logé dans la poignée. Ce ressort prend appui à l'arrière par son *épaulement* contre un *étouteau* vissé et rivé dans la poignée, qui lui sert de point fixe. Par son autre extrémité, qui est libre, il agit sur le chien, non pas directement, mais par l'intermédiaire d'une *chaînette* destinée à régulariser son action, comme nous avons déjà eu l'occasion de le faire remarquer en parlant des platines à percussion modèles 1840 et 1847.

La *gâchette*, montée sur un second axe vissé également sur le corps de platine, se compose d'une *queue* dans laquelle est taillé le *cran*, qui engrène avec ceux de la noix, et le *bec*, sur lequel agit la détente pour dégager le cran de la gâchette de celui de la noix et rendre le chien libre. Un *ressort* à une branche, logé dans la poignée, comme celui du chien, mais beaucoup plus petit, a pour but d'assurer l'appui de la queue de gâchette contre la noix.

La détente comprend plusieurs pièces, destinées à agir soit sur la gâchette pour faire partir le coup, comme dans les platines ordinaires, soit sur le barillet pour le faire tourner et amener successivement chacune de ses chambres dans le prolongement du canon, soit enfin sur le chien pour l'armer.

La *détente* proprement dite est montée sur un troisième axe, vissé, comme les deux précédents, sur le corps de platine. Un petit *ressort de détente*, à deux branches, logé dans la partie antérieure du corps de platine, tend à relever la *griffe* de la détente et à ramener en avant la *queue recourbée*, lorsque l'on cesse de presser dessus avec le doigt. La détente agit sur le bec de la gâchette par son *talon* de départ. Deux autres pièces, la *barrette* et le *mentonnet*, sont articulées avec la détente par l'intermédiaire d'un *pivot*. Dans le mouvement de rotation de la détente, lorsqu'on presse dessus avec le doigt, ces deux pièces prennent un mouvement ascensionnel.

La *barrette*, qui traverse le rempart, vient alors agir sur l'une des six dents d'une *crémaillère* pratiquée sur la tranche postérieure du barillet, tout autour du débouché du canal central. Sous l'action de la barrette, le barillet tourne jusqu'à ce qu'il soit arrêté par une *came*, petite saillie de la détente, qui vient buter contre une des six *échancrures* ménagées dans le *renfort* du barillet; l'une des chambres se trouve alors exactement dans le prolongement du canon, condition essentielle au point de vue de la sécurité du tireur et de la régularité du tir.

Le *mentonnet* se termine par une *griffe* avec *épaulement* qui agit sur un troisième *cran* pratiqué dans la noix du chien. Un *ressort de barrette,* fixé sur cette pièce, presse par son rouleau sur le mentonnet. Il a pour effet de pousser la barrette sur les dents de la crémaillère et en même temps d'appuyer le mentonnet contre la noix.

Le mentonnet peut agir de deux façons différentes. Dans le *tir intermittent*, lorsqu'on arme directement avec le pouce, sa liaison avec le chien étant assurée par la griffe, il entraîne dans son mouvement la barrette et la détente, de façon à faire tourner le barillet et à l'arrêter au moment voulu. Dans le *tir continu*, au contraire, le tireur n'agissant que par la pression du doigt sur la détente, le mentonnet, en remontant, vient buter par son épaulement contre le cran du chien et l'oblige à se rabattre en arrière en bandant le ressort. Ce mouvement continue jusqu'à ce que le talon du mentonnet soit rencontré par le talon de la charnière ménagé sur la détente; l'épaulement du mentonnet se trouve alors complètement dégagé du cran de la noix. Le chien, n'étant plus soutenu, obéit à l'action du grand ressort et retombe brusquement en faisant partir le coup. L'échappement du mentonnet et le départ du chien ont lieu avant que la gâchette ait eu le temps de s'engager dans le cran du bandé. On évite ainsi que, dans le tir continu, le chien puisse rester à l'armé, ce qui serait un grave inconvénient. La course du chien se trouve un peu raccourcie, il est vrai, mais pas assez pour affaiblir d'une façon sensible la force de percussion.

La détente est garantie contre les chocs accidentels par le *pontet*, qui est mobile. Il est fixé en avant à l'aide d'un *crochet à bascule* qui fait corps avec la console, et s'engage dans un logement ménagé dans la *feuille antérieure;* la *feuille postérieure* se termine par une saillie en forme de T qui s'engage dans la carcasse.

Les principales pièces de *garniture* sont : l'*axe* du *barillet*, le *poussoir*, la *porte*, la *plaque de recouvrement*, dont nous avons déjà eu l'occasion de parler, et enfin la *baguette*, qui sert soit à extraire les étuis vides, soit à laver le canon.

Cette baguette est logée à droite de l'arme et glisse dans un *porte-baguette* qui se détache moitié du canon, moitié de la carcasse. Une *fente latérale*, régnant sur presque toute la hauteur du porte-baguette, donne passage à la partie amincie qui unit la tête à la tige, ce qui permet de manœuvrer la baguette, sans cependant lui donner une longueur supérieure à celle de son canal.

La baguette présente une *tête quadrillée* qui sert à la manœuvre. Lorsque la baguette est en place, cette tête se rabat sur la tête de l'axe; elle porte un trou qui sert de logement au pivot de l'axe. Un petit *ressort à boudin*, dont une des extrémités est fixée à la carcasse par une *vis-arrêtoir*, vient prendre appui contre une vis engagée dans le petit bout de la baguette. Ce ressort a pour effet d'assurer la position de la baguette, et par suite celle de l'axe, lorsque le pivot de ce dernier est engagé dans le trou de la tête de baguette.

La *monture* est formée de deux *plaquettes* de bois de noyer dont la face extérieure est bombée et quadrillée; celle de droite est fixée par une *vis* engagée dans la poignée; celle de gauche, qui recouvre les ressorts logés dans la poignée, est maintenue en place par la plaque de recouvrement.

La poignée se termine à l'arrière par une *calotte* avec un *anneau* dans lequel on engage la *lanière* fixée à la selle pour empêcher le cavalier de perdre son arme.

Fonctionnement du mécanisme. — Pour charger le revolver, on met le chien au cran de sûreté, on rabat la porte en arrière, et, faisant tourner le barillet avec la main, on introduit une cartouche dans chaque chambre. Il faut avoir soin de bien pousser les cartouches à fond, afin qu'elles ne gênent pas le mouvement du barillet. L'arme chargée, on ferme la porte.

Selon que l'on veut exécuter un tir de précision en y mettant le temps, ou un tir rapide, on a recours au mouvement intermittent ou au mouvement continu.

Dans le premier cas, comme nous l'avons déjà vu, lorsqu'on arme le chien avec le pouce, le mentonnet, entraîné par le chien, met en mouvement la détente, puis la barrette, qui fait tourner le barillet. Il suffit alors d'une très-légère pression du doigt sur la détente pour amener le talon de celle-ci contre le bec de gâchette et faire partir le coup. Aussitôt que le chien se reporte en avant, il faut avoir soin de cesser de presser sur la détente, afin de ne pas gêner le fonctionnement du mécanisme et de laisser à la détente l'entière liberté de revenir à sa position initiale.

Pour le tir continu, au contraire, il faut tout d'abord agir avec beaucoup de force sur la détente, afin de pouvoir à la fois armer le chien et faire tourner le barillet; aussi la fixité de l'arme dans la main est mal assurée et le tir beaucoup moins régulier que dans le cas précédent.

Avant de recharger, il faut, après avoir ouvert la porte, dégager la baguette, la faire tourner ainsi que son porte-baguette, et l'introduire successivement dans chaque chambre pour chasser les étuis vides. Quelquefois, le barillet tournant trop rapidement, son mouvement est en avance sur celui de la came de la détente, et le mécanisme se trouve enrayé. Il faut alors, au lieu d'agir avec force, mettre le chien au cran de sûreté et faire tourner le barillet avec la main.

Démontage et remontage de l'arme. — Pour enlever le barillet, il faut d'abord dégager son axe. Pour cela, on doit faire effort sur la crête de la baguette, la pousser en avant jusqu'à ce que le pivot de l'axe soit dégagé, et la rejeter à gauche. Presser ensuite sur le bouton de poussoir et retirer l'axe; on peut cependant ne pas le dégager complétement; à cet effet, il porte une seconde entaille dans laquelle on engage le crochet du poussoir. Il faut ensuite faire rentrer la baguette dans son logement, mettre le chien au cran de sûreté et rabattre la porte; le barillet se retire alors facilement. On le remet en place par les moyens inverses.

La plaque de recouvrement, qui ferme le logement de la platine, permet, lorsqu'on l'enlève ainsi que la plaquette gauche qu'elle maintient, de découvrir complétement le mécanisme de platine et d'en assurer l'entretien sans qu'il soit nécessaire d'en démonter les différentes pièces.

Lorsqu'on veut retirer toutes les pièces, il faut d'abord enlever le grand ressort. Une *clef*, dont la tête forme *excentrique*, est mobile autour d'un pivot fixé dans la poignée; elle sert à donner au ressort, lorsqu'il est en place, une première tension; pour débander le ressort et le retirer, il suffit donc de tourner cette clef, ce qui évite d'avoir recours à l'emploi d'un monte-ressort, accessoire qui était indispensable avec les anciennes platines. Le pontet remplit le même office de clef pour le ressort de détente; aussi, avant de retirer la détente, il faut l'enlever. Le pontet faisant ressort, il faut avec le pouce de la main droite presser sur la feuille postérieure, pour dégager le T. Le remontage se fait en sens inverse.

Pour le démontage et le remontage, un tournevis est seul nécessaire; afin de permettre à l'homme de se passer à la rigueur d'un nécessaire d'armes, l'axe du barillet porte à sa partie antérieure une lame de tournevis. Malgré cela, chaque soldat est pourvu d'un *nécessaire d'armes modèle* 1874, contenant les mêmes pièces que celles qui servent pour le fusil modèle 1874, et d'un *lavoir* en laiton. Ce n'est qu'en cas de nécessité absolue qu'on doit faire usage de l'axe du barillet comme tournevis.

Tir. — Le pistolet-revolver porte à 100 et 150 mètres. Sa balle est encore meurtrière à 200 mètres; mais les résultats obtenus à ces distances sont très-incertains.

Le but en blanc de la ligne de mire, tracée sur l'arme, est à 25 mètres. Le guidon a été surelevé pour obliger le tireur à abaisser un peu l'extrémité du canon et compenser ainsi, en partie du moins, l'effet dû au relèvement de l'arme, qui est beaucoup plus accentué pour les pistolets que l'on tire à bras tendu que pour les armes à feu que l'on peut épauler.

Afin de ne donner aux cavaliers que des idées justes sur le parti qu'ils peuvent tirer de leur arme, on a fixé les distances réglementaires pour les tirs d'instruction aux environs du but en blanc, c'est-à-dire à 15 mètres et 30 mètres. Au delà, on ne peut plus guère être assuré de la précision et de la justesse.

Dans un combat, on ne doit compter sur le revolver que jusqu'à la distance de 10 ou 15 mètres quand on tire sur un homme isolé, et jusqu'à celle de 50 mètres, au maximum, en tirant sur des groupes. Les règles de tir se réduisent à deux :

1° Viser droit au but entre 25 et 50 mètres;

2° Viser au-dessous du but en deçà de 25 mètres.

Revolver d'officier modèle 1874.

Cette arme, uniquement destinée aux officiers, remplace le *pistolet rayé d'officier d'état-major modèle* 1855, à canon double, dont était armée autrefois la majeure partie des officiers.

Ce revolver est d'une construction plus soignée que celui de troupe modèle 1873 ; toutes les pièces métalliques sont bronzées. Comme forme générale et comme mécanisme, il est semblable au précédent et tire la même cartouche, condition de grande importance quant à la facilité des réparations, des rechanges et du réapprovisionnement en munitions des armes d'officier, lorsque l'on est en campagne.

On l'a allégé de 200 gr. environ en enlevant du métal partout où on pouvait le faire sans compromettre la solidité de l'arme : par exemple, on a diminué de quelques millimètres la longueur du barillet, creusé une gorge dans sa surface extérieure en regard de chaque cloison et pratiqué des entailles dans la poignée.

Poids moyen du revolver non chargé	1^{k},010
Poids moyen du revolver chargé................	1 ,110

Achat de revolver [1]. — Ces revolvers sont fournis aux officiers par la manufacture de Saint-Étienne, sur leur demande adressée par la voie hiérarchique, au prix de 50 francs, qui peuvent être soit versés au Trésor en une seule fois, soit remboursés par une retenue de 5 francs par mois sur la solde.

Tout officier possesseur d'un revolver a droit par an, gratuitement, à 36 cartouches; il peut en recevoir en outre 80, à titre de remboursement, ce qui fait un total de 116 cartouches. Les officiers ne sont pas tenus de rendre les étuis provenant des cartouches remboursées ; mais ils doivent faire la remise à l'artillerie de ceux des cartouches qui leur ont été délivrées gratuitement.

1. Tous les officiers et assimilés, y compris les gardes d'artillerie et les adjoints du génie, sont tenus d'avoir un revolver réglementaire. L'achat du revolver n'est facultatif que pour les fonctionnaires de l'intendance, les officiers de santé et les officiers d'administration.

Armes à feu de modèles divers.

Ces armes sont, les unes des fusils de gros calibre, des anciens modèles, transformés au chargement par la culasse, les autres des armes achetées à l'étranger pendant la guerre de 1870-71. A la paix, ces dernières armes furent versées dans les arsenaux; on se débarrassa alors de toutes celles qui laissaient à désirer au point de vue de la fabrication, et on ne conserva en magasin que celles qui étaient susceptibles de rendre de bons services. En cas de besoin, ces armes seraient utilisées pour l'armement de quelques corps spéciaux de l'armée active ou de l'armée territoriale.

Parmi ces armes, qui toutes se chargent par la culasse, les unes, du système Remington ou Peabody, sont à un coup, tandis que les autres, du système Winchester ou Spencer, sont à répétition.

La gendarmerie de la Corse, pour laquelle on avait créé en 1850 un fusil double se chargeant par la bouche, a été armée après la guerre du fusil Henry Winchester.

Armes à percussion, transformées au système de chargement par la culasse, modèle 1867. — Ces armes sont de trois sortes :

Le fusil d'infanterie modèle 1867 (ancien fusil d'infanterie modèle 1857) ;

Le fusil de dragon modèle 1867 (ancien fusil de dragon modèle 1857) ;

La carabine modèle 1867 (ancienne carabine modèle 1859).

Le système de fermeture est celui dit à tabatière; la cartouche, dont le culot est métallique et la douille en clinquant, est à percussion centrale [1].

Le fusil d'infanterie a la baïonnette modèle 1857 à lame triangulaire, la carabine le sabre-baïonnette modèle 1842.

1. Voir le *Système à tabatière*, page 77.

	FUSIL D'INFANTERIE.	FUSIL DE DRAGON.	CARABINE.
Calibre	17mm,8	17mm,8	17mm,8
Nombre des rayures (de gauche à droite)	4	4	4
Longueur de l'arme sans baïonnette.	1m,423	1m,314	1m,262
Longueur de la lame de la baïonnette	0 ,510	»	0 ,573
Longueur totale de l'arme avec baïonnette	1 ,733	»	1 ,835
Poids de l'arme sans baïonnette. ...	4k,435	4k,240	4k,655
Poids de la baïonnette	0 ,350	»	0 ,825
Poids du fourreau de la baïonnette..	0 ,110	»	0 ,465
Poids total de l'arme avec la baïonnette sans fourreau	4 ,785	»	5 ,480
Poids total de la cartouche	48gr		59gr
Poids de la balle	36		44 ,5
Poids de la charge de poudre à mousquet	4 ,5		5 ,5

Armes Remington. — Les armes du système Remington [1] sont de plusieurs sortes :

Le fusil Remington égyptien ;

Le fusil Springfield calibre 50 [2], transformé au système Remington ;

Le fusil Springfield calibre 58 , transformé au système Remington ;

Les mousquetons Remington n° 1 et n° 2.

Pour les fusils, la cartouche est à percussion centrale ; l'étui est en cuivre embouti avec bourrelet creux replié ou bien du système Boxer [3]. Les mousquetons tirent les cartouches à percussion périphérique qui sont employées pour le tir du mousqueton Spencer.

Le canon des fusils Springfield n'est pas bronzé, tandis que celui des armes Remington est bronzé. Le fusil Remington égyptien ainsi que le fusil Springfield du calibre 50 sont armés d'un sabre-baïonnette ; le fusil Springfield du calibre 58 n'a qu'une baïonnette. Les mousquetons n'ont ni sabre-baïonnette ni baïonnette.

1. Voir le *Système Remington*, page 79.
2. Le calibre des armes anglaises et américaines s'exprime en centièmes de pouce ; le pouce vaut 0m,025399.
3. Voir la *Cartouche Boxer*, page 77.

	FUSIL REMINGTON Égyptien.		FUSILS SPRINGFIELD Calibre 50.	Calibre 58.	MOUSQUETONS n° 1.	n° 2.
Calibre	11mm		12mm,7	14,mm7	12mm,7	
Nombre des rayures (gauche à droite)	5		3	3	3	5
Longueur de l'arme sans baïonnette	1m,278		1m,235	1m,394	0m,867	0m,888
Longueur de la lame de baïonnette	0 ,573		0 ,515	0 ,460	»	»
Longueur totale de l'arme avec baïonnette	1 ,851		1, 750	1 ,854	»	»
Poids de l'arme sans baïonnette	4k,145		4k,120	4k,270	3k,107	
Poids de la baïonnette sans fourreau	0 ,655		0 ,785	0 ,356	»	
Poids total de l'arme avec baïonnette	4 ,800		4 ,905	4 ,626	»	
Cartouche	à bourrelet replié.	Boxer.	Boxer.	à bourrelet replié.	Cartouches Spencer[1].	
Poids total de la cartouche	39gr	37gr	38gr,8	52gr,4	»	
Poids de la balle	22 ,5	23	26 ,6	36	»	
Poids de la charge	5	4 ,7	4 ,8	5 ,5	»	

Fusil Peabody. — Ce fusil, actuellement en service dans l'armée roumaine, a un mécanisme de fermeture à bloc de culasse tombant, qui offre beaucoup d'analogie avec celui du fusil Martini-Henry[2]; ce dernier a, du reste, été en partie copié sur le système Peabody.

Ce fusil n'a pas de baïonnette, et son canon n'est pas bronzé; il tire une cartouche, à bourrelet plein et percussion centrale, qui est la même que celle du fusil Remington espagnol.

Calibre	11mm
Nombre des rayures (gauche à droite)	3
Longueur de l'arme	1m,315
Poids de l'arme	4k,055
Poids total de la cartouche	39gr,5
Poids de la balle	24 ,2
Poids de la charge	5 ,3

Armes Henry Winchester. — Ces armes sont à répétition[3]; elles sont de deux sortes, un fusil et une carabine; le canon est bronzé; le fusil a une baïonnette dont la lame est aussi bronzée.

1. Voir la *Cartouche du mousqueton Spencer*, page suivante.
2. Voir le *Système Martini-Henry*, page 79.
3. Voir le *Système Henry-Winchester*, p. 93.

La cartouche, la même pour les deux armes, est à percussion périphérique; le magasin est dans le fût; celui du fusil peut contenir 16 cartouches, celui de la carabine 13 seulement.

	FUSIL.	CARABINE.
Calibre	10mm,7	10mm,7
Nombre des rayures (gauche à droite)	5	5
Longueur de l'arme sans baïonnette	1m,175	1m
Longueur de la lame de la baïonnette	0 ,382	»
Longueur totale de l'arme avec baïonnette	1 ,557	»
Poids de l'arme sans baïonnette (magasin vide)	3k,910	3k,560
Poids de la baïonnette	0 ,230	»
Poids total de l'arme avec la baïonnette	4 ,140	»
Nombre de cartouches dans le magasin	16	13
Poids total de la cartouche	20gr,8	
Poids de la balle	16	
Poids de la charge	1 ,7	

Mousquetons Spencer. — C'est aussi une arme à répétition; le magasin, situé dans la crosse [1], ne contient que 7 cartouches. Les cartouches, à percussion périphérique, sont de deux sortes. Le canon est bronzé.

Calibre	12mm,7	
Nombre des rayures (gauche à droite)	6	
Longueur de l'arme	0m,941	
Poids de l'arme (le magasin vide)	3k,765	
Nombre de cartouches contenues dans le magasin	7	
Cartouche	n° 1.	n° 2.
Poids total de la cartouche	30gr,58	32gr,06
Poids de la balle	22 ,5	25 ,05
Poids de la charge	2 ,85	2 ,85

ARMES BLANCHES.

Sabre-baïonnette modèle 1866, série Z.

Le sabre-baïonnette et l'épée-baïonnette sont les seules armes blanches mises entre les mains des sous-officiers et des hommes des troupes à pied. Ces armes accompagnent ordinairement une arme à feu; cependant, pour l'armement des tambours, musiciens, infirmiers, qui n'ont pas de fusils, on avait

1. Voir e *Système Spencer*, page 91.

établi une série particulière de sabres-baïonnettes sans fusil, dite série Z. Jusqu'ici, on n'a pas constitué de série analogue pour les épées-baïonnettes, laissant aux hommes qui en étaient armés le sabre-baïonnette modèle 1866, série Z.

Longueur de la lame du sabre-baïonnette......	0 m,580
Poids moyen du sabre avec fourreau..........	1 k,033
Poids moyen du sabre sans fourreau..........	0 ,655

Sabre d'adjudant et de sergent-major d'infanterie modèle 1845.

La *lame* en acier fondu est légèrement courbe; elle a un *tranchant* et un *dos*, et sur chaque face sont ménagés un *pan creux* et une *gouttière*. La *garde*, en laiton, est formée de deux *branches* réunies par des *ciselures à jour*. La *poignée* est en buffle noirci avec *cordons* et *filigrane*.

Primitivement, le *fourreau* était en cuir comprimé; ce n'est que depuis le mois de février 1870 qu'il est en tôle d'acier. Un *dard*, en acier trempé et non recuit, protège son extrémité contre les chocs; deux *bracelets* avec *anneau* servent à l'attacher aux bélières du ceinturon; deux ressorts ou *battes*, placés à l'entrée du fourreau, maintiennent la lame.

Longueur de la lame..........................	0 m,775
Poids moyen du sabre avec fourreau...........	1 k,270
Poids moyen du sabre sans fourreau...........	0 ,875

Ce sabre n'était dans le principe destiné qu'aux adjudants; il a été donné depuis aux sergents-majors en décembre 1871, lorsqu'on leur a retiré le fusil.

Sabres d'officiers d'infanterie modèle 1855.

Sabre d'officier d'infanterie modèle 1855. — Le sabre d'officier subalterne est en tout semblable à celui d'adjudant et de sergent-major; les dimensions sont les mêmes; le fourreau a toujours été en tôle d'acier; la garde est dorée.

Sabre d'officier supérieur d'infanterie modèle 1855. — Le sabre d'officier supérieur se distingue de celui de l'officier subalterne en ce que la lame est plus longue, droite et à deux tranchants; il y a sur chaque face deux pans creux séparés par une gouttière; la garde est à trois branches.

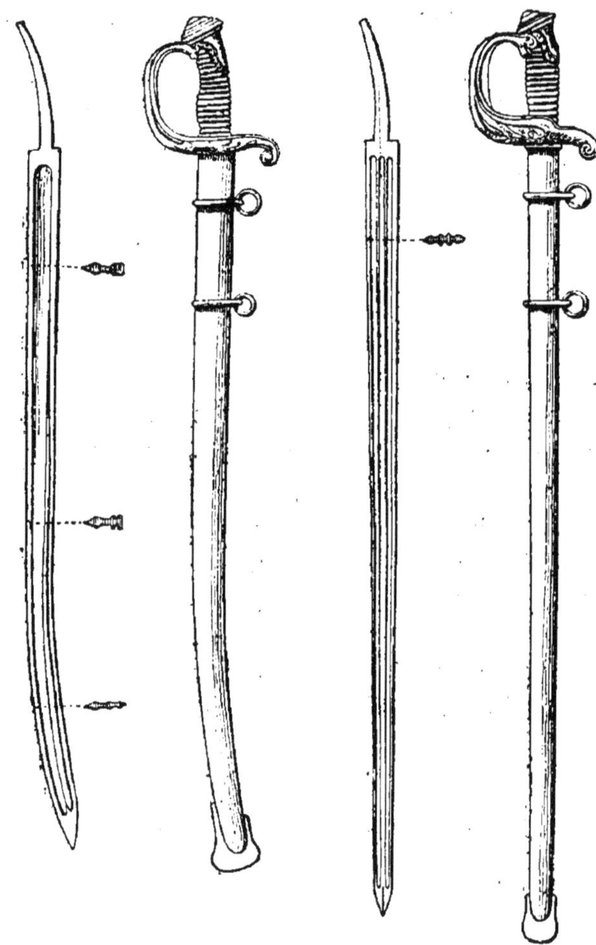

Officier subalterne. Officier supérieur.
Sabres d'officiers d'infanterie modèle 1855.

Longueur de la lame......................	0^{m},860
Poids moyen du sabre avec fourreau........	1^{k},410
Poids moyen du sabre sans fourreau........	0 ,975

Sabre de cavalerie de réserve modèle 1854.

Lors de son adoption, ce sabre n'était destiné qu'à l'armement des régiments de carabiniers; en 1869, il a été donné aussi aux cuirassiers, en remplacement du *sabre de cavalerie de ligne modèle* 1822, qui fut alors mis de côté.

Le sabre modèle 1854 est une arme d'estoc plutôt que de taille; sa lame est droite, tandis que celle du modèle 1822 avait une légère cambrure; elle a un dos et un tranchant et sur chaque face deux pans creux. La garde a quatre branches afin de mieux protéger la main, et surtout de rapprocher de la poignée le centre de gravité de l'arme, en augmentant le poids de la *monture*. Autour de la poignée, qui est en bois, s'enroule une ficelle; le tout est recouvert d'une basane en cuir vert et d'un filigrane. Le fourreau est en tôle d'acier.

Longueur de la lame...............	1 m,000
Poids moyen du sabre avec fourreau.	2 k,350
Poids moyen du sabre sans fourreau.	1 ,350

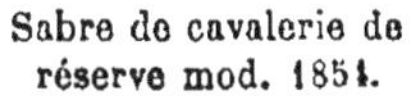

Sabre de cavalerie de réserve mod. 1854.

Sabre de dragon modèle 1854.

Le sabre de dragon ne diffère de celui de cavalerie de réserve que par la longueur de la lame et celle du fourreau, qui sont plus faibles.

Longueur de la lame..............	0m,975
Poids moyen du sabre avec fourreau.	2k,300
Poids moyen du sabre sans fourreau.	1 ,300

Sabre d'officier de cavalerie de réserve et de dragon modèle 1854.

Ce sabre a même forme et mêmes dimensions que celui de troupe destiné aux dragons; il est cependant un peu plus léger.

La garde est dorée; la poignée, au lieu d'être en bois, est en buffle noirci.

Longueur de la lame........................	0m,975
Poids moyen du sabre avec fourreau.........	1k,850
Poids moyen du sabre sans fourreau.........	1 ,150

Sabre de cavalerie légère modèle 1822.

Ce sabre est une arme de taille plutôt que d'estoc. Aussi la lame, un peu plus courte que celle des autres modèles affectés à l'armement de la grosse cavalerie, a une courbure assez prononcée. On remarque le dos et le tranchant et sur chaque face un pan creux et une gouttière.

La garde n'a que trois branches, au lieu de quatre, afin d'alléger la monture et éloigner un peu de la main le centre de gravité, ce qui donne du coup à la lame :

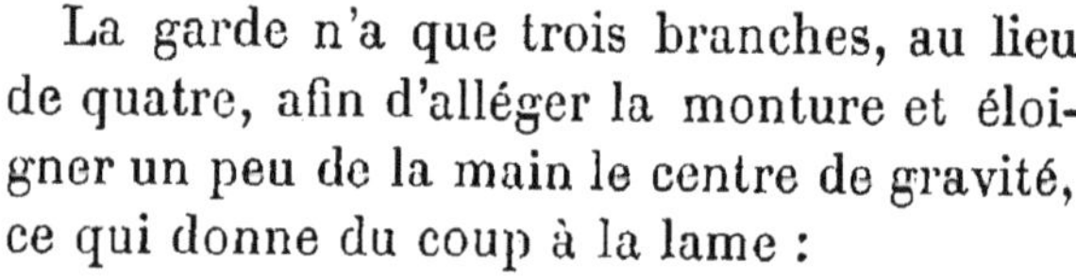

Longueur de la lame................	0^{m},920
Poids moyen du sabre avec fourreau..	2^{k},155
Poids moyen du sabre sans fourreau..	1 ,155

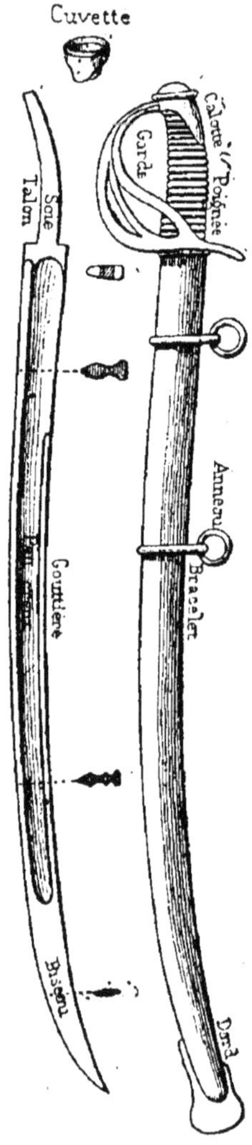

Sabre d'officier de cavalerie légère modèle 1822.

Il existe entre cette arme, destinée à l'armement des officiers, et celle de la troupe, les mêmes différences qu'entre le sabre d'officier de réserve et de dragon modèle 1854 et celui de dragon modèle 1854.

Longueur de la lame................	0^{m},920
Poids moyen du sabre avec fourreau.	1^{k},715
Poids moyen du sabre sans fourreau.	1 ,055

Depuis le mois d'octobre 1869, le sabre de cavalerie légère est affecté à l'armement de tous les corps de troupes à cheval (officiers et soldats) autres que les cuirassiers et les dragons, y compris la gendarmerie, l'artillerie, le train d'artillerie, les sapeurs-conducteurs du génie et le train des équipages militaires.

Sabre de cavalerie légère modèle 1822.

Cependant, après la guerre, on a remis provisoirement en service, pour l'armement du train des équipages, les sabres de canonniers montés modèle 1829, qui, retirés en 1869 aux hommes montés de l'artillerie, se trouvaient en assez grande quantité dans nos arsenaux.

Le *sabre de canonnier monté modèle* 1829 a une lame encore plus courte et plus courbe que celle du sabre de cavalerie légère; elle n'a qu'un seul pan creux sur chaque face. La garde n'a qu'une seule branche.

Longueur de la lame.................	0m,810
Poids moyen du sabre avec fourreau..	1k,920
Poids moyen du sabre sans fourreau..	1 ,020

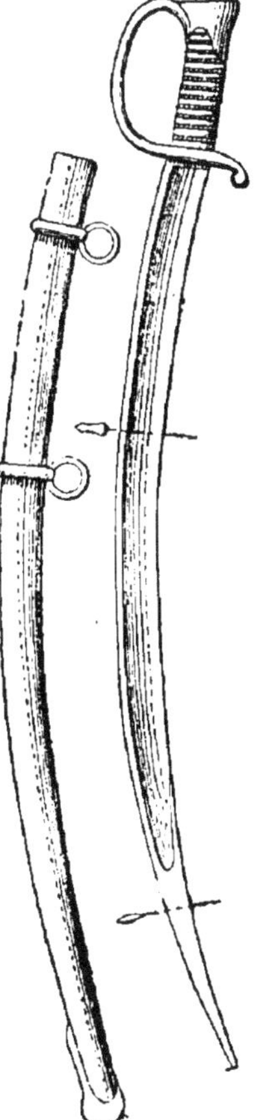
Sabre de canonnier monté modèle 1829.

Sabre d'officier d'état-major modèle 1855.

Ce sabre n'est porté par les officiers d'état-major de tous grades, y compris les généraux, que dans le *service à cheval.* Il est semblable à celui d'officier de cavalerie de réserve et de dragon modèle 1855; il n'en diffère que par la lame et le fourreau, qui sont plus courts et rendent ainsi l'arme un peu plus légère.

Longueur de la lame.................	0m,945
Poids moyen du sabre avec fourreau..	1k,710
Poids moyen du sabre sans fourreau..	1 ,085

Épée d'officier d'état-major modèle 1855.

Les officiers d'état-major portent une épée pour le *service à pied.* La lame de cette épée est droite et à deux tranchants; sa section est un losange. La garde, en laiton doré et ciselé, n'a qu'une seule branche avec *coquilles*, dont une, *mobile*, peut se rabattre, et l'autre, *fixe*, porte les *emblèmes*. La poignée est en corne de buffle noirci, le fourreau en cuir comprimé avec bout en laiton doré et ciselé.

Longueur de la lame...................	0m,870
Poids moyen de l'épée avec fourreau....	0k,895
Poids moyen de l'épée sans fourreau...	0 ,760

Les *officiers généraux* portent aussi la même épée, seulement la poignée est en *écaille;* sur la coquille fixe sont deux *étoiles* en argent pour les généraux de brigade, trois pour les généraux de division, sept, avec deux *bâtons en croix* au milieu, pour les maréchaux.

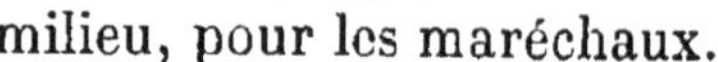

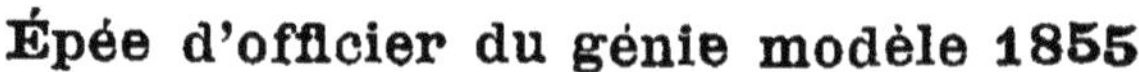

Épée d'officier du génie modèle 1855.

L'épée d'officier du génie diffère de celle des officiers d'état-major, en ce que sur chacune des quatre faces il y a un pan creux. La garde est en laiton doré, mais non ciselé; la coquille fixe porte une grenade; la poignée est en bois, recouverte d'une peau de chagrin.

Longueur de la lame..................	0m800
Poids moyen de l'épée avec fourreau...	0k875
Poids moyen de l'épée sans fourreau...	0 740

Cette épée sert aussi pour l'armement des adjoints du génie et des chefs et sous-chefs ouvriers d'État du génie.

Épées d'officiers de gendarmerie modèle 1855.

Les officiers de gendarmerie portent l'épée en tenue de ville; à cheval, ils ont le sabre d'officier de cavalerie légère modèle 1822.

Épée d'officier supérieur de gendarmerie modèle 1855. — Lame avec deux pans creux; poignée en corne de buffle, garde richement ornée.

Épée d'officier d'état-major modèle 1855.

Longueur de lame..................	0m,815
Poids moyen de l'épée avec fourreau....	0k,842
Poids moyen de l'épée sans fourreau....	0 ,712

Épée d'officier de gendarmerie modèle 1855. — Même lame que la précédente, poignée en laiton.

Poids moyen de l'épée avec fourreau......	0k,813
Poids moyen de l'épée sans fourreau......	0 ,694

Épée d'intendant militaire modèle 1852.

Cette épée est peu différente de celle d'officier d'état-major. La section de la lame est un losange; la poignée, en écaille pour les intendants, porte deux étoiles en argent sur la coquille fixe; elle est en corne de buffle noirci pour les sous-intendants :

Longueur de la lame....................	0m,865
Poids moyen de l'épée avec fourreau....	0K,970
Poids moyen de l'épée sans fourreau....	0 ,795

L'épée de sous-intendant est aussi portée par les adjoints à l'intendance, les officiers de santé principaux et majors de 1re classe, et les officiers d'administration principaux.

Épée d'officier de santé modèle 1852.

La lame de cette épée présente deux pans creux; la poignée est en bois, recouverte complétement d'un filigrane en laiton doré.

Longueur de la lame...........................	0m,810
Poids moyen de l'épée avec fourreau..........	0k,895
Poids moyen de l'épée sans fourreau..........	0 ,737

Cette épée est destinée à l'armement non-seulement des officiers de santé majors de 2e classe et aides-majors, mais encore des vétérinaires militaires, officiers d'administration, adjudants d'administration, gardes d'artillerie, maîtres artificiers, chefs et sous-chefs ouvriers d'État, contrôleurs des manufactures d'armes, des directions et des fonderies.

Épée de sous-officier modèle 1857.

Cette épée est donnée aux adjudants, sergents-majors et sous-officiers du génie, mais pour ces derniers en dehors du service seulement, aux gardiens de batterie, ouvriers d'État, chefs armuriers, élèves d'administration, etc.

La lame est à peu près la même que celle de l'épée d'officier du génie; sur la coquille fixe est une grenade en relief. La poignée en bois est recouverte complétement de filigranes à fil croisé.

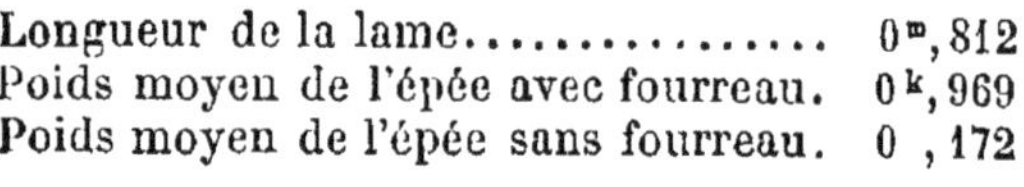

Longueur de la lame................	0m,812
Poids moyen de l'épée avec fourreau.	0k,969
Poids moyen de l'épée sans fourreau.	0 ,172

Il existe encore en service des *épées de sous-officier du génie modèle* 1816; la lame est la même; la monture est peu différente; seulement les deux coquilles, au lieu d'être l'une mobile et l'autre fixe, sont toutes les deux fixes; le fourreau présente aussi quelques différences; à mesure que les différentes pièces sont mises au rebut, elles sont remplacées par d'autres du modèle 1857.

Épée de sous-officier du génie modèle 1816.

Épée de sous-officier de gendarmerie modèle 1853.

Cette épée diffère de celle du modèle 1857 uniquement par les emblèmes de la coquille; une branche de chêne remplace la grenade.

Sabres de modèles anciens.

Les sabres de troupes à cheval de modèles anciens, existant dans les arsenaux, et pouvant être éventuellement mis en service sont :

Le *sabre de cavalerie de ligne modèle* 1822 [1];

Le *sabre de cavalerie de ligne modèle* 1816;

Le *sabre de cavalerie de ligne modèle an* XIII;

Le *sabre de cavalerie légère modèle* 1816;

Le *sabre de cavalerie légère modèle an* XIII;

Le *sabre de canonnier monté modèle* 1829 [2].

Pour les troupes à pied :

Le *sabre de troupes à pied modèle* 1831 [3].

1. Voir page 152.
2. Voir page 155.
3. Voir page 66.

Le *sabre de sous-officier d'infanterie de l'ex-garde impériale modèle* 1854, avec fourreau en cuir, sert encore pour l'armement de certains sous-officiers, qui occupent des emplois spéciaux, tels que les gardiens des prisons militaires.

Cuirasse de cuirassier modèle 1855.

La cuirasse est la seule arme défensive qui soit encore en service dans l'armée française ; elle est en acier fondu, tandis que celles des modèles antérieurs étaient en étoffe formée de parties égales de bon fer et d'acier naturel. On a pu ainsi réduire son poids moyen de 8^k,100 à 6^k,090 sans rien diminuer de sa force de résistance contre les balles.

Elle se compose de deux pièces : le *plastron* et le *dos*, réunis à l'aide de *bretelles* et d'une *ceinture*. Au milieu du plastron est une *arête busquée;* les deux faces forment ainsi deux plans inclinés sur lesquels les balles ont une tendance à glisser, ce qui diminue leur force de pénétration. Les bords relevés forment *gouttière*, de façon à rejeter en avant les balles, qui glissent le long de la cuirasse, et les empêcher d'atteindre les membres. Le *dos* présente des dispositions analogues ; l'arête saillante y est remplacée par une arête rentrante.

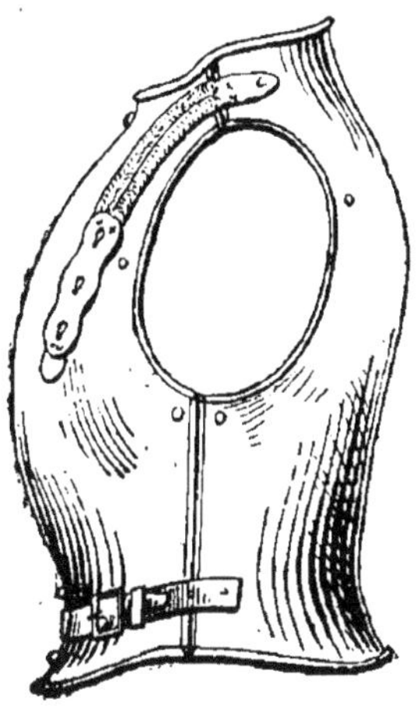

Cuirasse de cuirassier modèle 1855.

Les plastrons sont à l'épreuve des balles, tandis que les dos ne sont qu'à l'épreuve des armes tranchantes. L'épaisseur du dos est la même partout et égale à 1 millimètre ; celle du plastron, maximum près de l'arête, où elle est de 3 millimètres, va en diminuant jusque sur les flancs, où elle n'est plus que de 1 millimètre.

Il y a quatre tailles de cuirasse, et plusieurs largeurs dans chaque taille.

Le corps de l'homme est protégé contre les frottements de la cuirasse par un *gilet rembourré;* autrefois, on employait dans le même but une *matelassure* fixée à l'intérieur même de la cuirasse à l'aide de crochets.

Il existe encore dans les arsenaux des *cuirasses de cuirassier modèle* 1834 de l'ex-garde impériale, et *cuirasses de cuirassier modèle* 1825, qui pourraient être éventuellement mises en service.

Cuirasse d'officier.

Elle est exactement la même que celle de la troupe.

L'entrepreneur de la manufacture de Châtellerault est autorisé à fournir, aux officiers qui lui en font directement la demande, des sabres et des cuirasses.

Une note insérée au *Journal militaire* [1] indique les mesures que l'officier doit fournir lorsqu'il commande une cuirasse. Quant aux épées, on ne les trouve que dans le commerce.

CASQUES.

Casque modèle 1872.

Les *casques*, bien que pouvant être considérés comme arme défensive, ne font pas partie de l'armement, mais de l'équipement. Leur fabrication est abandonnée à l'industrie privée.

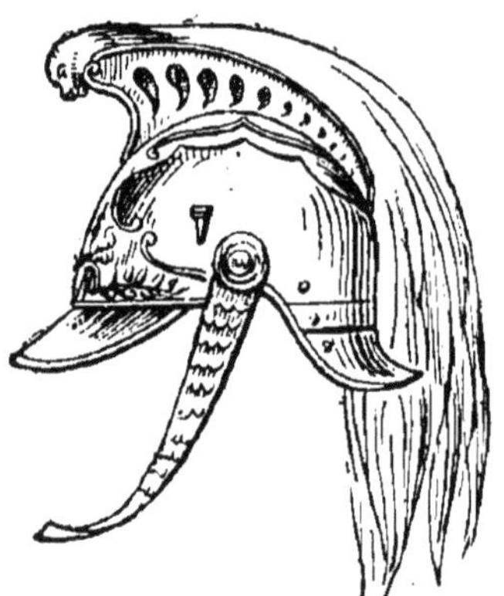

.Casque modèle 1872.

Le nouveau casque adopté en 1872 est moins haut et plus léger que l'ancien; il ne pèse que 1^{k},250 environ au lieu de 3^{k},150.

Il est le même pour les cuirassiers et les dragons; celui de cuirassiers a le *plumet* et une *aigrette;* celui de dragons n'a que le plumet.

Casque d'officier.

Le *casque d'officier* est semblable à celui de la troupe; seulement les pièces en laiton sont dorées, et les pièces en acier plaquées d'argent.

1. *Journal militaire*, 2e semestre 1875, partie réglementaire, n° 39, p. 906.

RENSEIGNEMENTS SUR LES ARMES EN SERVICE

MUNITIONS	POIDS de la cartouche	POIDS de la balle	POIDS de la charge de poudre	LONGUEUR	PRIX de la cartouche	PRIX d'un étui vide perdu	PAQUETS Nombre de cartouches	PAQUETS Poids	OBSERVATIONS
	gr.	gr.	gr.	mm.	fr.	fr.		gr.	
Cartouche modèle 1874	43,8	25,0	5,25	76,5	0,10	0,06	6	272	Poudre F_1.
Cartouche de revolver modèle 1873.	16,8	11,7	0,65	15,0	0,06	0,025	18 (1)	305	Poudre superfine de chasse.
									(1) 3 paquets de 6 réunis en un seul.

ARMES A FEU	POIDS de l'arme sans baïonnette	LONGUEUR totale de l'arme (2)	LONGUEUR d'âme (3)	PRIX de remboursement de l'arme achetée ou perdue	LIMITE de graduation de la hausse	OBSERVATIONS
	k.	m.	mm.	fr.	m.	(2) Sans baïonnette.
Fusils d'infanterie { modèle 1874 / mod. 1866-1874.	4,200	1,30	750,5	53,45	1800 / 1700	(3) parcourue par le projectile.
Carabines de cavalerie et gendarmerie modèle 1874 et 1866-1874.	3,600	1,17	650,5	44,05	1100	
Mousquetons d'artillerie modèle 1874 et 1866-1874	3,300	0,99	450,5	46,35	1300	
Revolver modèle 1873	1,195	0,242	114,0 (4)	35	25 (5)	(4) 99mm seulement pour la partie rayée.
Revolver d'officier modèle 1874	1,010	0,239		50		(5) Distance de but en blanc.

RENSEIGNEMENTS SUR LES ARMES EN SERVICE

ARMES BLANCHES	POIDS avec fourreau	POIDS sans fourreau	LONGUEUR totale	LONGUEUR de la lame	PRIX de remboursement de l'arme achetée ou perdue
TROUPE	k.	k.	m.	m.	fr.
Sabre-baïonnette modèle 1866	1,033	0,655	0,710	0,580	13,35
Epée-baïonnette modèle 1874.. ...	0,800	0,560	0,620	0,530	13,75
Baïonnette de gendarme à cheval modèle 1866	0,445	0,335	0,580	0,520	5,45
Sabre d'adjudant et de sergent-maj. d'infanterie modèle 1845........	1,270	0,875	0.920	0,775	22,75
Sabre de cavalerie de réserve modèle 1854	2,350	1,350	1,184	1,000	26,50
Sabre de dragon modèle 1854.....	2,300	1,300	1,165	0,975	
Sabre de cavalerie légère modèle 1822.........................	2,155	1,155	1,099	0,920	20,80
Epée de sous-officier modèle 1857.	0,969	0,787	0,994	0,812	24,90
OFFICIERS					
Sabre d'officier d'infanterie modèle 1855	1,270	0,875	0,920	0,775	31,60 (1)
Sabre d'officier supérieur d'infanterie modèle 1855...............	1,410	0,975	1,000	0,860	33,50 (1)
Sabre d'officier de cavalerie de réserve et de dragon modèle 1854.	1 50	1,150	1,120	0,975	40,10 (1)
Sabre d'officier de cavalerie légère modèle 1822....................	1,715	1,055	1,099	0,920	31, 70 (1)
Sabre d'officier d'état-major modèle 1855.	1,710	1,085	1,088	0,945	38,00 (1)
Epée d'officier d'état-major modèle 1855..........................	0,895	0,760	1,010	0,870	»
Epée d'officier du génie modèle 1855.........................	0,875	0,740	0,940	0,800	»
Epée d'officier supérieur de gendarmerie modèle 1855..........	0,842	0,712	0,960	0,815	»
Epée d'officier de gendarmerie modèle 1855	0,813	0,694	0,960	0,815	»
Epée d'intendant militaire modèle 1852........................	0,970	0,795	1,000	0,865	»
Epée d'officier de santé mod. 1852.	0,895	0,737	0,955	0,810	»

CUIRASSES	POIDS	
Cuirasse de cuirassier modèle 1855.	6k,090	71,35
Cuirasse d'officier de cuirassier....		114 (1)

(1) Prix moyen, en manufacture, avec poignée brunie; avec poignée dorée, le prix cs augmenté de 10 fr. au moins. Ces prix tout à fait *approximatifs* ne sont donnés que comme renseignement général, et non comme *tarif* imposé par le ministre à l'entreprenour. Ils peuvent varier d'une annéo à l'autre, et ôtre modifiés suivant l'importanco des commandes.

ARMEMENT DES TROUPES DE L'ARMÉE ACTIVE EN 1878

INDICATION DES CORPS		ARMES A FEU	ARMES BLANCHES	CARTOUCHES portées par l'homme, en campagne, dans la giberne, le sac ou le porte-manteau			OBSERVATIONS
				Paquets de 6	Libres (1)	Total	
Infanterie...	Officiers.	Revolver d'officier modèle 1874.	Sabre d'officier supérieur d'infanterie modèle 1855. Sabre d'offic. d'inf. mod. 1855.	»	»	»	(1) D'après une circulaire ministérielle du 27 juin 1878, sur la charge du fantassin en campagne, il est question de supprimer les cartouches libres.
	Adjudants et sergents-maj.	Revolver modèle 1873.	Sabre d'adjudant modèle 1845.	5	»	30	
	Sous-offic., capor. et soldats, y compris les conduct. de chevaux haut le pied et des voitures régimentaires.	Fusil modèle 1874.	Epée-baïonnette modèle 1874.	12	2	(2) 74	(2) Sur l'homme....... 74 Caisson de bataillon.. 18,1 Section de munitions. 46,4 Au parc............ 31,5 Total par homme. 170,0
	Tambours et musiciens.	»	Sabre-baïonn. mod. 1866, série Z.	»	»	»	
	Conducteurs de chevaux de main.	Revolver modèle 1873.	Sabre-baïonnette modèle 1866, série Z.	5	»	30	
	Conducteurs des caissons de munitions (3).	Revolver mod. 1873.	Sabre-baïonnette modèle 1866, série Z.	5	»	30	(3) En temps de guerre seulement; en temps de paix, ils ont le fusil, comme les conducteurs de voitures régim.
Génie	Officiers (4).	Revolver modèle 1874.	Epée d'officier d'état-major mod. 1855 (officiers supérieurs). Epée d'offic. du génie mod. 1855.	»	»	»	(4) En campagne, les officiers montés, du génie, de tous grades, portent le sabre d'officier supérieur d'infanterie.
	Adjudants et sergents-maj.	Revolver modèle 1873.	Epée de sous-offic. mod. 1857.	5	»	30	(5) Hors du service, épée de sous-officier modèle 1857.
	Sous-offic. (5), capor. et soldats, y compris les conducteurs de chevaux haut le pied et des voitures régim.	Fusil modèle 1874.	Epée-baïonnette modèle 1874.	12	2	74	
	Tambours.	»	Sabre-baïonn. mod. 1866, série Z.	»	»	»	
	Musiciens.	»	Epée de sous-offi. modèle 1857.	»	»	»	
	Conduct. de chev. de main.	Revolver modèle 1873.	Sabre-baïonnette modèle 1866, série Z.	5	»	30	
	Sapeurs-Conduct. — S.-offic., brig., tromp., maréchaux ferrants.	Revolver modèle 1873.	Sabre de cavalerie légère modèle 1822.	5	»	30	
	Sapeurs-Conduct. — Cavaliers.	Carabine modèle 1874.	Sabre de caval. légère mod. 1822.	6	2	38	

ARMEMENT DES TROUPES DE L'ARMÉE ACTIVE EN 1878 (Suite)

INDICATION DES CORPS			ARMES A FEU	ARMES BLANCHES	CARTOUCHES portées par l'homme, en campagne, dans la giberne, le sac ou *le porte-manteau*			OBSERVATIONS
					Paquets de 6	Libres	Total	
Cavalerie...	Officiers de cuirassiers et dragons.		Revolver modèle 1874.	Sabre d'officier de cavalerie de réserve et de dragon mod. 1854.	»	»	»	
	Cuirassiers.	*S.-offic., brig.*, cavaliers.	*Revolver* modèle 1873.	Sabre de cavalerie de réserve modèle 1854.	5	»	30	
	Dragons.	S.-offic., tromp. maréch. ferr.	Revolver modèle 1873.	Sabre de dragon modèle 1854.	5	»	30	
		Brig. et caval.	*Carabine modèle 1874.*	Sabre de dragon modèle 1854.	6	2	38	
	Cavalerie légère et compag. de remonte.	Officiers.	Revolver modèle 1874.	Sabre d'of. de cav. lég. mod. 1822.	»	»	»	
		S.-offi., tromp., maréch. ferr.	Revolver modèle 1873.	Sabre de caval. légère mod. 1822.	5	»	30	
		Brig. et caval.	*Carabine modèle 1874.*	Sabre de caval. légère mod. 1822.	6	2	38	
Artillerie....	Officiers.		Revolver modèle 1874.	Sabre d'of. de cav. lég. mod. 1822.	»	»	»	
	Hommes montés de l'artill.		Revolver modèle 1873.	Sabre de caval. lég. mod. 1822.	3	»	18	
	Hommes non montés.		*Mousqueton mod. 1874.*	Sabre-baïonnette modèle 1866.	3	»	18	
	Sous-offi., tromp., maréch. ferr. du train de l'artillerie.		Revolver modèle 1873.	Sabre de cavalerie légère modèle 1822.	5	»	30	
	Brig. et conduct. du train.		Carabine modèle 1874.	Sabre de caval. lég. mod. 1822.	6	2	38	(6) Tenue de ville : Epée d'officier supérieur de gendarmerie modèle 1855. Epée d'officier de gendarmerie modèle 1855.
	Gardiens de batterie.		Revolver modèle 1873.	Epée de sous-officier mod. 1857.	»	»	»	
Gendarmerie.	Officiers.		Revolver modèle 1874.	Sabre d'of. de cav. lég. m. 1822 (6).	»	»	»	
	Adjud. et march. des logis chefs (7).		Revolver modèle 1873.	Sabre de caval. lég. mod. 1822.	5	»	30	
	Gendarmes à cheval (7).		Carab. de gend. à cheval.	Baïonnette modèle 1866.	6	2	38	(7) Tenue de ville pour les sous-officiers et brigad. : Epée de sous-offic. de gend. modèle 1853.
			Revolver modèle 1873.	Sabre de caval. lég. mod. 1822.	5	»	30	
	Gendarmes à pied.		Carab. de gend. à pied.	Sabre-baïonnette modèle 1866.	6	2	38	
			Revolver modèle 1873.		5	»	30	

ARMEMENT DES TROUPES DE L'ARMÉE ACTIVE EN 1878 (Suite)

INDICATION DES CORPS		ARMES A FEU	ARMES BLANCHES	CARTOUCHES portées par l'homme, en campagne, dans la giberne, le sac ou le porte-manteau			OBSERVATIONS
				Paquets de 6	Libres	Total	
Train des équipages milit.	Officiers.	Revolver modèle 1874.	Sabre d'officier de cavalerie lég. modèle 1822.	»	»	»	
	Sous-offic., tromp., maréch. ferrants.	Revolver modèle 1873.	Sabre de caval. légère mod. 1822.	5	»	30	
	Brig. et conduct. Compag. montées.	Carabine modèle 1874.	Sabre de caval. lég. mod. 1822.	6	2	38	
	Brig. et conduct. Compag. légères.	Carabine de gendarm. modèle 1874.	Sabre-baïonnette modèle 1866.	6	2	38	
	Soldats, ordonnances des officiers sans troupes.	Revolver modèle 1873.	Sabre de cavalerie légère modèle 1822 (8).	5	»	30	(8) En temps de paix seulement; en campagne, ils n'ont que le revolver.
Troupes d'administrat.	Offic. et adjud. d'administ.	»	Epée d'officier modèle 1852.	»	»	»	
	Elèves d'administration.	»	Epée de sous-officier mod. 1857	»	»	»	
	Sergents-majors des sect.	»	Sabre d'adj. d'infant. mod. 1845.	»	»	»	(9) En Afrique, les infirmiers ont une carab. de gendarme à pied mod. 1874 avec sabre-baïonnette mod. 1866.
	Sections d'infirmiers (9), de secrétaires d'état-major et de recrutement, de commis et ouvriers d'administrat.	(10)	Sabre-baïonn. mod. 1866, série Z.	»	»	»	(10) Un certain nombre de carab. ou de fusils sont mis à la disposition de chaque section pour les exercices.
Cadres des compagn. de fusil. et pionniers de discipline (11).	Sous-officiers.	Revolver modèle 1873.	Sabre-baïonn. mod. 1866, série Z.	5	»	30	
	Caporaux.	Fusil modèle 1874.	Epée-baïonnette modèle 1874.	12	2	74	(11) Les officiers et sergents-majors ont le même armement que dans l'infanterie.
		Revolver modèle 1873.		5	»	30	
	Fusiliers.	Fusil modèle 1874.	Epée-baïonnette modèle 1874.	12	2	74	
Télégraphes.	Agents et ouvriers.	»	Sabre-baïonn. mod. 1866, série Z.	»	»	»	

Allocations de cartouches pour les exercices de tir.

D'après le nouveau *Manuel de l'instructeur de tir*, publié en 1877, et actuellement en essai dans les corps de troupes, les allocations de cartouches à balle ou sans balle pour les tirs d'instruction doivent être, chaque année, les suivantes :

Infanterie. — 20 cartouches sans balle et 100 cartouches à balle. Tous les officiers, sous-officiers, caporaux et soldats ayant compté à l'effectif pendant l'année ont droit à cette allocation.

Le même nombre de cartouches (à balle et sans balle) est alloué aux corps ci-après désignés : régiments d'infanterie, bataillons de chasseurs à pied, zouaves, régiments du génie, garde républicaine, gendarmerie d'élite, sapeurs-pompiers de la ville de Paris, tirailleurs algériens, légion étrangère, bataillons d'infanterie légère d'Afrique.

Les officiers, adjudants, sergents-majors et le tambour-major doivent, en outre, tirer 36 cartouches à balle de revolver.

Cavalerie. — Suivant leur armement, les cavaliers ont à tirer chaque année 36 cartouches à balle modèle 1874 ou 36 cartouches à balle de revolver.

Les sous-officiers et les brigadiers, étant instructeurs pour les deux espèces de tir, sont exercés au tir de la carabine et à celui du revolver.

Artillerie. — Dans les régiments d'artillerie, les servants sont exercés au tir du mousqueton ; il leur est alloué 36 cartouches à balle.

Les conducteurs et servants à cheval sont exercés au tir du revolver ; il leur est aussi alloué 36 cartouches.

Les sous-officiers et brigadiers, étant instructeurs pour les deux espèces de tir, sont exercés au tir du mousqueton et à celui du revolver ; ils reçoivent les deux allocations.

Gendarmerie. — La gendarmerie départementale a à brûler chaque année 36 cartouches à balle pour le tir de la carabine modèle 1874, et le même nombre pour celui du revolver modèle 1873.

Tous les officiers, autres que ceux d'infanterie, pourvus d'un revolver modèle 1874, bien que n'étant astreints à aucun exercice de tir, ont droit également, chaque année, à 36 cartouches de revolver à titre gratuit [1].

En attendant qu'il soit possible de mettre complétement en vigueur les fixations indiquées dans le *Manuel de l'instructeur de tir*, le ministre a décidé que pour les années 1878 et 1879 les allocations de cartouches seraient fixées ainsi qu'il suit :

PARTIES PRENANTES	CARTOUCHES à balle		CARTOUCHES sans balle	
	Modèle 1874	De revolver	Modèle 1874	De revolver
Infanterie	100	36 (1)	10	30 (1)
Génie, suivant l'armement	48	36	10	12
Cavalerie, suivant l'armement	36 (2)	36	30	30
Gendarmerie	36	24	10 (3)	»
Artillerie, train d'artillerie et des équipages militaires, suivant l'armement	40	36 (4)	10 (5)	12 (5)
Ouvriers militaires d'administration	30	»	10	»
Officiers de toutes armes pourvus d'un revolver réglementaire	»	36 (6)	»	»
Adjudants et sergents-majors d'infanterie et du génie	»	36	»	»
Réservistes armés de fusil, carabine ou mousquoton	27	»	20 (7) 10 (8)	» »
Réservistes armés de revolver	»	12	»	10 (8)

(1) Allouées aux conducteurs de caissons de bataillon et aux conducteurs de chevaux de main. — (2) Il est alloué aux régiments de cuirassiers 10 cartouches à balle, modèle 1874, par homme. — (3) Aux hommes montés seuls. — (4) Allouées aussi aux ordonnances des officiers sans troupe. — (5) Aux hommes montés seuls. — (6) 80 cartouches peuvent, en outre, être distribuées à titre de remboursement. — (7) Pour chaque homme d'infanterie ne prenant pas part aux grandes manœuvres. — (8) Pour chaque homme de cavalerie ne prenant pas part aux grandes manœuvres.

NOTA. — Les réservistes prenant part aux grandes manœuvres reçoivent le même nombre de cartouches sans balle que les autres hommes sous les drapeaux.

Grandes manœuvres. — En plus des munitions pour les tirs d'instruction, il est alloué à chaque homme de l'armée active, ainsi qu'aux réservistes qui prennent part aux grandes manœuvres, un certain nombre de cartouches sans balle.

Pour l'année 1878, ce nombre avait été fixé ainsi qu'il suit :

60 cartouches sans balle par homme d'infanterie ;

20 cartouches sans balle par homme des autres armes, suivant l'armement (fusil, carabine, mousqueton ou revolver).

1. Voir, pour plus de détails, page 146.

Armement des troupes de l'armée territoriale.

L'armement des corps de troupes de l'armée territoriale est exactement le même que celui des corps correspondants de l'armée active.

Cependant, en cas d'insuffisance d'armes du même modèle, le *sabre de cavalerie légère modèle* 1822 pourrait être remplacé par l'ancien *sabre de cavalerie légère modèle* 1816, celui de *cavalerie de ligne modèle* 1822 ou celui de *canonnier monté modèle* 1829.

Pour les hommes non montés de l'artillerie de l'armée territoriale, on pourrait substituer au *mousqueton d'artillerie* avec *sabre-baïonnette* un *mousqueton Remington ou Spencer* et un ancien *sabre de troupes à pied modèle* 1831.

En campagne, l'approvisionnement en munitions serait aussi le même que pour les corps de troupes de l'armée active.

Pour l'année 1878, il avait été alloué pour les exercices de tir des hommes de l'armée territoriale que l'on avait convoqués :

3 cartouches sans balle, 20 cartouches à balle, 12 cartouches de revolver,	par chaque officier adjudant e sergent-major d'infanterie;
6 cartouches sans balle, 20 cartouches à balle,	par homme d'infanterie ;
3 cartouches sans balle, 12 cartouches à balle,	par homme d'artillerie, selon l'armement.

Un sabre d'adjudant modèle 1845 ou un sabre de cavalerie, suivant l'arme, peut être délivré à titre gratuit aux officiers de l'armée territoriale qui en font la demande. Ces officiers sont autorisés à conserver les sabres qui leur auront été ainsi délivrés, même après la période d'exercice, sauf réintégration en cas de décès ou de démission.

Chasseurs forestiers et douaniers.

Le département de la guerre cède à titre de prêt, à l'administration des eaux et forêts et à celle des douanes, un certai nombre d'armes pour l'armement des bataillons de douaniers, des compagnies de chasseurs forestiers et des escadrons de chasseurs forestiers de l'Algérie.

Les adjudants et sergents-majors sont armés du sabre d'adjudant modèle 1845 et du revolver modèle 1873.

Dans les bataillons de douaniers, chaque homme a une carabine de gendarmerie à pied modèle 1866-1874 avec sabre-baïonnette; dans les compagnies de chasseurs forestiers, les hommes ont le mousqueton modèle 1866-1874 avec sabre-baïonnette; dans les escadrons d'Afrique, ils ont une carabine de gendarme à cheval et un revolver.

Il leur est délivré par an pour leurs tirs d'instruction, sur la demande de l'administration des eaux et forêts ou des douanes, 36 cartouches par homme dans les bataillons de douaniers et compagnies de chasseurs forestiers. Les hommes des escadrons de chasseurs forestiers d'Afrique reçoivent en outre 24 cartouches de revolver.

ARMES DE LA MARINE.

Certains corps de troupes, *infanterie de marine*, *artillerie de marine*, *spahis sénégalais*, *gendarmerie maritime et coloniale*, *compagnies de discipline*, qui dépendent du département de la marine, ont le même armement que les corps de troupes correspondants de l'armée de terre.

Pour les armer, la marine emprunte au département de la guerre :

Des armes à feu du *modèle* 1874 [1], avec leurs munitions : *fusils d'infanterie, carabines de cavalerie et de gendarmerie*, *mousquetons d'artillerie*, avec *épée-baïonnette modèle* 1874, ou *sabre-baïonnette modèle* 1866 ;

Des *revolvers modèle* 1873, *modifiés* pour le tir de la cartouche du revolver de la marine modèle 1870;

Des *sabres de cavalerie légère modèle* 1822 et *d'adjudant et de sergent-major d'infanterie modèle* 1845.

Les armes des officiers de troupe sont :

Le *sabre d'officier supérieur d'infanterie de marine modèle* 1855 et celui d'*officier inférieur d'infanterie de marine modèle* 1855,

1. Les armes du modèle 1866 avec leur cartouche, ayant été maintenues provisoirement en service pour l'armement de la flotte, le Ministre de la marine a décidé que, jusqu'à nouvel ordre, les troupes détachées aux colonies conserveraient elles aussi des armes du modèle 1866, afin de ne pas compliquer le service des approvisionnements en munitions.

qui ne diffèrent des modèles correspondants, destinés aux officiers d'infanterie de l'armée de terre, que par la monture ciselée aux armes de la marine ;

Le *sabre d'officier de cavalerie légère modèle* 1822, pour les officiers d'artillerie de marine et autres officiers montés ;

Le *revolver d'officier modèle* 1874, *modifié* pour le tir de la cartouche du revolver de la marine modèle 1870.

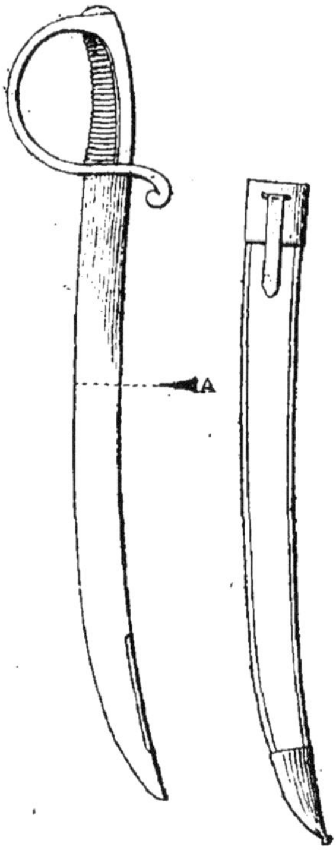

La marine emprunte encore à la guerre pour l'armement soit des divers agents de la marine, soit d'une partie des maîtres et marins des divisions des *équipages de la flotte*, l'*épée de sous-officier modèle* 1857 et l'ancien *sabre d'infanterie* modèle 1816, dit *briquet*.

Ce dernier sabre, qui n'est plus en service dans l'armée de terre, a une lame légèrement cambrée, à section triangulaire, sans pans creux ni gouttière; le fourreau est en cuir noirci.

Longueur de la lame..........	0m,595
Poids du sabre avec fourreau..	1k,340
Poids du sabre sans fourreau...	1 ,105

A

Sabre d'infanterie modèle 1816.

Toutes les autres armes portatives, armes à feu ou armes blanches destinées à l'*armement de la flotte*, sont de modèles particuliers à la marine, qui les fait fabriquer soit par les manufactures d'armes du département de la guerre, soit par l'industrie privée.

Fusil à répétition Kropatschek.

Le 30 juin 1878, le Ministre de la marine a décidé l'emploi dans la marine du fusil à répétition Kropatschek, en remplacement du fusil d'infanterie modèle 1866, qui, adopté en 1867 pour l'armement de la flotte, avait été jusqu'ici maintenu en service.

Le fusil Kropatschek tire la *cartouche métallique modèle* 1874; son *canon* est sensiblement le même que celui du fusil modèle 1874; on peut donc admettre qu'il n'y a pas de différence entre les deux armes au point de vue balistique.

Le *magasin*, logé dans le fût, peut contenir 7 cartouches.

La *culasse mobile* est presque identique à celle du fusil modèle 1874 et se manœuvre exactement de la même façon. Elle a seulement reçu quelques modifications nécessitées par le fonctionnement du mécanisme de répétition; entre autres, la rainure inférieure pour le passage de la tête de gâchette, au lieu de se prolonger jusqu'à la cuvette de la tête mobile, se termine par une petite rampe.

Le *mécanisme de répétition* se compose d'un *auget*, qui peut basculer autour d'un pivot, et d'un *arrêt de cartouche*, destiné à empêcher les cartouches de sortir du magasin tant que l'auget n'est pas disposé pour les recevoir. Ces deux pièces sont logées dans une *boîte d'auget* qui forme, en dessous, le prolongement de la boîte de culasse. Un *ressort d'auget* sert à maintenir l'auget dans ses deux positions respectives de descente et de relèvement; un second *ressort* agit sur l'arrêt de cartouche. L'auget

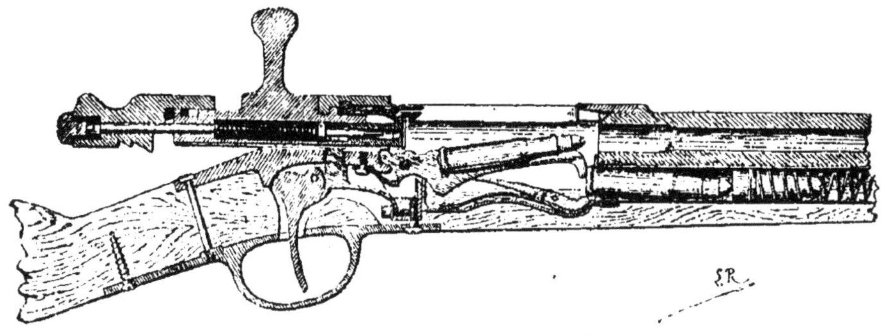

Coupe du mécanisme du fusil Kropatschek.

se prolonge en arrière par une queue qui porte en saillie à sa partie supérieure l'*éjecteur* et le *butoir de relèvement* contre lequel vient heurter la *rampe* qui termine dans la tête mobile la rainure inférieure, lorsqu'on ramène la culasse mobile en arrière. Une sorte de petit levier, dit *butoir de descente*, solidaire de l'auget, est placé verticalement sur le côté droit de cette pièce; lorsqu'on rabat le levier pour fermer la culasse mobile, le bouton, qui termine ce butoir, vient s'engager dans un trou ménagé dans le renfort du cylindre et, butant contre le fond de ce trou, force l'auget à descendre en découvrant l'ouverture du magasin.

Si, au lieu de laisser le butoir de descente vertical on l'incline, en avant, position qui correspond à la fermeture du magasin, le cylindre, lorsqu'on rabat le levier, n'agit plus sur le bouton du butoir, et l'auget n'est pas rabattu; l'arme peut alors fonctionner coup par coup comme une arme ordinaire. Lorsqu'on veut de nouveau faire usage du mécanisme de répétition, il suffit de ramener le butoir à sa position verticale.

Fusil Kropatschek.

Pour *charger le magasin*, la culasse étant ouverte, il suffit d'abaisser l'auget et d'introduire successivement les cartouches dans le magasin, la balle en avant, en appuyant avec chaque cartouche contre le culot de la précédente pour vaincre la résistance du ressort à boudin, jusqu'à ce qu'elle ait dépassé l'arrêt de cartouche.

Après avoir ainsi introduit 7 cartouches dans le magasin, il faut en placer une dans l'auget et une dans la chambre, total 9 cartouches à tirer lorsque l'arme est complétement chargée.

On peut *décharger facilement* le magasin; pour cela, il faut manœuvrer comme si l'on voulait tirer, avec cette seule différence qu'on n'agit pas sur la détente; l'extracteur ramène ainsi une à une toutes les cartouches.

Le fusil Kropatschek ne se distingue extérieurement du fusil modèle 1874 que par la grosseur du fût, qui nécessairement est plus forte; la *baguette* a été supprimée. Une *épée-baïonnette modèle* 1874 peut se fixer à l'extrémité du canon.

Le poids de l'arme non chargée et sans baïonnette est au minimum de $4^k,600$; avec les 9 cartouches, son poids se trouve augmenté de $0^k,396$, soit 5^k environ pour le poids de l'arme chargée.

Revolver modèle 1870.

Le revolver actuellement en service dans la marine diffère de celui du département de la guerre; il est du *système Lefaucheux*, mais à *double mouvement*.

Il tire *une cartouche à percussion centrale*, du *système Gaupillat*, semblable à celle du revolver modèle 1873, mais de dimensions un peu plus fortes. L'étui est verni à l'intérieur et à l'extérieur.

En 1873, on a apporté quelques modifications de détail au revolver 1870; les armes neuves, que l'on a fabriquées depuis, sont désignées sous le nom de *revolver modèle* 1870 N. La même année, il a été décidé que les anciens *revolvers modèle* 1858, qui étaient à *simple mouvement intermittent* et tiraient une *cartouche à broche*, seraient transformés au modèle 1870.

Calibre de l'arme...........	11mm,1
Poids moyen du revolver...	1k,035
Poids de la balle...........	12g,8
Poids de la charge.........	0 ,80 (poudre fine de chasse).
Poids total de la cartouche.	17 ,75

La vitesse initiale du projectile est de 215 mètres.

Sabres d'abordage modèles 1833 et 1872.

Le sabre d'abordage d'ancien modèle a une lame légèrement courbe avec un pan creux sur chaque face; la garde est formée par une plaque de tôle de fer. Le fourreau est en cuir.

Longueur de la lame........	0m,690
Poids du sabre avec fourreau.	1k,340
Poids du sabre sans fourreau.	1 ,105

Le nouveau modèle, proposé par le contre-amiral Exelmans, diffère un peu du précédent par la forme de la lame et surtout de la poignée : son poids et ses dimensions sont à peu près les mêmes.

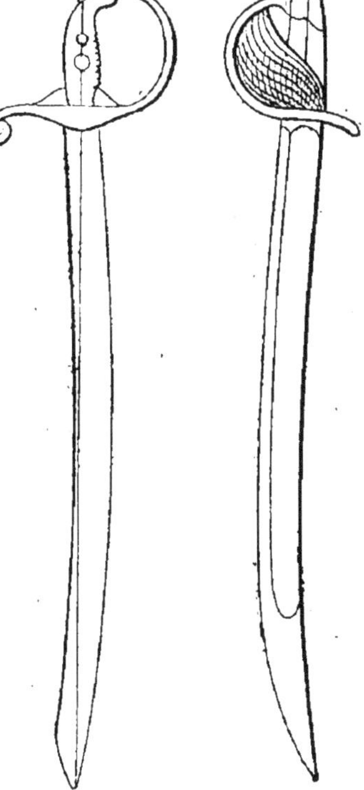

Modèle 1872. Modèle 1833.
Sabres d'abordage.

Poignard de la marine modèle 1833.

La lame est triangulaire, le manche en bois avec garde en laiton, le fourreau en tôle de fer.

Longueur de la lame...........	0m,175
Poids du poignard avec fourreau...	0k,180

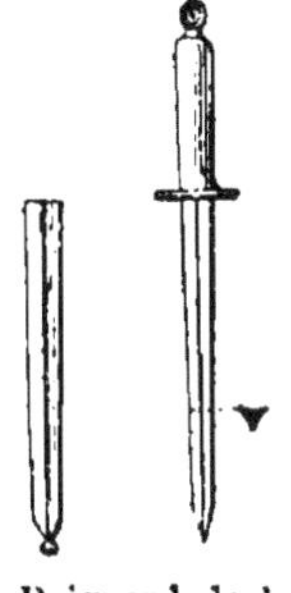

Poignard de la marine modèle 1833.

Pique d'abordage modèle 1833.

La pique d'abordage diffère peu de la lance qui servait autre-

Pique d'abordage modèle 1833.

fois pour l'armement des lanciers. La *hampe* est plus courte et sans sabot en fer; la section du fer, triangulaire, présente trois arêtes et trois pans creux.

Longueur de la pique...............	2m,300
Poids..............................	1k,500

Hache d'abordage modèle 1833.

Le fer présente un *tranchant* d'un côté, un *pic* de l'autre. Le *manche*, en bois noirci, est muni d'un *crochet* qui permet de suspendre l'arme à la ceinture.

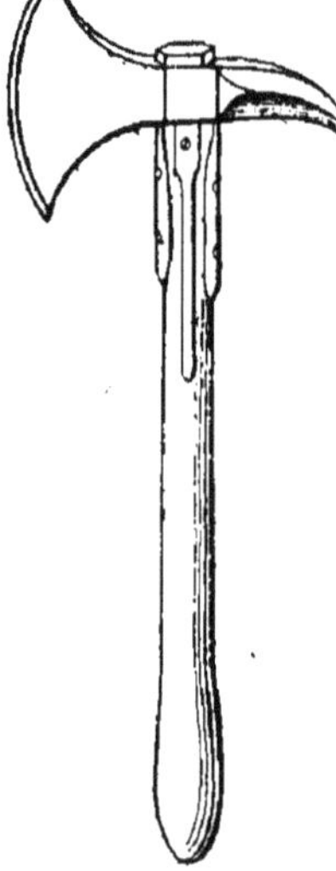

Hache d'abordage modèle 1833.

Poids de la hache..................	1k,210
Longueur totale....................	0m,650

A bord des bâtiments de guerre, ces armes ne sont point laissées entre les mains des hommes, mais placées aux rateliers dans des dépôts établis sur divers points, à portée des détachements qui doivent s'en servir.

Les armes destinées aux servants des pièces sont dans les batteries; les autres, réservées pour l'armement des hommes de la manœuvre, sont à des râteliers près des carrés des chambres ou dans des coffres.

Ce n'est qu'au moment du combat que les hommes se saisissent de leurs armes. Chacun est armé différemment suivant le poste qu'il doit occuper; les fusils avec épée-baïonnette sont destinés aux *compagnies de débarquement* et aux *détachements de mousqueterie;* les sabres, haches, poignards et revolvers, aux *détachements d'abordage*. Les piques ne serven qu'aux hommes chargés de la *défense des sabords*.

Les proportions suivant lesquelles chacune de ces espèces d'armes entre dans l'armement du bord varient d'après l'espèce et l'importance du bâtiment.

Le tableau suivant indique la proportion adoptée pour 100 hommes présents à bord pour les bâtiments à batterie couverte ou à batterie à barbette :

MODÈLES D'ARMES	BATIMENT A BATTERIE COUVERTE	BATIMENT A BATTERIE A BARBETTE
Fusils	45 0/0	55 0/0
Revolvers	45 id.	45 id.
Sabres d'abordage	55 id.	45 id.
Poignards	20 id.	30 id.
Piques	5 id.	15 id.
Haches	5 id.	15 id.

A bord, l'approvisionnement en cartouches pour les fusils est de 250 par fusil pour le combat ; en outre, il est alloué 100 cartouches par an et par homme armé de fusil pendant le combat, soit 100 cartouches par fusil embarqué, plus 36 cartouches par an et par homme pour le reste de l'équipage, déduction faite de l'état-major et des surnuméraires.

A bord, toutes les armes, au lieu d'être entretenues par les hommes, le sont par un maître armurier, sous la responsabilité du capitaine d'armes et la surveillance de l'officier chargé du matériel de l'artillerie.

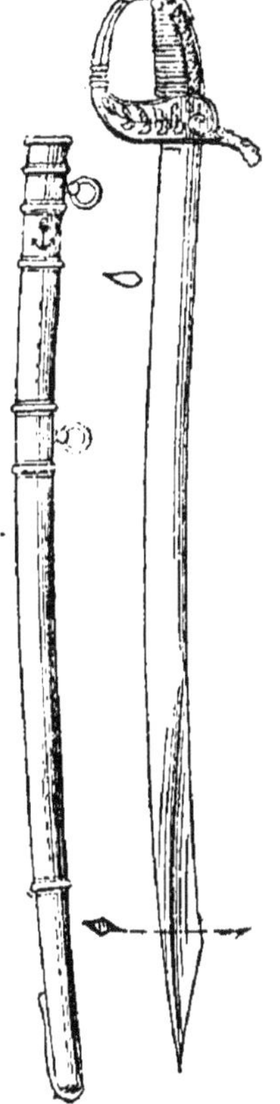
Sabre d'officier de marine modèle 1837.

Sabre d'officier de marine modèle 1837.

Les officiers de marine ont un sabre particulier, qui, adopté en 1837, a remplacé l'épée. La poignée est noire ; la garniture et la garde sont en cuivre doré ; le fourreau est en cuir garni d'un embout et de deux bracelets à anneaux en cuivre doré. Ils sont en outre armés du revolver de la marine modèle 1870 N.

FABRICATION

CONSERVATION ET ENTRETIEN

DES ARMES PORTATIVES ET DES MUNITIONS

FABRICATION

Toutes es armes portatives, armes à feu et armes blanches, destinees à l'armement des troupes, sont fabriquées dans les manufactures d'armes de l'État. Ces établissements, qui dépendent de l'artillerie, sont sous le *régime de l'entreprise.*

A la tête de chaque manufacture est un *officier supérieur d'artillerie, directeur;* il est secondé par un *capitaine en premier, sous-directeur,* un certain nombre de *capitaines en second,* qui sont détachés à la manufacture pour leur *instruction,* et des *contrôleurs d'armes,* employés militaires de l'artillerie, qui se recrutent parmi les chefs armuriers des corps de troupes.

L'entrepreneur n'est que le *fournisseur* des matières premières et un *bailleur* de fonds; il n'a pas le droit de s'immiscer en rien dans la fabrication; mais en revanche, lorsque l'État n'a pas d'ouvrage à fournir, il a le droit d'occuper les ouvriers à son compte et peut ainsi les conserver sous la main.

Il n'y a plus actuellement en France que trois manufactures d'armes dépendant du ministère de la guerre : Saint-Étienne, Châtellerault et Tulle; elles relèvent d'une inspection des manufactures, ayant son siége à Paris, près du Comité de l'artillerie. Le département de la marine, qui n'a pas de manufactures d'armes, a recours soit aux manufactures de la guerre, soit à l'industrie privée.

Dans chacune des manufactures on fabrique complétement les fusils et mousquetons avec leurs épées ou sabres-baïonnettes. La manufacture de Saint-Étienne seule fabrique les carabines et revolvers : c'est de beaucoup la plus importante au point de vue des armes à feu; elle produit à elle seule presque autant que les deux autres réunies. Châtellerault a la spécialité des armes blanches, sabres et cuirasses, pour la cavalerie et la marine.

Fabrication des fusils, carabines et mousquetons. — Les grands progrès réalisés depuis quelques années par l'industrie, dans la construction et l'emploi des machines, permettent aujourd'hui à nos manufactures de ne se servir presque exclusivement que de machines pour la fabrication de la plupart des pièces d'armes. On produit ainsi avec beaucoup plus de régularité, de rapidité et d'économie.

Le *canon*, la *culasse mobile* et la *monture* sont fabriqués séparément et doivent avoir des dimensions exactes, de telle sorte que, prises au hasard, ces pièces puissent s'ajuster et former une arme complète.

Canon. — Pour fabriquer un canon, on prend une barre pleine d'acier fondu à laquelle on a déjà donné grossièrement, par un premier travail de forge, une forme extérieure se rapprochant de celle que l'on veut obtenir ; on commence par forer cette barre au calibre de 10 millimètres.

Le *forage* est une opération délicate, qui exige beaucoup de soin ; l'ouvrier vérifie souvent si le foret marche bien droit et l'empêche de venir déboucher sur les parois latérales en dressant, s'il y a lieu, le canon, c'est-à-dire en ramenant la partie non encore forée dans le prolongement du foret : c'est ce que l'on appelle le *dressage*.

Une fois le canon foré, on l'amène au calibre de $10^{mm},7$ par des *alésages* successifs qui contribuent à donner aux parois intérieures une forme parfaitement cylindrique.

Le canon est ensuite tourné [1] puis passé à la meule, afin d'enlever le métal en excès et de donner aux parois l'épaisseur voulue. Par le *tournage* seul, on doit pouvoir arriver au même résultat ; aussi l'*émoulage*, opération primitive et malsaine, disparaîtra bientôt, on peut l'espérer, maintenant surtout que les procédés mécaniques se substituent de plus en plus à la main-d'œuvre de l'ouvrier.

Le canon est alors soumis à un certain nombre d'opérations dont l'ensemble forme ce que l'on appelle le *garnissage*. A l'aide de *fraises*, on fait les pans, puis le bouton, qui est ensuite

1. Primitivement le canon, au lieu d'être tourné, était raboté.

fileté; il faut alors *couper* le canon de longueur, *ébaucher* le logement de la cartouche et de l'extracteur, *braser* le *grand tenon*, le *petit tenon*, la *directrice* et le *guidon*. Le brasage de ces pièces se faisant au laiton, on est forcé de porter le canon à une haute température pour faire fondre la brasure, ce qui l'expose à se fausser et se déformer.

Après cette opération, on pratique un nouvel *alésage*, qui porte le calibre à 10mm,9 seulement et non 11 millimètres; on se réserve ainsi la possibilité d'enlever, par un dernier alésage, les légers défauts que pourrait révéler l'épreuve.

Le canon ainsi préparé est soumis à l'*épreuve*. Pour cela, on visse sur le bouton fileté une fausse culasse pleine, percée seulement d'un grain de lumière; on introduit ensuite une charge de poudre de 16 grammes et un lingot de plomb de 45 grammes.

Après l'épreuve, les canons sont *visités* avec soin; ceux qui présentent des défauts sérieux sont mis au rebut.

Les canons reçus sont enfin *alésés*, une dernière fois, au calibre définitif de 11 millimètres.

Ils sont alors *rayés* et *polis* intérieurement : la chambre est terminée. Le canon fini, on *brase* dessus le *pied de la hausse*. Ce second brasage se fait à l'étain et non au laiton, comme le premier, afin d'éviter que le canon, trop fortement chauffé, ne vienne à se déformer.

Boîte de culasse. — Pour fabriquer les boîtes de culasse, on passe successivement par des opérations analogues à celles que nous venons de citer pour le canon, c'est-à-dire le forage, l'alésage, le taraudage, etc.

A chaque canon est ajustée une boîte de culasse.

Bronzage. — Le canon complet est ensuite bronzé. Le *bronzage* des pièces en acier a été jusqu'ici obtenu en attaquant le métal par une solution acidulée qui détermine la formation d'une couche de *rouille* et d'*oxyde magnétique*. En frottant ensuite avec une brosse en fil de fer, on enlève la rouille, tandis que l'oxyde, qui adhère fortement au métal, reste seul et forme une sorte de vernis à la surface.

Mais cette couche disparaît beaucoup trop rapidement, surtout dans les parties exposées à des frottements continuels : aussi cherche-t-on un procédé pour obtenir une couche d'oxyde à la fois plus épaisse et plus adhérente au métal. On peut obtenir ce résultat en faisant agir pendant quelques heures sur le métal un courant de vapeur d'eau surchauffée, ou même un simple courant d'air chaud à la pression atmosphérique, pourvu que sa température soit de 300° environ. Le premier de ces procédés est déjà en usage à l'étranger, le second est actuellement à l'étude dans nos manufactures.

Culasse mobile. — Pour la fabrication des différentes pièces de la culasse mobile, on emploie aussi l'acier fondu, plus ou moins fortement trempé et recuit, suivant le degré de dureté que doit avoir la pièce.

Afin de donner à l'acier, rapidement et grossièrement, la forme des pièces à établir, au lieu de le forger, on *l'étampe* à l'aide d'espèces de moules en acier trempé représentant en creux la forme de la pièce. Une étampe se compose de deux demi-moules dont l'un est fixé à l'enclume, tandis que le second recouvre l'objet : c'est sur ce dernier que l'on frappe avec le marteau. Les pièces sont ensuite terminées et amenées aux dimensions réglementaires par un travail de lime ou à l'aide de fraises qui, manœuvrées par des machines, opèrent d'une façon beaucoup plus rapide et plus précise.

Garnitures. — La fabrication des garnitures n'est qu'un travail de serrurerie ordinaire. Les pièces en acier sont bronzées par le même procédé que le canon, tandis que les pièces en fer sont simplement mises en couleur en les passant au feu. La baguette, la plaque de couche, le battant de crosse, la sous-garde et les têtes de vis à bois ne sont plus mis en couleur.

Monture. — On emploie en France, pour la fabrication des montures, le *bois de noyer* [1], de préférence à tout autre. C'est un bois léger, à texture serrée, doux à l'outil et peu sujet à se fendre, ce qui est fort important à cause des nombreux logements que l'on doit y pratiquer; de plus, il se pique rarement aux vers, et est un de ceux qui se conserve le mieux.

Autrefois, on devait laisser *sécher* les bois pendant trois ans au moins, dans des magasins bien aérés; on était donc forcé d'avoir toujours de grands approvisionnements, afin de ne pas être pris au dépourvu. Aujourd'hui, on a recours à une *dessiccation artificielle* beaucoup plus expéditive. Les bois sont exposés pendant un certain temps à un courant de vapeur d'eau qui dissout la

1. A défaut de noyer les bois qui peuvent être employés de préférence pour la fabrication des montures sont : l'aune, le hêtre, le bouleau et le châtaignier.

sève et finit même par la remplacer tout à fait. Cette eau pure s'évapore ensuite assez rapidement : cependant l'essorage demande encore de douze à quinze mois, suivant les climats. On a essayé de l'activer et de le réduire à un mois en soumettant les bois lessivés à un courant d'air chaud dans une étuve; mais les bois ainsi séchés se fendent et perdent de leur force.

La dessiccation artificielle a en outre l'avantage d'enlever toutes les matières putrescibles ou fermentescibles qui sont les plus propres à servir de nourriture aux vers.

Les bois sont *découpés* grossièrement à la scie mécanique et *finis* ensuite complètement à l'aide de machines.

Montage. — Toutes les pièces sont examinées, éprouvées, puis vérifiées, à l'aide de calibres et de gabarits, par les contrôleurs d'armes, qui les marquent de leur *poinçon*, lorsqu'ils les acceptent; ils en sont dès lors responsables.

Les pièces reçues sont ensuite mises entre les mains des monteurs, qui les réunissent et les ajustent pour en faire un fusil complet, lequel est de nouveau examiné et vérifié avant d'être mis en magasin. Toutes les pièces d'une même arme portent la même *lettre* et le même *numéro de série*, qui sont inscrits en manufacture au moment même du montage.

Fabrication des armes blanches. — *Lame*. — Toutes les lames de sabre sont fabriquées avec des barres d'acier puddlé fondu [1] ou *maquettes*, auxquelles on donne grossièrement par un premier *travail de forge* la forme et la courbure voulues. Les pans creux et les gouttières sont obtenus par *étampage*. La lame est alors *recuite*, puis *trempée* à l'eau froide; la soie n'est pas trempée. La lame est ensuite dégrossie, et amenée à ses dimensions définitives par frottement sur une meule en grès humide : il y a des meules planes pour les parties lisses et des meules cannelées pour les parties évidées. Après l'avoir retrempée on la *blanchit* en la repassant de nouveau sur une meule en grès, puis on la *polit* sur une meule en bois dur recouverte d'émeri. Afin de la *brunir*, c'est-à-dire de lui donner un brillant sombre, on la passe sur des polissoirs en bois dur recouverts de poussière de charbon.

Garde. — La garde, en laiton, est coulée à plat dans un

1. Depuis 1845 seulement; avant cette époque, on se servait d'acier naturel à trois marques.

moule; elle est ensuite courbée et finie au marteau et à la lime.

Fourreau. — Les fourreaux, qui autrefois étaient en tôle de fer, sont maintenant fabriqués avec une lame de tôle d'acier que l'on enroule sur un mandrin ; les deux bords sont brasés au laiton.

On fait subir aux lames de sabre différentes épreuves ayant pour but de s'assurer d'abord de leur solidité et ensuite de leur élasticité; les fourreaux ne sont éprouvés qu'au point de vue de la solidité.

Fabrication des cuirasses. — La fabrication des cuirasses se rapproche de celle des sabres; on découpe la plaque de tôle d'acier à l'emporte-pièce; on lui donne ensuite sa forme bombée par étampage; elle est terminée, puis polie et brunie à la meule.

Pour éprouver les plastrons, on tire avec l'ancien fusil lisse à la distance de 40 mètres, trois balles sphériques sur cinq d'entre eux, pris au hasard dans un groupe de 100. Pour que chaque groupe de 100 soit reçu, il faut que trois au moins des cinq plastrons soumis à l'épreuve résistent au choc des trois balles. Un plastron est considéré comme n'ayant pas résisté s'il a été traversé par une des trois balles, ou déchiré par plus d'une. Les dos ne sont soumis à aucune épreuve.

Confection des munitions. — *Fabrication des étuis pour cartouches modèle* 1874. — Les étuis de cartouche modèle 1874 sont faits à l'aide de machines spéciales, qui exigent des ouvriers exercés.

On commence par découper à l'emporte-pièce des *disques* dans une plaque de laiton. Ces *disques* sont transformés en *culots* par deux emboutissages; entre chaque opération, on recuit le métal, afin de lui rendre une partie de son élasticité. Le culot est ensuite transformé en *étui* et amené à ses dimensions définitives par des *étirages* successifs. Le *logement de l'amorce* et l'*enclume* sont obtenus par emboutissage ; on y perce les *évents*.

Afin de fabriquer le plus rapidement possible un premier approvisionnement de cartouches métalliques, l'État s'est adressé à l'industrie privée, et principalement à la maison Gévelot; en même temps, l'artillerie établissait sur différents points du territoire des ateliers de fabrication qui, actuellement en pleine activité, peuvent suffire pour les besoins de la consommation et du réapprovisionnement.

Chargement des cartouches à balle modèle 1874. — Le chargement des cartouches, qui n'exige qu'un outillage assez simple et facile à mettre en œuvre partout, peut s'effectuer dans les établissements ordinaires de l'artillerie, directions et arsenaux. Il n'exige pas d'ouvriers spéciaux, on peut y employer de simples canonniers, même des femmes ; mais il faut les surveiller avec soin, afin d'empêcher toute imprudence. Les ateliers sont installés dans des baraques en planches légères, séparées les unes des autres, afin d'éviter le plus possible les chances d'accidents.

Les étuis, après avoir été *vernis* intérieurement, sont d'abord *amorcés*, puis *remplis de poudre;* on place ensuite sur la charge les *rondelles en carton* et la *rondelle en feutre gras;* enfin on met en place la *balle* [1], après l'avoir garnie d'un *losange de papier*. On emploie deux petites *presses* spéciales, l'une pour amorcer, l'autre pour enfoncer la balle. La cartouche terminée est *calibrée*, et la balle *graissée;* on procède ensuite à l'*empaquetage* [2].

Réfection des étuis. — Les étuis vides provenant du tir des cartouches modèle 1874 sont *triés* et séparés en deux catégories, selon qu'ils sont ou non susceptibles de servir, après réfection, à la confection de nouvelles cartouches. Les étuis reconnus bons sont classés en deux groupes, suivant qu'ils doivent servir pour le chargement de cartouches à balle ou sans balle. Ils sont alors *désamorcés* à l'aide d'une pince, *lessivés* à la potasse, *séchés* puis *polis* à la sciure de bois ; ces opérations doivent être faites dans les corps de troupe, par les soins du chef armurier, au plus tard trente-six heures après le tir.

Les étuis ainsi nettoyés sont versés dans les directions de l'artillerie, qui les font *remandriner* pour les ramener à leurs dimensions primitives, qu'ils ont perdues par l'action des gaz de la poudre; le bourrelet est *tourné* de nouveau. L'étui est ensuite *calibré*, et *vérifié* encore une fois.

L'opération du remandrinage s'exécute dans les ateliers de chargement et non dans ceux de fabrication; chaque nouvelle réfection est indiquée, comme nous avons déjà eu l'occasion de

1. Les balles sont fabriquées avec du plomb pur que l'on coule dans des moules; les lingots ainsi obtenus sont comprimés à l'aide de machines spéciales qui leur donnent leurs dimensions définitives.

2. Voir page 111.

le dire, par un coup de pointeau (point ou trait), suivant qu'il s'agit d'un étui pour cartouche à balle ou sans balle. C'est aussi en opérant le remandrinage que l'on marque la croix de Saint-André indiquant que l'étui doit servir exclusivement pour le chargement à blanc.

Les étuis ainsi réfectionnés sont amorcés et chargés à nouveau, comme s'ils étaient neufs.

Chargement des cartouches sans balle. — Le chargement des cartouches sans balle modèle 1874 s'exécute à peu près de la même façon que celui des cartouches à balle.

On ne doit employer pour le chargement des cartouches sans balle que des étuis vides provenant du tir des cartouches à balle, qui ont reçu sur le culot la marque (×) indiquant qu'ils ne peuvent plus être utilisés pour le chargement des cartouches à balle.

Cartouches pour revolver modèle 1873. — Les étuis pour cartouches du revolver modèle 1873 sont *fabriqués* et *chargés* à l'usine de M. Gaupillat, à Meudon.

Les étuis vides provenant du tir de ces cartouches sont aussi versés à l'artillerie, afin qu'on puisse les utiliser à nouveau; mais l'opération du désamorçage et du nettoyage ne se fait pas dans les corps de troupes.

La même maison fournit aussi à la marine les cartouches pour revolver modèle 1870.

Encaissage des munitions confectionnées. — Les munitions confectionnées sont renfermées dans des caisses ou des barils.

Cartouches à balle modèle 1874. — Un *baril à poudre* de 50^k peut contenir 450 paquets de six, c'est-à-dire 2 700 cartouches; il pèse environ 134^k.

Une *caisse blanche de double approvisionnement* n° 2 contient 228 paquets, soit 1 368 cartouches ; elle pèse environ 70^k.

Les paquets reposent sur une couche d'étoupe et sont serrés entre eux à l'aide d'étoupe fortement comprimée. Sur un des fonds du baril ou le couvercle de la caisse, on inscrit les indications relatives aux cartouches qui y sont renfermées.

Les anciens barils à poudre de 100^k et les caisses blanches n° 1, qui servaient autrefois pour le transport des cartouches à balle modèle 1866, ne sont plus employés pour celui des cartouches à balle modèle 1874; leur contenance est trop grande, le poids du chargement serait trop fort.

On n'a recours à ce mode d'encaissage par paquets isolés, en caisses ou en barils, que pour les transports à l'intérieur; en campagne, on opère autrement. Afin de rendre le transbordement des munitions plus facile et plus rapide, on réunit les paquets, au nombre de 28, en *trousses;* chaque trousse est enveloppée d'un rectangle en papier et entourée par une sangle munie en son milieu d'une poignée et à chaque extrémité de deux œillets dans lesquels est passée une ficelle de serrage. Chaque trousse contient 168 cartouches et pèse 7k,600.

Un *caisson à munitions* [1] est attribué en campagne à chaque bataillon d'infanterie pour le transport d'un supplément de munitions. Ce caisson porte 3 *coffres à munitions :* un sur l'avant-train et deux sur l'arrière-train.

Chaque coffre est partagé intérieurement en deux cases d'inégale grandeur. La case de droite, la plus petite des deux, reçoit 12 trousses réparties sur deux couches, chaque couche comprenant 6 trousses placées sur deux rangs, les poignées en dessus, les longs côtés parallèles aux bouts du coffre. Sur la couche supérieure sont placés 3 bissacs superposés, recouverts par une planchette de pression; par-dessus celle-ci, on place un quatrième bissac. La case de gauche a une contenance double de celle de droite; elle reçoit 24 trousses surmontées de deux piles de trois bissacs et recouvertes par deux planchettes de pression, plus deux autres bissacs, un sur chaque planchette. Le coffre contient donc en tout 36 trousses, soit 1 008 paquets de 6 cartouches ou 6 048 cartouches à balle modèle 1874, et 12 bissacs. Le poids approximatif d'un coffre ainsi chargé est de 345k.

Il ne faut que 5 minutes à 3 hommes (un chargeur, deux pourvoyeurs) pour charger un coffre, tandis que le chargement du même coffre par paquets isolés exigerait au moins 3 heures. En route, après les marches et aussi souvent qu'il est nécessaire, on doit assurer de nouveau la stabilité du chargement, soit en changeant la disposition des bissacs, soit en plaçant sur la plan-

1. Ces caissons sont du même modèle que les caissons à munitions d'infanterie modèle 1858, qui sont employés dans les sections de munitions d'infanterie des divisions; ils portent, comme eux, des coffres à munitions modèle 1858 non allongés et sont attelés à quatre chevaux.

chette de pression un toron de foin bien sec, de façon que le tout soit maintenu par la pression du couvercle du coffre. Pour décharger le coffre, on commence par retirer à l'aide de la poignée la trousse placée au milieu de la rangée qu'on veut enlever.

Le caisson, avec ses trois coffres ainsi chargés, transporte un total de 18 144 cartouches et 36 bissacs.

Les bissacs sont destinés à faciliter le transport des munitions aux hommes qui viennent les chercher au caisson pour les distribuer ensuite à la troupe. On met habituellement une trousse ou 30 paquets isolés dans chaque poche du bissac. Un homme peut ainsi transporter 60 paquets, soit 360 cartouches; le poids approximatif de son chargement est de 16 à 17^{k}.

On se sert aussi, surtout dans les parcs d'artillerie, d'une *caisse blanche n° 3 modèle* 1877, spécialement affectée au transport des cartouches à balle modèle 1874, réunies en trousses. Cette caisse contient 9 trousses disposées sur 3 rangées de 3 trousses chaque, soit 1 512 cartouches; chargée, elle pèse environ 76^{k}. On peut aussi utiliser dans ce cas la caisse blanche n° 2, mais elle ne contient que 8 trousses, soit 1 344 cartouches; son poids est de 69^{k}.

Cartouches sans balle modèle 1874. — Un baril de 50^{k} contient 545 paquets, c'est-à-dire 3 270 cartouches sans balle; il pèse à peu près 75^{k}. Il reçoit les mêmes inscriptions que ceux pour cartouches à balle.

On vient d'adopter un modèle de *caisse blanche pour cartouches sans balle modèle* 1874. Cette caisse contient 455 paquets de six, soit 2 730 cartouches sans balle modèle 1874; le poids approximatif de la caisse chargée est de 63^{k}.

Pour les grandes manœuvres, les paquets de cartouches sans balle sont aussi réunis en trousses; chaque trousse ne contient que 26 paquets, soit 156 cartouches; elle pèse 2^{k},925.

Lorsque les coffres à munitions du caisson de bataillon doivent être chargés en cartouches sans balle, on diminue leur capacité au moyen de planches mobiles de remplissage. Dans la case de droite, on place deux de ces planches : l'une, dépourvue de traverses, est appliquée contre le derrière du coffre; l'autre, garnie de traverses, est appuyée contre la séparation. La case de gauche reçoit quatre planches de remplissage, deux, sans traverses, contre le derrière du coffre, une, avec traverses, contre chacune des parois transversales de la case. Dans le coffre ainsi approprié, le chargement se fait de la même manière que dans le cas des cartouches à balle, avec cette différence qu'il n'y a que deux bissacs sous chaque planchette. Le coffre contient 36 trousses (12 dans la case de droite, 24 dans la case de gauche), soit 336 paquets ou 5 616 cartouches plus 9 bissacs.

Le caisson porte 16 848 cartouches sans balle et 27 bissacs.

Un bissac peut servir au transport de 100 paquets (50 par poche), soit 600 cartouches sans balle; il pèse alors environ 15^{k}.

Cartouches pour revolver modèle 1873. — Pour l'encaissage des cartouches à balle de revolver modèle 1873, il n'y a pas de modèle réglementaire de caisse blanche de double approvisionnement; on se sert pour cela de *caisses spéciales*, qui contiennent 232 paquets de 18, soit 4 176 cartouches à balle; le poids de la caisse est d'environ 78^{k}.

La caisse blanche pour cartouche sans balle modèle 1874 sert aussi au transport des cartouches sans balle de revolver modèle 1873; elle contient 490 paquets, soit 8 820 cartouches, et pèse ainsi chargée environ 62^{k}.

CONSERVATION ET ENTRETIEN DES ARMES [1].

Établissements de l'artillerie. — Les armes et les munitions, une fois fabriquées, sont conservées par les soins de l'artillerie dans ses établissements : *arsenaux* ou *directions*.

Armes. — Les armes, dont toutes les parties en fer ou en acier ont été préalablement recouvertes d'une légère couche d'huile Farez, dite *graisse verte*, à l'exclusion de toute autre graisse, sont rangées dans des salles d'armes garnies de râteliers.

Elles sont nettoyées et graissées à nouveau au moins une fois l'an; on a soin de ne pas faire cette opération pendant les temps froids et humides de l'hiver.

Munitions. — Les munitions, empaquetées et renfermées en caisses ou barils, sont placées dans des magasins à poudre spécialement affectés aux munitions confectionnées.

1. Consulter le *Règlement* du 1er mars 1854 *sur la conservation et l'entretien des armes dans les corps*. Extrait en ce qui concerne les dispositions générales. Modifications et décisions relatives aux armes modèle 1866 et aux armes blanches. Paris, Dumaine, 1874.

Corps de troupes de l'armée active. — *Réception et versement des armes.* — Les armes sont livrées aux corps de troupes par l'établissement de l'artillerie le plus voisin de la garnison, sur un ordre du Ministre. Suivant les besoins, le Conseil d'administration du corps adresse ses demandes au Ministre par la voie hiérarchique.

Lorsque le corps doit verser à l'artillerie des armes qui sont en plus de son armement régulier, il doit remplir les mêmes formalités. Les armes ne doivent jamais être réparées avant d'être versées à l'artillerie.

Armement. — Autrefois, avant la nouvelle organisation de notre armée, le nombre d'armes de chaque modèle que devait posséder un corps de troupe était calculé d'après les bases de l'armement, approuvées par le Ministre, et le nombre d'hommes réellement présents sous les drapeaux. Chaque fois que l'effectif variait, le corps devait faire une nouvelle demande d'armes ou un versement à l'artillerie.

Afin de rendre plus rapide l'armement des troupes en cas de mobilisation, le ministre a décidé au mois de mars 1874 que l'on établirait auprès des dépôts des différents corps de troupes des magasins spéciaux destinés à recevoir le nombre d'armes nécessaires pour passer du pied de paix au pied de guerre.

Actuellement, l'armement d'un corps de troupes forme donc deux catégories : l'armement de service courant et l'armement de réserve.

L'*armement de service courant* comprend :

1° Le nombre d'armes de chaque modèle, calculé d'après l'*effectif normal* déterminé pour chaque corps et augmenté d'un vingtième;

2° Les armes spécialement délivrées pour l'instruction et la théorie [1].

1. L'expérience a démontré que les démontages et les remontages très fréquents auxquels les armes, modèle 1874 et modèle 1866-1874, ainsi que les revolvers modèle 1873, sont soumis aujourd'hui, par suite des instructions faites au nombre très-considérable d'hommes qui passent chaque année sous les drapeaux, occasionnent des dégradations très-importantes aux *armes en service*. Dans le but de limiter, autant que possible, le nombre des armes détériorées dans ces conditions, il vient d'être décidé que des *armes de théorie* des modèles actuellement en service seraient mises en commande pour être délivrées aux corps de troupe, à raison de :

4 fusils par compagnie d'infanterie;

4 carabines par escadron de cavalerie (y compris les cuirassiers), par

L'*armement de réserve* comprend le nombre d'armes de chaque modèle nécessaire pour compléter l'armement du corps en cas de mobilisation. Lorsque le corps est stationné dans une place où l'artillerie possède des salles d'armes, l'armement de réserve est, par raison d'économie, conservé dans ces salles et entretenu par les soins de l'artillerie; mais il n'en est pas moins à la disposition du corps lui-même.

Dans le cas contraire, l'armement de réserve, déposé dans un magasin spécial, est entretenu par les soins du corps.

Les corps de troupes sont autorisés à prendre dans leur armement de réserve le nombre d'armes nécessaires pour compléter leur armement de service courant au moment de l'arrivée soit des recrues, soit des réservistes; de même, lors d'une diminution d'effectif, ils doivent réintégrer dans cet armement les armes qui deviennent inutiles. Avant leur réintégration en magasin, ces armes doivent être visitées et réparées, s'il y a lieu.

L'entretien des armes en magasin étant beaucoup moins coûteux pour l'État que celui des armes de service courant, le nombre d'armes conservées au corps ne doit jamais dépasser l'effectif augmenté du vingtième; les conseils d'administration sont pécuniairement responsables de l'application de cette mesure.

Les demandes faites par les corps de troupes pour prélever des armes sur leur armement de réserve, ou pour les y réintégrer, sont approuvées par le *général* ou l'*officier supérieur commandant la brigade* pour toute troupe embrigadée, et par le général ou l'officier supérieur *commandant le territoire* pour toute troupe non embrigadée ou pour toute autre portion de troupe embrigadée qui ne se trouve pas sous les ordres directs du commandant de la brigade. Les demandes d'envoi d'armes des portions actives au dépôt, et vice versa, sont approuvées

compagnie du train d'artillerie et par compagnie du train des équipages militaires;

4 mousquetons par batterie à pied ou batterie montée, par compagnie d'ouvriers d'artillerie, d'artificiers ou de pontonniers;

4 revolvers par escadron de cuirassiers, batterie montée ou batterie à cheval;

4 carabines de gendarmerie par section de commis et ouvriers militaires d'administration, par section de secrétaires d'état-major et du recrutement ou d'infirmiers militaires.

Ces armes, qui porteront toutes la lettre de série X, devront être exclusivement employées pour les instructions sur le montage et le démontage des armes.

par les mêmes autorités. En cas de contestation, il en est référé au Commandant du corps d'armée ou au Gouverneur de Paris ou de Lyon, selon le cas.

Livret d'armement. — Chaque corps a un livret d'armement sur lequel sont inscrits, par le directeur même de l'établissement d'artillerie, les armes qu'il a délivrées ou qui lui ont été versées.

Marquage des armes. — Lorsque les armes arrivent au corps, elles sont marquées avant d'être distribuées. Les armes à feu qui ont déjà reçu dans les manufactures un numéro et quelquefois même une lettre de série ne reçoivent que la *marque du corps* (le numéro du régiment ou du bataillon, et s'il y a lieu la lettre du corps), tandis que les armes blanches sont en outre numérotées.

Officiers d'armement. — Le chef de corps est responsable du bon entretien et de la conservation des armes qui lui ont été confiées.

Le lieutenant-colonel est chargé de veiller à la conservation et à l'entretien des armes dans les compagnies, escadrons ou batteries, et de surveiller l'*école théorique et pratique* [1] qui est faite aux sous-officiers, caporaux ou brigadiers et candidats, par un officier désigné par le chef de corps.

Le major a la surveillance des réparations que l'on fait à l'armement ; il a sous ses ordres le capitaine d'habillement, qui lui-même a sous sa direction immédiate un *lieutenant d'armement* chargé spécialement de tout ce qui concerne la conservation et l'entretien des armes du corps.

Le lieutenant d'armement est nommé par le général inspecteur, sur la proposition du chef de corps ; il est exempt de tout autre service et peut conserver ses fonctions plusieurs années. Dans les régiments d'artillerie, le lieutenant d'armement est remplacé par un adjudant qui remplit exactement les mêmes fonctions.

L'officier d'armement tient un *contrôle général des armes*, sur lequel toutes les armes sont inscrites par ordre de numéros, avec l'indication du nom et numéro matricule de l'homme qui en est le détenteur, ainsi que du numéro de la compagnie, escadron ou batterie dont il fait partie.

1. Établie par le règlement du 30 mars 1822.

En outre, dans chaque bataillon d'infanterie, un sous-lieutenant est *adjoint au lieutenant d'armement ;* il est l'intermédiaire obligé par lequel passent toutes les affaires relatives à l'armement de son bataillon. Ces sous-lieutenants ne sont exempts d'aucun service; ils sont remplacés tous les six mois.

Chef armurier. — L'exécution des réparations à faire aux armes qui sont entre les mains des troupes, ainsi que l'entretien des armes de l'armement de réserve, lorsqu'elles sont déposées dans un magasin spécial appartenant au corps, sont confiés à des *chefs armuriers* militaires, commissionnés par le ministre. Les chefs armuriers sont subordonnés aux adjudants et prennent rang de préséance aussitôt après ces sous-officiers.

Un local convenable pour servir d'*atelier* est mis dans chaque caserne à la disposition du chef armurier, qui doit se pourvoir à ses frais de tous les *outils, instruments vérificateurs* et *calibres* nécessaires, qui lui sont imposés par décision ministérielle.

Dans les troupes à cheval, le chef armurier est, en outre, chargé de la fourniture et de la réparation des casques, des éperons, mors de brides et de filets.

Il est tenu d'exécuter, sur l'ordre de son chef de corps, les réparations des armes des corps ou détachements qui n'ont pas d'armuriers, entre autres de celles de la gendarmerie, des bataillons de douaniers et des compagnies de chasseurs-forestiers.

Le chef armurier est aidé dans son travail par un caporal armurier ou premier ouvrier et par un certain nombre d'ouvriers ordinaires pris dans le corps, cinq pour un régiment d'infanterie.

Les ouvriers qui désirent devenir chefs armuriers sont, sur la proposition de leur chef de corps, envoyés dans les manufactures d'armes pour y compléter leur instruction.

Dans les régiments d'infanterie et de cavalerie, le chef armurier accompagne les bataillons ou escadrons de guerre ; il laisse au dépôt le caporal armurier.

Entretien des armes dans les compagnies, escadrons ou batteries. — Les capitaines commandants de compagnies, escadrons ou batteries sont responsables de l'entretien des armes de leurs hommes.

Les officiers de section doivent passer, au moins une fois par mois, une revue détaillée de l'armement, les armes démontées.

Les sous-officiers doivent veiller constamment à ce que les armes soient propres et à ce que, pour le démontage, le nettoyage, le graissage et le remontage, les hommes se conforment exactement aux prescriptions réglementaires affichées, sous forme de tableau, dans les chambres.

Nettoyage. — Ils doivent surtout s'assurer que les hommes lavent le canon de leur fusil après chaque séance de tir et se servent bien pour cela du lavoir en laiton; que, pour nettoyer le canon, la lame du sabre ou la baguette, ils les posent à plat sur une table afin de ne pas les fausser, et qu'enfin ils ne frappent aucune pièce avec le nécessaire d'armes ou tout autre objet en métal.

Pour nettoyer ou dérouiller les pièces non bronzées, l'homme doit les frotter avec un linge couvert de *brique* brûlée, pulvérisée et délayée dans la graisse; lorsque la pièce est trop fortement rouillée, l'homme peut se servir d'*émeri*, mais jamais de *grès*. Toutes les parties en fer ou en acier non bronzées doivent être d'un *blanc mat* et non pas d'un poli brillant.

Pour nettoyer les pièces bronzées, il suffit de les essuyer avec un *linge sec;* s'il y a quelques taches de rouille, il faut les frotter avec un morceau de *drap* imbibé *d'huile* ou *de graisse;* si la tache ne peut s'enlever ainsi, il faut alors avoir recours au chef armurier, car l'homme risquerait d'enlever le bronzage.

Lorsque l'arme a été nettoyée, si elle ne doit pas servir immédiatement, les pièces en fer ou en acier, non bronzées, sont passées à la *pièce grasse;* l'intérieur du canon est aussi *graissé* avec un chiffon gras attaché au lavoir. Pour les pièces bronzées, la bonne *huile d'olive* est préférable à la graisse. Les pièces du mécanisme soumises à des frottements sont légèrement *huilées.* Les pièces en laiton ne doivent jamais être graissées, parce qu'il se formerait alors du vert-de-gris.

Le graissage de l'arme doit être renouvelé tous les huit jours; il faut commencer par enlever avec soin la vieille graisse avant d'en mettre de la nouvelle.

Avant une prise d'armes, l'homme doit essuyer son arme avec un linge sec ; de même, avant de la remettre au râtelier, s'il n'a pas le temps de la nettoyer ou si l'opération n'est pas nécessaire, il doit l'essuyer avec grand soin et graisser de nouveau.

Entretien des armes des hommes absents en temps de paix. — En temps de paix, les armes des hommes qui quittent le corps ou qui sont absents (aux hôpitaux, en congé ou en permission), sont déposées dans un *magasin spécial*, où elles sont entretenues par le chef armurier, sous la surveillance du lieutenant d'armement.

Caisses d'armes. — Dans le cas d'un changement de garnison, les armes en magasin sont emballées dans des *caisses d'armes*, laissées pour cet usage à la disposition des corps. Ces caisses sont à *tasseaux;* elles ont des dimensions correspondantes aux armes qu'elles doivent contenir.

Les caisses pour fusils, carabines ou mousquetons renferment 3 couches de 6 armes, trois placées dans un sens, trois dans l'autre, en tout 18 armes. Les 18 épées-baïonnettes ou sabres-baïonnettes forment une quatrième couche à la partie supérieure. Les caisses pour revolvers renferment 4 couches de 20 revolvers, placés perpendiculairement aux grands côtés, les crosses toutes dans le même sens, en tout 80 revolvers. Les caisses de sabres renferment 4 couches de 10 sabres chacune, en tout 40 sabres; enfin les caisses pour cuirasses en renferment 12, les 12 plastrons au milieu, 6 dos à chaque extrémité.

Si le nombre des caisses réglementaires est insuffisant, on peut employer des caisses quelconques. On emballe alors les armes dans de la paille, autant que possible de la paille longue, celle de seigle par exemple, jamais dans du foin. On doit éviter de les envelopper dans du papier, à moins qu'il ne soit graissé, car, sans cette précaution, le papier attirerait l'humidité.

Armes des hommes absents en temps de guerre. — En temps de guerre, les armes des hommes morts ou partant en congé sont versées directement à l'artillerie; les hommes qui entrent à l'ambulance ou à l'hôpital emportent leurs armes avec eux. Ces armes sont alors déposées dans un magasin spécial, où elles doivent être entretenues par les soins de l'administration de l'hôpital sous la surveillance de l'artillerie. Lorsque l'homme sort de l'hôpital, ses armes lui sont rendues; s'il meurt ou s'il part en congé, elles sont versées à l'artillerie. Lorsque les hommes sont évacués d'une ambulance sur un hôpital, leurs armes doivent toujours les accompagner.

Réparations. — En temps de paix, l'État passe un marché avec le chef armurier, qui, moyennant une prime fixe de tant par an et par arme à entretenir, s'engage à faire aux armes du service courant toutes les réparations nécessitées par le *service ordinaire* et l'*usure naturelle* des pièces, et à entretenir celles de l'armement de réserve, si le corps en est le détenteur, en se soumettant aux prescriptions indiquées pour l'entretien des armes dans les établissements de l'artillerie.

Le prix de l'*abonnement* pour une arme modèle 1874, y compris le sabre-baïonnette, son fourreau et le jeu d'accessoires, est de 1 fr. 20 ; pour la même arme sans baïonnette ou un revolver, 1 franc; pour les sabres, 0 fr. 25, et pour les cuirasses, 0 fr. 75. Pour les armes qui, au lieu de faire partie du service courant, font partie de l'armement de réserve, et qui pour la plupart n'ont besoin que d'être nettoyées et graissées, le taux de l'abonnement est réduit à 0 fr. 30, seulement, pour les fusils, mousquetons, carabines, y compris la baïonnette et le jeu d'accessoires, 0 fr. 20 pour une carabine seule, 0 fr. 10 pour un pistolet, 0 fr. 05 par sabre et 0 fr. 15 par cuirasse.

En temps de guerre, ou bien encore lorsque les armes doivent être soumises à un service exceptionnel, on applique le *régime de clerc à maître*, c'est-à-dire que pour chaque réparation le chef armurier touche une somme fixée par des tarifs approuvés chaque année par le ministre.

Le passage d'un régime à l'autre doit être précédé d'une visite complète de l'armement du corps.

Le *régime de clerc à maître* peut aussi être appliqué dans les conditions ordinaires, lorsque le corps ou le détachement n'a pas d'armurier et, ne pouvant recourir à l'armurier d'un corps voisin, est obligé de s'adresser à un armurier civil. Le commandant du détachement passe alors un marché, qu'il doit soumettre à l'approbation du ministre, avant de faire faire aucune réparation.

Lorsqu'une arme a besoin d'être réparée, l'homme qui en est détenteur s'adresse au sous-officier ou à l'officier de la section, qui en rend compte au capitaine commandant la compagnie, l'escadron ou la batterie. Celui-ci fait établir un bulletin indiquant quelle est la réparation à faire et à qui elle doit être imputée ; ce bulletin nominatif est vu par l'officier de subdivision.

1° Sont portées au *compte de l'homme* et payées sur sa *masse* toutes les réparations rendues nécessaires par sa *négligence*, sa *maladresse* ou son *mauvais vouloir*. Le prix en est fixé par le tarif des réparations approuvé par le ministre. Il n'est fait d'exception que pour les réservistes; ces hommes n'ayant pas de masse, l'État prend à sa charge toutes les dégradations provenant du fait de l'homme.

2° Sont portées à *la charge de l'État* les réparations nécessitées par un *défaut de fabrication* ou par un *cas de force majeure* dûment constaté dans un procès-verbal visé par le sous-intendant.

3° Sont imputées à l'*abonnement* ou à l'*État*, suivant le régime adopté, toutes les réparations nécessitées par le *service ordinaire* et l'*usure naturelle des pièces*.

L'arme, accompagnée du bulletin, est portée, par les soins du sous-officier de semaine, au sous-lieutenant adjoint à l'armement du bataillon, qui vise le bulletin, après s'être assuré que la réparation est bien indiquée.

En cas de doute sur l'imputation, cet officier en réfère au lieutenant d'armement, qui soumet la question au major, s'il croit lui aussi que l'imputation a été mal faite. Le conseil d'administration juge en dernier ressort, après avoir entendu le major représentant le service administratif et le chef de bataillon ou d'escadrons sous les ordres duquel se trouve la compagnie, l'escadron ou la batterie à laquelle appartient l'arme.

Le chef armurier ne peut faire que les réparations dont le prix est indiqué sur les tarifs en vigueur. Pour toute autre réparation, l'arme est renvoyée en manufacture.

Le chef armurier ne doit employer pour les réparations que des pièces neuves, qu'il reçoit des manufactures par l'intermédiaire du conseil d'administration et paye au prix de facture. Il lui est expressément interdit d'acheter des pièces dans le commerce ou de les fabriquer lui-même. Toutes les pièces neuves mises en place par lui sont marquées de son poinçon ; il en demeure responsable.

L'arme réparée est présentée par le chef armurier au lieutenant d'armement, qui vérifie si la réparation est bien faite, et, dans ce cas, vise le bulletin et inscrit la date à laquelle l'arme est sortie de réparation.

Le *visa* du lieutenant d'armement est nécessaire pour que l'armurier soit payé et pour que l'arme puisse rentrer dans la compagnie, l'escadron ou la batterie.

Un registre des réparations est tenu par le lieutenant d'armement.

On ne doit donner ou ôter le fil aux lames des sabres que sur un ordre du général sous les ordres duquel est placé le corps de troupes.

Pertes d'armes. — Toute perte d'armes par cas de force majeure est constatée par un procès-verbal dressé par le sous-intendant militaire chargé de la police administrative du corps. Les armes perdues ou mises hors de service par la faute des hommes sont portées sur leur décompte.

Revue de l'armement. — Les sous-lieutenants adjoints au lieutenant d'armement assistent aux revues mensuelles de l'armement des compagnies de leur bataillon.

Tous les six mois, le chef armurier passe une visite générale et détaillée de l'armement du corps, en présence du lieutenant d'armement et de ses adjoints, pour les fractions dont ils sont spécialement chargés.

Approvisionnement en munitions. — L'approvisionnement en munitions d'un corps de troupes de l'armée active comprend :

1° *Les cartouches de mobilisation ;*

2° *Les cartouches de sûreté ;*

3° *Les cartouches d'exercices.*

Cartouches de mobilisation. — L'*approvisionnement de mobilisation* se compose des cartouches qui doivent être emportées par les hommes en cas de mobilisation. Il doit se trouver autant que possible à proximité des armes auxquelles il est destiné, que ces armes soient en magasin ou entre les mains des troupes.

Dans les places où l'artillerie possède des magasins à munitions, les approvisionnements de mobilisation des corps qui y sont stationnés sont conservés dans ces magasins et toujours tenus au complet.

Dans les places où l'artillerie ne possède pas de magasins à munitions, l'approvisionnement de mobilisation est conservé par les soins du corps lui-même dans un magasin spécial.

Pour éviter que les approvisionnements de cartouches de mobilisation ne restent trop longtemps dans les magasins sans être renouvelés, les corps sont invités à prélever chaque année sur ces approvisionnements les cartouches destinées aux exercices de tir. Toutefois, ces prélèvements ne peuvent avoir lieu qu'à la condition expresse de remplacer *séance tenante* les cartouches de mobilisation employées aux exercices de tir par un nombre égal de cartouches de fabrication plus récente.

Cartouches de sûreté. — Les hommes des corps d'infanterie et du génie, armés du fusil modèle 1874, doivent avoir, tant dans le sac que dans la giberne, et pour toutes les prises d'armes, 74 cartouches modèle 1874 (nombre de cartouches égal à celui que chaque homme doit porter en campagne). Ces munitions comprennent les munitions dites de sûreté et ne font dans aucun cas partie de l'approvisionnement de mobilisation. En cas de mobilisation, elles sont versées à l'artillerie.

Les hommes de la cavalerie et de l'artillerie reçoivent habituellement 12 cartouches modèle 1874 ou de revolver modèle 1873, selon l'armement ; les gendarmes reçoivent 20 cartouches modèle 1874 et 12 cartouches de revolver modèle 1873. Ces chiffres peuvent être modifiés suivant les circonstances par les généraux commandant les corps d'armée.

Ces cartouches doivent autant que possible être employées au tir chaque année et remplacées par de nouvelles cartouches reçues dans l'année.

Cartouches d'exercices. — Chaque corps doit avoir un *magasin* ou un *local spécial* dans la caserne, pour les munitions d'exercices [1]. Dans une même garnison, les dépôts appartenant à différents corps doivent être complétement séparés et indépendants les uns des autres. Dans le cas d'absolue nécessité, on peut en accoler au plus deux au même mur mitoyen.

Les clefs du magasin sont entre les mains de l'officier qui remplit les fonctions d'*officier de tir* et de l'adjudant de semaine ; un factionnaire surveille le magasin au dehors.

Un sous-officier remplit les fonctions de *garde-magasin ;* dans les régiments d'infanterie les *sapeurs* seuls doivent être employés aux travaux de manutention des munitions ; dans les autres corps, on prend des soldats de 1re classe, autant que possible toujours les mêmes.

L'officier est présent à toutes les *entrées* ou *sorties* de munitions ; il ne laisse entrer avec lui que le garde-magasin et deux hommes, en prenant les mêmes précautions que dans un magasin à poudre ordinaire. Avant de pénétrer dans le magasin, les travailleurs doivent se débarrasser de tous les *objets en fer* tels que : sabre, couteau, éperon, canne ferrée, et des *objets inflammables :* boîtes d'allumettes, amadou ; en outre, ils chaussent des *sandales.*

Il est défendu de *rouler* ou *traîner* des barils ou des caisses

1. Règlement du 1er janvier 1868, concernant les soins et précautions à prendre dans les magasins de dépôt de munitions des corps de troupe.

dans l'intérieur du magasin; on doit les porter sur une *civière* en toile.

Toutes les manipulations doivent se faire hors du magasin. Pour délivrer des munitions, on ne doit sortir qu'un seul baril à la fois, et pour l'ouvrir le placer de champ.

On ne doit jamais laisser de paquets de cartouches défaits en magasin ; en cas de réintégration en magasin de munitions, les paquets doivent être refaits avec soin. Les barils ouverts restent sur champ.

Le plancher est balayé chaque fois avec soin.

Les cartouches avariées, les étuis vides, les barils et caisses vides, ainsi que les débris de cuivre et de plomb, sont mis à part dans un autre local en attendant leur remise à l'artillerie.

On ne doit jamais réunir dans un même compartiment les barils ou caisses renfermant des munitions confectionnées et ceux qui ne contiennent que de la poudre.

Les corps doivent consommer dans le courant de chaque année les cartouches à balle et sans balle qui leur sont allouées par les règlements pour les exercices de tir. Les économies doivent être employées à perfectionner l'instruction des hommes.

Toute consommation de munitions non autorisée est imputée au chef qui l'a ordonnée.

Demandes de munitions. — Les demandes de munitions faites par les corps ou portions de corps sont approuvées par le *général de brigade* ou l'*officier supérieur* commandant la brigade, pour toute troupe embrigadée, et par le général ou officier supérieur commandant le territoire pour toute troupe non embrigadée ou toute autre portion de troupe embrigadée qui ne se trouve pas sous les ordres directs du commandant de la brigade.

Les corps doivent échelonner les demandes de munitions d'exercices de manière à n'avoir en magasin que l'approvisionnement nécessaire pour un mois environ.

Ces munitions sont fournies au corps par l'établissement d'artillerie le plus voisin de la garnison.

Lorsqu'une demande de munitions donne lieu à contestation, le directeur de l'artillerie en réfère, selon le cas, aux généraux commandant les corps d'armée ou aux gouverneurs de Paris ou de Lyon.

Le lieutenant d'armement tient un *livret* sur lequel sont enregistrées les munitions confectionnées, ainsi que les poudres, chapes, barils, étuis, que le corps reçoit ou consomme. Le directeur de l'établissement d'artillerie inscrit lui-même sur le livret les munitions qu'il a livrées.

Versements à l'artillerie. — A chaque nouvelle livraison, le corps verse à l'artillerie les *cartouches métalliques avariées*, les *étuis vides nettoyés*, les *étuis rebutés non nettoyés*, les *barils* et *caisses vides*, le *cuivre* et le *laiton* provenant du désamorçage des cartouches, ainsi que le *plomb*, que l'on ne doit pas négliger de recueillir après le tir; les étuis non versés sont payés par le corps. Les étuis vides, provenant du tir des cartouches modèle 1874 brûlées pendant les grandes manœuvres, sont de même versés aux sections de munitions ou au parc d'artillerie. L'artillerie conserve ces étuis dans les coffres à munitions et les verse à la direction d'artillerie la plus rapprochée, immédiatement après son retour dans la garnison.

Lors d'un changement de garnison, les munitions d'exercices en magasin peuvent être reversées à l'artillerie avec l'autorisation du général de brigade.

En cas de départ par suite de mobilisation, le versement des munitions d'exercices ainsi que de celles qui sont entre les mains des hommes se fait sur un simple état signé par le conseil d'administration. En même temps, le corps prend livraison des cartouches de mobilisation, s'il n'en est déjà détenteur.

Inspections d'armes. — Tous les ans, un peu avant l'inspection générale, un *capitaine d'artillerie*, choisi parmi ceux qui ont fait, comme capitaines en second, un *stage* dans les manufactures d'armes, est délégué par le *ministre* pour visiter les armes et les munitions dans chaque corps de troupes. Il est assisté d'un *contrôleur d'armes*.

Visite des armes. — La visite se fait dans chaque compagnie, escadron ou batterie en présence du *capitaine commandant*, du *lieutenant d'armement* et du *chef armurier*.

Les armes sont présentées par les hommes dans une première visite *démontées*, et dans une seconde *remontées*.

Dans la première visite, le contrôleur d'armes examine avec soin toutes les pièces, en vérifie la forme et les dimensions à l'aide de calibres et de gabarits. Il s'assure que toutes les réparations ont été bien faites et marque de son *poinçon* de réception les principales pièces neuves mises en place par le chef armurier.

Dans la seconde visite, il s'assure du bon fonctionnement de toutes les pièces.

Les armes déposées au magasin du corps sont visitées de la même façon.

L'imputation des réparations reconnues nécessaires est toujours faite par le commandant de la compagnie ou le conseil d'administration du corps. Le capitaine d'artillerie, inspecteur d'armes, ne peut qu'être consulté sur cette question.

Si les dégradations des armes proviennent d'une *infraction aux règlements*, prescrite ou simplement tolérée dans le corps, le capitaine inspecteur d'armes en rend compte au ministre, qui peut imputer le prix de la réparation au conseil d'administration ou à son président, c'est-à-dire au chef de corps.

L'armement de réserve, *si le corps en est détenteur*, est aussi visité par le capitaine d'artillerie, qui s'assure de son bon entretien et visite en détail environ 1/10 des armes.

Le capitaine inspecteur d'armes classe les armes en trois catégories : 1° *bonnes*, 2° *à réparer*, 3° *hors de service*.

Il examine les pièces d'armes usées ou brisées qui ont été remplacées, ainsi que celles qui ayant été envoyées défectueuses par les manufactures n'ont pu être mises en œuvre par le chef armurier; il en prononce la réforme, s'il y a lieu.

Il établit aussi l'état de demande pour l'envoi en manufacture des armes ou pièces d'armes dont les réparations n'ont pu être exécutées par le chef armurier.

Visite des munitions. — Le capitaine inspecteur d'armes visite également les munitions affectées au corps et les magasins qui les renferment.

Il s'assure que les *cartouches entre les mains des hommes* sont en bon état.

Il visite dans le plus grand détail le *dépôt de munitions d'exercices*. Toutes les cartouches métalliques ayant occasionné des ratés, ainsi que les étuis de cartouches offrant près du culot une fente, quelque petite qu'elle soit, doivent être conservés et présentés au capitaine inspecteur d'armes. Il est, en effet, indispensable que cet officier ait les moyens de se rendre compte des causes qui ont occasionné soit les ratés, soit la rupture au culot [1], afin qu'on puisse y remédier s'il y a lieu.

1. Le 8e régiment de ligne, qui a été chargé tout particulièrement d'essayer les cartouches provenant de différentes fabrications, a tiré, depuis

Le capitaine inspecteur d'armes visite de même les cartouches de mobilisation, *si le corps en est détenteur*, et s'assure de leur bonne conservation.

Il est aussi chargé de l'inspection des voitures régimentaires et de tout le matériel des équipages régimentaires : harnachement, caisses, outils de pionnier, etc.

Enfin il fait passer un examen aux ouvriers armuriers proposés pour être envoyés en manufacture compléter leur instruction.

Rapport au ministre. — Sa visite terminée, le capitaine inspecteur d'armes rédige un procès-verbal constatant l'état de l'armement du corps et des munitions, le zèle du lieutenant d'armement, le zèle et l'aptitude du chef armurier ; il peut proposer ce dernier pour l'avancement ou une gratification.

Ce procès-verbal est fait en double : un des exemplaires est adressé au ministre, avec lequel le capitaine inspecteur d'armes correspond directement pendant toute la durée de son inspection ; l'autre est remis cacheté au chef de corps, qui doit le présenter au général inspecteur.

Le ministre, s'il le juge convenable, cite au *Journal militaire* les corps qui lui ont été signalés d'une manière favorable, ainsi que les lieutenants d'armement et les chefs armuriers qui ont fait preuve de zèle et de capacité.

Armée territoriale. — Les armes destinées aux corps de troupes de l'armée territoriale sont déposées dans des magasins spéciaux. S'il existe, à proximité du point de concentration de ces troupes, un établissement de l'artillerie, ces armes sont entretenues par les soins de l'artillerie ; sinon, elles sont prises en charge par un corps de troupes de l'armée active, qui les fait entretenir par son chef armurier dans les mêmes conditions que les armes de l'armement de réserve.

Les fusils, carabines, mousquetons affectés aux troupes de l'armée territoriale sont marqués sur la plaque de couche d'un

la fin de l'année 1875 jusqu'au commencement de 1878, 203 270 cartouches, qui d'après les rapports ont donné en tout 53 ratés absolus, soit 1/4000, et 14 ruptures au culot. Sur les 53 ratés, 5 sont dus à un manque d'évents, 28 au manque d'amorce, 3 au manque de fulminate dans l'amorce, et 17 seulement dont la cause est inconnue. D'un autre côté, les rapports des capitaines-inspecteurs d'armes constatent au plus 1 raté sur 1 000, la plupart dus au manque de fulminate dans l'amorce. Quant au nombre de ruptures au culot, il est extrêmement faible et, d'après les mêmes rapports, n'a même pas atteint 1 sur 20 000.

T en outre du numéro et de la lettre du corps. Les approvisionnements en cartouches de mobilisation pour l'armée territoriale sont conservés, autant que possible, dans les magasins des corps de troupes ou des établissements chargés de l'entretien des armes des régiments territoriaux auxquels ces munitions sont destinées.

Lorsqu'un corps de troupes de l'armée active a pris en charge les armes et les munitions d'un régiment de l'armée territoriale, le capitaine inspecteur d'armes doit les visiter au même titre que l'armement de réserve et les cartouches de mobilisation du corps lui-même.

Cas de réunion pour exercices [1]. — En cas de réunion pour exercices, la délivrance des armes aux corps de troupes de l'armée territoriale par le corps de l'armée active ou l'établissement d'artillerie qui en a la garde n'a lieu que d'après l'autorisation du *général* ou de l'*officier supérieur* commandant le territoire, auquel chaque chef de corps ou de détachement de l'armée territoriale, aussitôt qu'il a reçu l'ordre de convocation, adresse une demande d'armes.

Le nombre d'armes pour chaque modèle doit être égal à l'effectif des hommes convoqués augmenté d'un vingtième, afin de pouvoir, le cas échéant, remplacer toute arme mise hors de service, car les corps de troupes territoriaux ne sont pas pourvus, pendant les périodes d'exercices, d'ateliers pour chef armurier.

Les officiers peuvent recevoir à titre de prêt, s'ils en font la demande, un sabre d'adjudant dans l'infanterie, une épée dans le génie, un sabre du modèle en usage pour les hommes montés dans la cavalerie, l'artillerie et les trains.

Les munitions nécessaires pour l'instruction des hommes sont délivrées de la même façon que les armes.

Les principales dispositions du règlement sur l'entretien et la conservation des armes dans les corps de troupes de l'armée active sont applicables à l'armée territoriale. Lors de la réintégration en magasin, toute perte est constatée par un procès-verbal. Comme les hommes de l'armée territoriale n'ont point de masse lorsqu'ils ne sont convoqués que pour une période d'exercice, toutes les réparations demeurent alors à la charge de l'État, comme pour les réservistes.

En Algérie, certains hommes de l'armée territoriale conser-

1. Extrait de l'instruction du 12 février 1878 sur l'administration des corps de troupes de l'armée territoriale.

vent en tout temps les armes qui leur sont délivrées. Ils doivent les représenter en bon état, chaque fois qu'ils sont convoqués par l'autorité militaire pour un service quelconque.

Cas de mobilisation. — Les armes et les accessoires, ainsi que les munitions destinées aux corps de troupes de l'armée territoriale, sont mis à leur disposition, au moment de la mobilisation, soit par le corps de troupes de l'armée active, soit par le magasin de l'artillerie qui les a en dépôt. Cette remise est faite sur une demande portant le récépissé du corps réceptionnaire.

Dans le cas où l'approvisionnement ne serait pas en rapport avec l'effectif, le chef de corps adresserait immédiatement une demande au ministre. Une fois mobilisés, les corps de troupes de l'armée territoriale se trouvent alors, pour tout ce qui concerne l'entretien et la conservation des armes et munitions, dans les mêmes conditions que ceux de l'armée active.

Lors du renvoi de l'armée territoriale, les armes et munitions sont reversées, soit dans les magasins de l'artillerie, soit dans ceux d'un corps de troupes. Les différentes imputations à faire au sujet des pertes, dégradations, etc., sont alors supportées, suivant le cas, soit par l'homme, soit par la masse générale d'entretien.

Chasseurs forestiers et douaniers. — Les bataillons de douaniers, les compagnies ou escadrons de chasseurs forestiers sont assimilés, même en temps de paix, aux corps de troupe de l'armée active pour tout ce qui concerne l'entretien et la conservation des armes. Les réparations aux armes sont effectuées par le chef armurier du corps le plus voisin, comme pour les armes de la gendarmerie.

Marine. — En général le Ministre de la marine rend applicables aux corps de troupe qui dépendent de son ministère tous les règlements, arrêtés et décisions relatifs à l'entretien et à la conservation des armes qui émanent de la guerre. Il n'en est plus de même à bord des bâtiments de la flotte, les armes étant alors, non plus confiées aux hommes, mais à un maître armurier chargé de les réparer et de les entretenir sous la responsabilité du capitaine d'armes et la surveillance de l'officier chargé du matériel de l'artillerie.

FIN DES ARMES PORTATIVES.

ARMEMENT DES TROUPES DE L'ARMÉE ACTIVE (Supplément 1879).

INDICATION DES CORPS		ARMES A FEU	ARMES BLANCHES	OBSERVATIONS
Infanterie	Sous-chef de musique.	Revolver modèle 1873.	Sabre d'adjudant modèle 1845.	
	Conducteurs des mulets porteurs de cantines médicales, et soldats porteurs de sacs d'ambulance (1).	Fusil modèle 1874.	Epée-baïonnette modèle 1874.	(1) En temps de paix seulement, afin qu'ils puissent, comme les autres hommes, participer à tous les exercices. En campagne, ces militaires, devant être pourvus du *brassard des neutres*, ne doivent emporter aucune arme.
Cavalerie	Ouvriers selliers.	Revolver modèle 1873.	Sabre de cavalerie.	
Artillerie	Bourreliers.	Revolver modèle 1873.	Sabre de cavalerie légère mod. 1822.	
	Ouvriers dans les batteries à cheval.	Revolver modèle 1873.	Sabre de cavalerie légère mod. 1822.	
Troupes d'administration. : sections de secrétaires d'état-major et du recrutement, et sections de commis et ouvriers militaires d'administration	Sergents-majors.	Revolver modèle 1873.	Sabre d'adjudant d'infanterie modèle 1845.	
	Sous-officiers et soldats (2).	Carabine de gendarmerie à pied, modèle 1874.	Sabre-baïonnette modèle 1866.	(2) Décision ministérielle du 12 janvier 1879. En remplacement du sabre-baïonnette série Z.
Chefs armuriers de toutes armes.		Revolver modèle 1873.	Épée de sous-officier modèle 1857.	

ERRATA

Page 3, ligne 39, au lieu de : du *pétrinal, lisez :* de *pétrinal.*

— 5, — 13, *ajoutez* cette vignette :

Origine de la platine à mèche.

— 28, *supprimez* les lignes 28, 29 et 30.

— 28, ligne 31, après : adopté à la hâte en 1840, *ajoutez :* pour le fusil d'infanterie.

Page 29, ligne 23, *ajoutez :* Les armes du modèle 1842 furent les mêmes que celles des modèles 1822 et suivants; elles se distinguaient entre elles par les mêmes différences; on se contenta de transformer les mousquetons d'artillerie et de cavalerie et les pistolets d'ancien modèle, sans en construire de neufs; le mousqueton de lancier fut mis de côté.

Page 57, ligne 16, au lieu de : de vent, *lisez :* du vent.

— 75, — 34, au lieu de : emps, *lisez :* temps.

— 93, — 40, au lieu de : hint, *lisez :* huit.

Page 115, ligne 10, après : pièce de fermeture, *ajoutez :* et non un obturateur.

Page 117, ligne 9, au lieu de : cran de l'arme, *lisez :* cran de l'armé.

— 120, — 30, au lieu de : e, *lisez :* le.

— 135, — 39, au lieu de : bou he, *lisez :* bouche.

Page 139, ligne 18, après : Dans ce rempart est ménagé, *ajoutez :* sur le côté droit.

Page 141, ligne 12, au lieu de : et le bec, *lisez :* et d'un bec.

— 150, note, au lieu de : e, *lisez :* le.

— 168, ligne 32, au lieu de : certai, *lisez :* certain.

— 174, — 29, au lieu de : serven, *lisez :* servent.

— 176, — 5, au lieu de : es, *lisez :* les.

Page 183, ligne 31, au lieu de : appro isionnement, *lisez :* approvisionnement.

Page 185, ligne 17, au lieu de : 5 trousses, *lisez :* 3 trousses.

TABLE DES MATIÈRES

Avertissement de l'éditeur.......... III
Lettre au général commandant l'École spéciale militaire. VII
Ouvrages consultés.......... VIII
Table alphabétique.......... IX

ARMES PORTATIVES

HISTORIQUE

Canons et coulevrines à main.......... 1
Arquebuses. — Arquebuse à croc. — Bassinet et couvre-bassinet. — Platine à mèche ou à serpentin. — Arquebuse à mèche.......... 4
Mousquet à mèche. — Platine à rouet.......... 6
Pistolet. — Cartouche. — Baïonnette.......... 7
Fusil à silex. — Platine à batterie à silex. — Garnitures. — Baguette. — Modèle 1777. — Modèle an IX. — Modèle 1816. — Modèle 1822. — Inconvénients des armes à silex.......... 10
Armes à percussion. — Poudres fulminantes. — Amorces fulminantes. — Capsules. — Fusil Brunéel. — Modèle 1840. — Modèle 1842. — Balles sphériques. — Charges. — Modèle 1853. 20
Armes rayées. — Forcement par la baguette seule. — Balles allongées. — Carabine modèle 1840. — Carabine modèle 1842. — Carabine modèle 1846. — Forcement automatique par expansion. — Fusil modèle 1854. — Fusil modèle 1857. — Disposition des rayures. — Carabine modèle 1859. — Balle modèle 1863.......... 31
Réduction du calibre. — Principales conditions auxquelles doit satisfaire une arme à feu. — Poids du fusil. — Vitesse initiale. — Recul. — Poids de la balle. — Forme de la balle. — Calibre. — Rayures. — Charge. — Avantages et inconvénients des gros et des petits calibres. — Adoption des armes de petit calibre. — Effets meurtriers des petits calibres.......... 40
Chargement par la culasse. — Réunion de l'amorce et de la cartouche. — Obturation.......... 47
Armes modèle 1866. — Fusil d'infanterie. — Canon. — Culasse mobile. — Cartouche. — Hausses. — Sabre-baïonnette. — Fusil de cavalerie. — Carabine de cavalerie. — Carabine

de gendarmerie à cheval avec baïonnette. — Carabine de gendarmerie à pied. — Mousqueton d'artillerie. — Défauts des armes du modèle 1866 et de leur cartouche combustible. 57

Cartouches métalliques. — Cartouche métallique à percussion périphérique. — Cartouches à culot métallique et étui rigide. — Fusil modèle 1867. — Cartouches métalliques à percussion centrale. — Transformation des armes du modèle 1866 pour le tir de la cartouche métallique........ 69

Mécanismes de fermeture........ 78

Justesse des fusils........ 80

Consommation des munitions........ 82

Tableau des armes à feu en service dans l'infanterie française à partir du XVIIe siècle........ 86 87

Tableau des approvisionnements en munitions en campagne.. 88

Armes à répétition. — Tromblons. — Armes à plusieurs coups. — Armes à magasin. — Armes à magasin dans la crosse. — Armes à magasin dans le fût. — Armes à magasin séparé. — Revolvers........ 89

Fusils de rempart........ 104

DESCRIPTION DES ARMES EN SERVICE

Armes en service........ 107

ARMES A FEU

Fusil modèle 1874. — Epée-baïonnette. — Cartouche. — Fusil. — Fonctionnement du mécanisme. — Démontage et remontage de l'arme. — Accessoires. — Hausse du fusil modèle 1874. — Tir du fusil d'infanterie modèle 1874........ 108

Fusil modèle 1866-1874. — Tubage........ 130

Carabines de cavalerie........ 132

Carabines de gendarmerie à cheval........ 134

Carabines de gendarmerie à pied........ 134

Mousquetons d'artillerie........ 135

Revolver modèle 1873. — Cartouche. — Revolver. — Fonctionnement du mécanisme. — Démontage et remontage de l'arme. — Tir........ 136

Revolver d'officier modèle 1874. — Achat de revolver.... 146

Armes à feu de modèles divers. — Armes à percussion transformées au système de chargement par la culasse, modèle 1867. — Armes Remington. — Fusil Peabody. — Armes Henry-Winchester. — Mousquetons Spencer........ 147

ARMES BLANCHES

Sabre-baïonnette modèle 1866, série Z......... 150

Sabre d'adjudant et de sergent-major d'infanterie modèle 1845........ 151

Sabres d'officiers d'infanterie modèle 1855. — Sabre d'officier d'infanterie. — Sabre d'officier supérieur d'infanterie... 151
Sabre de cavalerie de réserve modèle 1854............ 152
Sabre de dragon modèle 1854.......................... 153
Sabre d'officier de cavalerie de réserve et de dragon modèle 1854.. 153
Sabre de cavalerie légère modèle 1822................. 154
Sabre d'officier de cavalerie légère modèle 1822....... 154
Sabre de canonnier monté modèle 1829.................... 155
Sabre d'officier d'état-major modèle 1855.............. 155
Épée d'officier d'état-major modèle 1855............... 155
Épée d'officier du génie modèle 1855................... 156
Épées d'officiers de gendarmerie modèle 1855. — Épée d'officier supérieur de gendarmerie. — Épée d'officier de gendarmerie.. 156
Épée d'intendant militaire modèle 1852................. 157
Épée d'officier de santé modèle 1852................... 157
Épée de sous-officier modèle 1857...................... 157
Épée de sous-officier de gendarmerie modèle 1853..... 158
Sabres de modèles anciens.............................. 158
Cuirasse de cuirassier modèle 1855..................... 159
Cuirasse d'officier.................................... 160

CASQUES

Casque modèle 1872.................................... 160
Casque d'officier...................................... 160

Tableaux de renseignements sur les armes en service (munitions, armes à feu)...................................... 161
Tableaux de renseignements sur les armes en service (armes blanches, cuirasses)................................. 162
Tableau de l'armement des troupes de l'armée active, 163, 164, 165
Allocations de cartouches pour les exercices de tir. — Infanterie. — Cavalerie. — Artillerie. — Gendarmerie. — Grandes manœuvres.................................. 166
Armement des troupes de l'armée territoriale.......... 168
Chasseurs forestiers et douaniers...................... 168

ARMES DE LA MARINE

Armes empruntées au département de la guerre............ 169
Fusil à répétition Kropatschek......................... 170
Revolver modèle 1870................................... 172
Sabres d'abordage modèles 1833 et 1872................. 173
Poignard de la marine modèle 1833...................... 173
Pique d'abordage modèle 1833........................... 174

Hache d'abordage modèle 1833 174
Sabre d'officier de marine modèle 1837 175

FABRICATION, CONSERVATION ET ENTRETIEN
DES ARMES PORTATIVES ET DES MUNITIONS

FABRICATION

Manufactures d'armes 176

Fabrication des fusils, carabines et mousquetons. — Canon. — Boîte de culasse. — Bronzage. — Culasse mobile. Garnitures. — Monture. — Montage 177

Fabrication des armes blanches. — Lame. — Garde. — Fourreau 180

Fabrication des cuirasses 181

Confection des munitions. — Fabrication des étuis pour cartouches modèle 1874. — Chargement des cartouches à balle. — Réfection des étuis. — Chargement des cartouches sans balle. — Cartouches pour revolver modèle 1873 181

Encaissage des munitions confectionnées. — Cartouches à balle modèle 1874. — Cartouches sans balle modèle 1874. — Cartouches pour revolver modèle 1873 183

CONSERVATION ET ENTRETIEN DES ARMES

Etablissements de l'artillerie. — Armes. — Munitions 186

Corps de troupes de l'armée active. — Réception et versement des armes. — Armement. — Livret d'armement. — Marquage des armes. — Officiers d'armement. — Chef armurier. — Entretien des armes dans les compagnies, escadrons ou batteries. — Nettoyage. — Entretien des armes des hommes absents en temps de paix. — Caisses d'armes. — Armes des hommes absents en temps de guerre. — Réparations. — Pertes d'armes. — Revue de l'armement 187

Approvisionnement en munitions. — Cartouches de mobilisation. — Cartouches de sûreté. — Cartouches d'exercices. — Demandes de munitions. — Versements à l'artillerie 195

Inspection d'armes. — Visite des armes. — Visite des munitions. Rapport au ministre 198

Armée territoriale. — Cas de réunion pour exercices. — Cas de mobilisation 200

Chasseurs forestiers et douaniers 202

Marine 202

Tableau de l'armement des troupes (Supplément) 203

Errata 204

FIN DE LA TABLE DES MATIÈRES.

Coulommiers. — Typog. PAUL BRODARD

www.ingramcontent.com/pod-product-compliance
Ingram Content Group UK Ltd.
Pitfield, Milton Keynes, MK11 3LW, UK
UKHW020320230726
13925UKWH00002B/527